숲 속 인생 산책

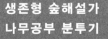
생존형 숲해설가
나무공부 분투기

숲 속
인 생
산 책

김서정 지음

동연

숲해설가가 되고 난 뒤 2019년 '종로의 아름다운 나무를 찾아서'를 진행하게 되었다. 역사가 깃든 공간에서 오래도록 분투하는 아름다운 나무를 찾아 해설하는 프로그램이었다. 그러다 보니 스토리텔링은 두 가지 축에서 만들어졌다. 역사라는 공간성에 식물의 생장이라는 시간성이었다. 달리 말하면 사람과 나무를 연결해 그 장소와 장소의 구성요소에 대한 인지도를 높이는 것이었는데, 처음 해보는 시도라 매끄럽지 못했다. 그래도 결과를 남기고자 그때 경험을 갈무리해 《숲토리텔링 만들기》를 출간했다.

해가 바뀌면서 세상은 코로나19로 급변했다. 접촉 불가인 비대면 수업이 자리를 잡았고, 현장 숲해설은 이루어지기 힘들었다. 상심이 클 무렵 KBS 〈오늘아침1 라디오〉 피디에게 전화가 왔다. 숲해설가의 세계를 소개해달라는 것이었다. 책을 낸 보람을 느끼면서 방송 준비를 했다. 그러면서 숲해설가가 되고 난 뒤 마음속으로 빌었던 소원이 정말 이루어지면 좋겠다는 생각을 하게 되었다. 라디오에서 매주 나무 이야기를 하는 것이었다.

하지만 뜻한 바대로 성취되는 일들이 별로 없는 인생이라 그 기대는 기대로만 남기고 처음이자 마지막이 될 수도 있는 방송 준비를 공들여 했다. 오래전 서너 번인가 라디오 출연 경험이 있어 낯설지는 않았지만 그래도 부담이 컸다. 이제 갓 숲해설가가 된 신입이 그 오랜 이야기를 압축적으로 하기는 버거웠다. 게다가 아침 6시 18분에 생방송으로 나가는 것이었다.

정신없이 방송을 마치고 남들이 출근하는 시간에 집으로 가는데 피디에게 다시 전화가 왔다. 다음 주에 한 번 더 나오는데, 특정 숲과 거기에서 볼 수 있는 나무 이야기를 해달라는 것이었다. 속으로 쾌재를 불렀지만 걱정이 쌓였다. 그래도 또 열심히 준비했다. 마지막 방송이 될 수도 있으니까. 하지만 정말 소원은 이루어졌다. 방송계에서 그 어렵다는 고정 코너를 맡은 것이다. 코너 명은 '숲으로 가는 길'.

방송 준비를 하면서 전국 숲을 다녔다. 숱한 나무를 보면서도 한 회에 딱 두 종(種)만 소개했다. 하나를 다루면 스토리텔링이 약할 것 같았고, 너무 많이 언급하면 13분 방송에 과한 분량이 될 듯했다. 방송 횟수를 거듭하면서 이야기의 틀이 잡혀갔고, 그 틀에서 나누고 싶은 메시지들이 가능해진다는 느낌을 받았다.

나는 불가지론의 견해를 지니고 있다. 이 우주라는 공간이 어떻게 생성되었는지, 그 공간이 왜 팽창하면서 시간이라는 개념이 부여되는지, 그 시공간에서 우리는 왜 삶이라는 걸 살아가야 하는지,

그 궁극적 실재는 모른다는 것이다. 다만 모든 생물이 그렇듯이 우리도 살아가도록 세팅되어 있는 구조물들이라는 전제하에 어떻게든 행복하게 잘 살아가는 게 중요하다는 점만은 깊이 내재화하고 있다.

그런데 나무 공부를 하고 보니 지금껏 내가 절반의 인식으로 부족한 삶을 살고 있었다는 것을 느꼈다. 그것은 나를 존재하게 해준 식물을 긴 세월 인식에서 배제하거나 소홀히 취급하거나 종속적 노예처럼 대하고 있었다는 것이다. 이는 나무 공부를 하면 할수록 깊은 회한 속에 새로운 사유로 부상했다. 나무를 중심으로 해나가는 사유들이 절반의 인식에서 마련되었던 절반의 삶에 완벽한 꽃을 보는 것 같은 기쁨을 채워주는 것이었다.

방송을 하면서 많은 분이 도와주고 응원해주었다. 그러면서 묻곤 했다. 어떻게 스토리텔링을 만드느냐고. 어떻게 상관없어 보이는 것들을 특정 주제 안에서 연결하느냐고. 어떻게 적절한 인용 문구들을 찾아 배치하느냐고.

시인 이성복은 《무한화서》에서 이렇게 말했다.

"좋은 글은 내가 쓰는 게 아니라, 나를 통해 인생이 쓰는 거예요. 그냥 한마디 툭 던지는 것 같은데, 그 안에 인생 전체가 다 들어 있어요."

글쓰기 수업을 할 때마다 늘 강조하는 말이다. 글은 곧 자신의 인생이라고. 그래서 잘 쓴 글도 못 쓴 글도 다 자기 인생이라고.

그래서 내가 만드는 스토리텔링도 내 삶에서 빚어지는 것이지 그 이상도 그 이하도 아니라고.

하지만 이 말은 불친절할 수 있다. 그래서 많이 미흡하지만 나무를 중심으로 스토리텔링을 해야 하는 분들, 나무가 알려준 삶이라는 게 무엇인지 궁금한 분들, 인식의 전환을 통해 풍성한 삶을 꿈꾸는 분들을 위해 라디오 방송을 준비하면서 쌓은 지식들과 거기서 얻은 느낌들을 나의 삶과 연결해 녹이는 글을 써나갔다. 식물에 감정이입을 하면서 식물 지식을 습득하고 거기서 변화되는 나의 삶을 좀더 확장해나가는 내용을 담으려고 애썼다. 식물 에세이라 부를 수 있는 이 책에서 식물과 삶이 하나로 연결되도록 노력했다.

힘들면서도 유익했던 나무 글쓰기 작업은 〈오피니언타임스〉에 판을 열어준 친구가 있어 가능했고, 이를 열심히 실어준 〈오피니언타임스〉 편집장이 있어 지속적으로 해나갈 수 있었다. 모두에게 감사드리고, 그 결과물을 이제 내놓는다.

이 책이 나오기까지 단초를 열어준 피디와 이후 방송을 계속 허해준 피디, 두 분의 작가, 두 분의 아나운서 그리고 응원과 격려를 아끼지 않은 많은 분에게 감사를 드린다. 덧붙여 식물 중심의 사유가 빛나도록 늘 좋은 기운을 던져주는 모든 나무에게도 감사드린다. 감사합니다.

2022년 8월에

김서정

자생지와
충북 괴산 송덕리
미선나무

사는 곳이 옮겨진다는 것

4월 5일은 식목일이다. 일정 장소에서 키운 묘목을 다른 장소로 옮겨 심는 날이다. 하지만 기후 변화로 인해 식목일을 3월로 앞당겨야 한다는 주장이 2000년대부터 제기되어왔다. 싹이 나고 꽃이 피기 시작한 나무를 이식하면 생장에 필요한 에너지 자원이 상당 부분 소진되어 잘 자란다는 보장이 없기 때문이다. 해가 거듭할수록 지구는 뜨거워지고 있는데도 식목일 변경은 4월이 지나면 또 잊힐 것 같다.

식목일과 상관없이 실제로 나무 시장은 3월이 분주하다. 4월이 되면 파장 분위기가 만들어질 것 같다. 그 모습을 보면서 궁금해졌다. 나무들에게 햇빛, 온도, 토양, 바람의 세기 등이 다른 곳으로 옮겨간다는 건 무얼 뜻하는 걸까? 우리가 간섭하지 않으면 본래 자기가 싹을 틔운 곳에서 알맞은 모습으로 자라 쾌적한 날들을 보낼 텐데, 낯선 땅 이질적인 곳에 간다면 나무는 무슨 생각을 하게 될까? 그저 그 환경에 최선을 다해 적응하는 노력 외에는 달리 방법이 없어 고군분투하다 도저히 맞지 않으면 고사하고 마는 것 아닐까.

2018년 한국산림정책연구회 자료에 따르면, 우리나라는 자연림이 73%, 인공림이 23%이다. 즉 사람들이 동원되어 나무를 심은 숲인 인공림이 상당하다. 이는 길을 만들기 힘든 깊은 산을 빼고는 시대의 흐름에 따라 특정 나무를 정해 심었다는 뜻이다. 즉 생활터 가까이에서 볼 수 있는 나무는 모두 식목(植木)을 했다고 보면 된다.

지구 자연사를 보면 나무는 인간보다 오래전 앞서서 지구에 등장했다. 나무가 숲을 이루며 지구 대기에 산소를 만들어내면서 동물들이 살아가게 되었고, 그 과정에서 인류도 탄생했다. 인간이 개입하지 않아도 나무들은 스스로 잘 자라기도 하고 또 어떤 종(種)은 적응을 못 해 슬프지만 소멸하기도 했다. 다시 말해 우리가 굳이 옮겨 심지 않아도 자연의 나무들은 자연스레 생사를 결정했다는 것이다.

식목일이 있는 4월, 인간이 개입하지 않아도 자연 상태로 우아하게 자라는 나무가 보고 싶었다. 검색 끝에 미선나무 자생지로 잘 알려진 충청북도 괴산을 찾아갔다. 식물마다 자생지 논쟁이 분분하지만 이곳은 검증된 것 같았기 때문이다.

진한 향기에 취하다

운전면허가 없는 나는 서울고속버스터미널에서 버스를 타고 2시간가량 달려 괴산에 도착했다. 그러고는 괴산군 시내버스터미널로 가서 차 시간을 알아봤다. 지방에 갈 때마다 가급적 버스를 타고 이동한다는 원칙을 세웠는데 목적지로 갈 다음 버스가 2시간 뒤에 있었다. 어쩔 수 없이 택시를 타고는 "미선나무 자생지에 데려다주세요"라고 말했다. 택시 기사는 미선나무 자생지가 괴산에 몇 군데가 있는데 자기가 잘 아는 곳으로 간다고 했다.

나를 내려준 곳은 미선나무마을에 있는 농원이었다. 네이버 지도로 검색하니 그곳에서 조금만 걸어가면 자생지에 도착할 것 같았다. 일단 농원에 들어가 하얗게 꽃을 피운 미선나무에 코를 박고는 진한 향기를 물씬 맡았다. 코가 얼얼해질 정도가 되자 자리를 떠서 자생지로 가고픈 생각이 들었다. 마침 농원 주인 같은 분이 나타나 자생지를 묻자 길을 알려주었다. 얼마나 걸리냐고 물으니 차로 10분이라고 해서 걷는 시간을 다시 묻자 "먼~데"라고 말했다.

정말 멀긴 멀었다. 농원 주인이 알려준 대로 지방 국도를 걷고 걸어 두 시간 만에 송덕리 미선나무 자생지에 도착할 수 있었다. 숨을 고르고 난 뒤 도로에서 내려가 경사진 비탈에 둘러쳐 있는 나무 울타리 주위를 맴돌았다. 하지만 농원에서와는 다르게 자생지에는 아직 꽃이 피지 않았다. 조금 아쉬웠지만 그래도 열매를 달고 있는 미선나무를 찬찬히 들여다보았다.

우아한 부채를 닮았어요

일반적으로 나무 이름은 전체 모양이나 형태, 나무껍질의 특징, 잎이나 꽃의 모양, 열매와 씨앗 혹은 가시의 모양, 냄새 및 맛 그리고 쓰임새에 따라 명명된다. 미선(尾扇)나무는 꼬리 미(尾) 자에 부채 선(扇) 자를 쓴다. 임금 옆에서 궁녀들이 들고 있던 둥근 부채를 미선이라고 하는데, 한두 개 씨를 품고 있는 황갈색의 미선나무 열매를 보면 둥글고 납작한 게 부채의 우아한 곡선이 바로 연상된다.

물푸레나무과에 속하는 미선나무는 전체 모양은 개나리와 비슷하다. 2~3m까지 휘어져 자라는 개나리보다 키는 조금 작지만 가지에 피어나는 4장의 꽃잎 모양이 비슷하고, 개나리처럼 암술이 수술보다 긴 장주화(長柱花), 암술이 수술보다 짧은 단주화(短柱花)를 가진 양성화로 암수한그루이다. 즉 꽃 모양이 두 가지인 특이한 나무로 서로 다른 모습을 갖고 있기 때문에 자연 교배가 어렵다. 꽃들의 꽃가루받이는 비슷한 암술, 비슷한 수술이 있어야 가능한데, 그렇지 못해 자연스러운 개체수 증가를 기대할 수 없다는 것이다.

미선나무는 우리나라 희귀식물이자 특산식물이다. 즉 산림청이 정한 571종 희귀식물에도 속하고, 360종 특산식물에도 속한다는 것이다. 2016년에는 세계자연보전연맹(IUCN)에 멸종위기종으로 등록해 관리하고 있었지만 인위적인 번식 연구가 잘 되어 개체수가 늘어나 2017년 법정보호종에서 해제되었다.

귀한 식물이 왜 낯설어 보일까?

2019년 2월 27일 미선나무에 관심을 가진 관계자들이 국회에 모여 '미선나무, 100년을 통해 본 우리나라 특산식물' 심포지엄을 열었다. 제목에서 알 수 있듯 미선나무가 학계에 알려진 게 100년이 넘었는데, 왜 그동안 우리는 미선나무에 대해 잘 알지 못하고 지냈을까?

한반도 식물이 세계 식물학계에 보고되기 시작한 게 1800년 대부터다. 미선나무는 정태현 박사가 발견하여 일본 식물학자 나카이 박사에게 소개했는데, 나카이 박사가 1919년 일본 학술지에 미선나무를 한반도 특산식물로 기록하였다. 이후 1962년에 충북 진천 미선나무 자생지를 천연기념물로 지정했는데, 지정하자마자 사람들이 무분별하게 나무를 채취해가 7년 만에 그곳은 천연기념물 지정이 취소되었다.

지금은 괴산군 송덕리를 비롯해 부안, 영동 등 다섯 군데가 천연기념물로 지정되어 보호를 받고 있다. 아마 자생지 규모가 작고 미선나무에 대한 학계 연구도 미흡했으며, 굳이 이 나무를 알리는 사람들도 없어 잘 몰랐던 것 같다.

하지만 이제는 미선나무를 연구하고 널리 알리려고 고군분투하는 농원 주인도 계시고, 이에 적극 동참하는 마을 분들과 식물학자들의 노력이 합해져 지금은 우리 주위에서도 미선나무를 자주 볼 수 있다.

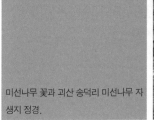

미선나무 꽃과 괴산 송덕리 미선나무 자생지 정경.

땅 위가 아니라 땅속

괴산 송덕리 미선나무 자생지 크기는 축구장 절반보다 작아 보였다. 게다가 나무보다 바위가 더 많은 것 같았다. 우거진 숲을 기대했는데 살짝 실망스럽기도 했다. 하지만 생각을 바꾸어 저렇듯 바위와 돌이 가득한 척박한 땅에서 자리 잡은 미선나무 처지가 되어보았다. 수백 년 동안 누구의 돌봄도 없이 봄이면 꽃을 피우고 꽃이 지고 나면 열매를 맺기를 수없이 반복하며 살아온 미선나무. 그 질긴 나무의 삶에 감정이입을 하니 마음이 뭉클해졌다.

사람보다 우위의 생존 전략을 가지고 있는 나무에게서 배울 게 한두 가지가 아니지만 가장 경이로운 것은 땅 위가 아니라 땅속이다. 바위나 돌에 깔려 나무가 곧 쓰러질 것 같아 보이는 자생지가 오랫동안 생명력을 이어올 수 있었던 것은 바로 땅 아래에서 서로 연결된 나무뿌리들이 남은 흙을 붙잡고 있기 때문이다. 그래서 흙의 자양분을 나무로 옮길 수 있고, 돌이 많은 곳은 물 빠짐도 좋아 나무가 자라는 데 이로운 환경이 된다. 그러니까 미선나무는 다른 나무들이 살기 어려운 돌밭에도 뿌리를 내리고 살 수 있는 나무로 햇볕만 듬뿍 내리면 어디서든 잘 자란다. 모진 세월에도 꿋꿋이 억척스레 삶을 이어온 우리 조상들과 판박이다.

식물의 한계점

미선나무 자생지를 둘러보는데 벅찬 감동이 밀려왔다. 공식적으로 인정한 자생지를 보았기 때문이다. 나무 공부를 하기 전 아무것도 모르고 높은 산을 열심히 다닐 때 본 숲을 기억해보지만 그곳이 나무가 스스로 태어나고 자란 곳이었는지 알 수가 없다. 다시 간다고 해도 자연림인지 인공림인지 자세한 설명을 듣지 않는 이상 판별할 능력이 내게는 없다.

　괴산 송덕리 미선나무 자생지에는 누구나 갈 수 있다. 나 같은 뚜벅이는 걸어서 가면 되고, 차가 있다면 접근이 더욱 쉽다. 길가에 있으니 애써 걷지 않아도 된다. 힘들면 도로 건너편에 있는 의자에 앉아 나무가 스스로 자라고 있는 모습을 깊이 음미해도 좋다. 햇빛과 바람과 흙과 물만 있으면 그 어떤 청천벽력이 없는 이상 긴 세월 자라고 있을 그 끈질긴 생명력에 경의를 표하면 된다.

이제 다시 식목일로 생각을 옮겨본다. 일어서 자라고 알아서 삶을 마감하는 생물들이 인간의 깊은 개입으로 서식지를 옮기는 것, 과연 알맞은 생장이 담보될까? 자생지를 야생지라고도 하는데 만약 야생의 식물을 우리 주위에 옮길 때는 식물의 한계점(Hardiness)을 파악해두어야 한다. 영하 몇 도까지 견디는지, 어느 정도 더운 온도까지 참을 수 있는지, 어느 정도까지 비와 눈 속에서도 생존할 수 있는지 등등을 충분히 고려해야 한다. 전문가들이 이에 대해 과학적으로 연구해 나무에게 접목하고 있을 것이다.

하지만 길가에서 말라 죽어가는 나무들이 이듬해 다른 수종(樹種)으로 대체되어 있는 것을 자주 목격한다. 항변하지 못한다고 나무를 너무 심하게 다루는 것은 아닐까? 자생하는 나무와 인위적으로 심긴 나무, 그 둘의 운명에서 내 삶의 방향도 다시 한번 물어본다.

내가 태어나기 전 나는 어디에 있었을까? 나는 스스로 자랐을까? 지금도 자생하고 있는 걸까? 내 삶이 쾌적한 터전, 나의 자생지(自生地)는 과연 어디일까? 나무에게 그 길을 가만히 물어본다.

올해의 컬러와
경기도 양평군 주읍리
산수유

죽은 회색, 살아 있는 노란색, 두 색이 만드는 잔인한 4월의 희망

온갖 봄꽃이 만개하는 4월의 산책은 눈이 웃는다. 무채색만 가득했던 주위에 색감이 진동하는 원색들이 새벽 물안개처럼 번져가고 있어서다. 말없이 붙박여 있는 회갈색의 나무에 슬그머니 연둣빛이 피어나거나 화들짝 번개처럼 꽃들이 강렬한 색들을 분사하면 식물에 무심한 사람이라도 자연스레 눈길을 건넨다.

하지만 사람마다 나무에 머무는 시간도 다르고, 색에 대한 반응도 각양각색이다. 우리는 눈에 있는 추상체라는 세포가 받는 자극값으로 색을 인지하는데, 여기에 차이가 있기 때문이다. 즉 같은 곳에서 동일한 빛의 파장을 받더라도 그것을 느끼는 데에는 각자의 몸이 달라 다른 색으로 느낄 수 있다는 것이다.

신체 구조상 색감에서 미묘한 갈라섬이 있을 테지만, 그래도 봄빛이 만드는 원색의 향연 앞에서 우울해하거나 좌절하는 사람

들은 없을 듯하다. 그것은 근본적으로 빛이 있어야만 우리가 살아
갈 수 있다는 것을 아는 본능 때문이고, 빛이 만들어내는 화려한
자연색을 마주하면 어떻게든 다시 살려는 희망의 자극이 싹트기
때문일 것이다.

좀 늦은 감이 있지만 미국의 색채연구소 팬톤(Pantone)이 2021
년 '올해의 컬러'로 회색 계열의 얼티밋 그레이(Ultimate Gray)와
노란 계열의 일루미네이팅(illuminating)을 선정해 발표했다는 것
을 알게 되었다. 회색은 바닷가의 조약돌을 닮은 색상으로 오랜
시간을 견뎌낸 인내와 자연이 가진 회복을 상징하고, 노란색은 태
양의 햇살을 상징하는데 긍정에너지와 활력을 주는 색상이라고
한다. 올해의 컬러로 회색과 노란색을 선정한 것은 두 색이 서로
를 보완하는 색이고, 2020년 코로나19로 극심하게 지쳤던 지구
인들에게 희망을 주기 위해서란다.

회색과 노란색의 조합

우리가 만들어내는 수많은 인공의 색은 식물이 준 선물이다. 어찌
색뿐이겠는가. 아침에 일어나 잠들 때까지 식물에 기대어 살아간
다. 모닝커피에서 나무 침대까지 단 한순간도 식물에 빚지지 않는
경우는 없다. 그래도 여전히 일상의 공기처럼 나무에 대한 고마움
을 항시 자각하지는 못하지만, 봄날만은 그 강렬한 색 때문에 그
들의 존재를 다시 인식하게 된다.

그래서 길을 나섰다. 디자인 업계에 지대한 영향을 미치는 올

해의 컬러를 나무에서 찾아보기 위해서다. 회색과 노란색의 조합, 멀리 갈 것도 없이 우리 주변에 흔했다. 그래도 그 색감을 더 강도 높게 느끼고 싶어 산수유꽃마을로 불리는 경기도 양평군 개군면 주읍리를 찾아갔다.

우리나라의 대표적인 산수유마을은 전남 구례와 경북 의성에 있지만, 그보다 규모는 작아도 주요 목적은 회색과 노란색이 뿜어내는 긍정과 희망의 에너지를 얻는 것이었기에 후회는 없을 듯했다. 내 눈의 자극값, 즉 흥분 정도가 나의 색을 만들어내듯이 그 어떤 곳을 가더라도 느낌의 정도는 오로지 나의 내면이 알아서 할 일이었다.

시골마을을 가는데 역시 뚜벅이는 힘들었다. 내가 생태주의자라서 운전면허가 없는 게 아니라 단지 몇 번 시험에 실패하고는 다시 도전하지 않았기 때문이니 그 누구를 탓할 수도 없었다. 운전의 필요성을 느끼지 못해 그랬겠지만, 버스가 하루에 서너 번만 다니는 데를 찾아간다는 건 여간 곤혹스러운 일이 아니었다. 시간대를 맞추어 계획을 짜는 치밀함이 없기에 모든 걸 우연에 기대면서 길을 나서는 습성이라 결국 택시를 타고 마을로 들어갔다.

택시 기사님의 친절한 안내에 따라 마을 입구에 내린 나는 그분이 일러준 코스를 걷기 시작했다. 맑은 개울가를 따라 산수유가 심겨 있었고, 사이사이 개나리가 물을 향해 줄기를 뻗고 있었다. 오후에 올 버스 시간을 확인했기에 남는 게 시간이라 천천히 회색과 노란색의 조합을 음미하기 시작했다.

양평군 주읍리 산수유마
을 정경.

산수유에서 회색은 나무줄기에서 찾을 수 있다. 오래된 산수
유일수록 회갈색의 나무껍질이 지저분해 보이는데, 마치 관리하
지 않은 시골의 오래된 시멘트 담벼락 같다. 매끈했던 벽면이 풍
화에 너덜너덜해지는 모습과 불규칙하게 조각조각 껍질이 갈라
지는 모습이 엇비슷해 보인다. 그러다 보니 평소에는 눈길이 가지
않는데 어느 날 노란빛을 띤 꽃들이 올망졸망 피어 있는 모습이라
도 스치듯 눈에 들어오면 순간 걸음을 멈추게 된다. 무채색이라는

어두운 절망에서 유채색이라는 밝은 희망이 솟아나는 감정이 이입된다. 겨우내 죽은 듯 움츠러들어 있던 감각 세포에 지진 같은 균열이 오면서 자극값은 고수위로 치닫는다. 살려는 의지가 폭풍으로 밀려온다.

나무껍질이 무채색 계통의 어두운 색조를 띠는 것은 이 부분이 생장활동을 멈춘 죽은 조직이기 때문이다. 나무는 바깥에서 안으로 밀며 세포분열을 하는데, 모든 영역을 활동 공간으로 쓰지 않고 10%에만 에너지를 쏟는다. 바깥 조직인 수피와 안쪽의 심재는 죽게 하고, 그 사이에 있는 변재 부분의 물관과 체관에서만 생명력을 발휘한다. 최소의 에너지로 최대의 생장을 하기 위해서다.

죽은 조직이다 보니 색소를 만들어낼 수 없는 나무껍질과 달리 봄이 되면 나오는 꽃과 이파리는 살아 있는 조직이기에 저마다 고유의 색소를 지니고 있다. 그 색소가 만들어내는 색을 우리가 식별할 수 있는 것은 당연히 빛이 색을 반사하기 때문이다. 즉 이파리가 녹색인 이유는 엽록소의 녹색이 반사되는 현상이다. 그래서 녹색이 광합성을 하는 게 아니라 엽록소에 흡수된 청자색광과 적색광에서 광합성이 일어나는데, 우리가 볼 수 있는 건 녹색이라 녹색광이 광합성을 한다고 인지한다.

꽃의 색깔이 다른 것은 꽃잎의 색소가 식물별로 다르기 때문이다. 이 색소가 햇빛과 상호작용하며 색깔을 만드는데 역시 반사되는 색만 우리는 본다. 《꽃의 제국》을 보면, "꽃에서 가장 흔한 두 가지 색소는 플라보노이드 계통의 안토사이아닌과 잎에서 광합성 보조색소로 작용하는 카로티노이드이다. 이 두 색소는 노랑, 빨강, 검정에 이르는 열매의 주요 색소이기도 하다"라고 하는데, 노란 꽃을 피우는 꽃잎에는 카로티노이드 성분이 있기 때문이다.

회색은 죽어 있고, 노란색은 살아 있고, 두 색이 만들어내는 보완의 조합, 걷는 내내 잔인한 4월이 파드득 반사되었다. 아직도 그 어두운 바다에서 호흡하고 있을 세월호 희생자와 그 무엇 하나 제대로 해결된 게 없어 결코 그날을 잊지 않으려고 노란 리본을 달고 있는 분들이 눈가를 글썽이게 했다. 그 모든 슬픈 액체를 기화할 수 있는 햇살에 눈길을 주었다. 잔인한 4월에 노란 희망의 긍정에너지를 얻고 싶었다. 진정 무엇부터 다시 해야 할까?

난감해도 긍정으로 희망의 색을 보자

산수유는 중국 원산으로 우리나라에는 신라시대 경문왕 때 중국 산둥에서 들어온 것으로 추정된다. 전남 구례군 산동면에서는 1천 년 된 산수유 시조목(始祖木)이, 양평군 개군면 주읍리 산수유꽃마을에는 520년가량 된 산수유가 꽃을 피우고 있다.

주읍리가 산수유꽃마을이 된 연유는 이렇다. 1450년 세종대왕이 승하하신 뒤 여주에 영릉을 조성하는 과정에서 물이 나오자 지나던 어떤 분이 주읍리를 감싸고 있는 추읍산을 가리키며 "저 산 정상 바로 오른쪽 아래를 파면 우물이 나오고 묘터의 수맥이 그리로 빠져서 물이 안 나올 것"이라고 일러주었단다. 그분의 말대로 하니 영릉 터에 물이 말라 왕릉을 조성할 수 있었고, 이를 듣게 된 세조가 1466년 약용으로 쓰이던 귀한 산수유 몇 그루를 마을에 하사했고, 그 나무들이 퍼지면서 산수유꽃마을이 되었다고 한다.

산수유의 붉은 열매는 약효가 좋아 귀한 약재로 쓰였는데, 실제로 이 마을 분들에게는 1980년대까지 산수유가 고소득 작목이었단다. 그래서 '대학나무'로도 불렸던 산수유였지만, 값싼 중국산이 대거 수입되면서 이제는 발아래 떨어져 뒹굴고 있는 산수유 열매를 쉽게 볼 수 있다.

산수유 열매에 약효가 있다는 것은 산수유의 종소명 *officinalis*(약효가 있다는 뜻)에 그대로 반영되어 있는데, 가을에 광택이 나는 이 빨간 열매 덕분에 산수유는 세 번 꽃을 피운다는 이야기를 갖게 되었다.

첫 번째는 이른 봄 꽃눈이 벌어지면서 이를 감싸고 있던 4개의 포 위로 20~30개의 둥근 꽃봉오리가 모습을 드러내는데, 거리를 두고 보면 한 가지에서 하나의 꽃이 피어나는 것 같다. 두 번째는 산수유에 바짝 다가가면 확인할 수 있는데, 꽃봉오리들이 각자 하나의 꽃자루를 올리며 꽃받침 없이 만들어진 4개의 꽃잎을 뒤로 젖히는데 그 안에 4개의 수술과 1개의 암술이 있는 걸 볼 수 있다. 마치 꽃 안에 꽃이 피어 있는 모습인데, 이를 보고 왕관 같다고 표현하곤 한다. 마지막 세 번째가 꽃이 진 자리에 나오는 열매 때문인데, 5월에 초록색으로 시작해 9월에 노란색 그리고 가을에 붉은색으로 익는 열매가 겨울에서 봄까지 달려 있는 모습이 마치 빨간

꽃 같아서다.

마을을 감싸고 있는 주읍리 산수유는 노랗게 빛나고 있었지만, 마을은 개 짖는 소리도 들리지 않을 정도로 고즈넉했다. 이제 다시 도시로 나가면 노란색과 회색 패션이 만들어내는 올해의 컬러가 눈에 들어올 것도 같았다. 하지만 자극값이 만들어내는 색감, 더군다나 인공색은 그 민감 정도가 다를 것이다. 그래서 누구는 노란색을 보고 희망을 갖고, 누구는 노란색을 보고 분노를 하고, 누구는 노란색을 보고 손가락질을 할 것이다. 하지만 자연색이 주는 색감은 그 어떤 갈라섬 앞에서 하나를 보여줄지 모른다. 그 모든 색상은 바로 자연이 만들어내는 원색에서 출발한 것이라고.

그래, 이제, 진실한 마음을 갖고 싶으면 죽어 있는 회색이 살아 있는 노란색을 만들어내는 산수유 앞으로 다가가 보자. 삶과 죽음이 하나라는 거대한 진리에까지는 다다르지 못하더라도 어떤 상황이든 꼭 살아서 모든 걸 해결해보자. 이 잔인한 4월에 이룰 수 있는 아픈 희망을 가져보자.

생존력과
전남 여수 영취산
진달래

나약한 마음이 늘면 숲으로 가요

우리를 살게 하는 힘은 무얼까? 결핍을 채우려는 욕망일지도 모른다. 라캉은 주체를 결핍으로 보고 욕망을 환유로 본다. 주체는 무의식의 세계이고 욕망은 언어의 세계이다. 이별이라는 결핍이 가져온 사람의 마음을 온전한 언어로 표현할 길은 없다. 혼란 끝에 욕망의 완성은 죽음이라는 생각에 다다를 무렵, 길가에 핀 노란 민들레가 눈에 들어온다. 직관적으로 한 단어가 꽂힌다. '생존력.' 그러면서 희망의 문장을 만들어낸다. '나도 살아야지.'

결핍과 욕망에 대한 문과적 설명은 난해하지만, 이과적 해결은 쉽다. 부족한 원소를 채우면 된다. 면역 결핍이 있으면 그에 맞는 화학물질을 만들어내 공급하면 된다. 역사적으로 이러한 인식과 실천이 우리의 생존력을 높이고 있는데, 생존력 이전에 설정되어야 하는 게 생명이란 존재의 탄생이다. 일차적으로 우리 생명은 식물이 만들어준 산소와 포도당 덕분이고, 이차적으로 식물에서 얻은 분자들로 각종 백신을 만들어 생명 연장을 꾀하고 있다. 그래서 식물을 독립영양체라 하고 사람을 종속영양체라고 한다.

코로라19가 가져다준 우울감을 떨치기 위해 많은 사람이 숲을 찾아 생존력을 높이는데, 숲의 구성 요소인 나무들의 면면에 대해서는 깊은 관심을 주지 않는다. 움직이지 않는 듯 알아서 자라는 모습 때문일지도 모르지만, 여기에 나는 다른 아픔이 녹아 있어 오랫동안 식물을 가까이 하지 않았다.

그러니까 식물을 멀리한 시기는 초등학교 5학년 가을부터다. 학교 뒤뜰을 지나가는데 전시를 앞둔 국화꽃들이 너무 예뻐 손을 댔다. 노란 국화에서 흰 국화로 옮겨가는 찰나 번개처럼 어른 손바닥이 내 뺨에 꽂혔다.

"니깐 놈이 뭔데 교장선생님도 장학사님도 통일주체국민회의 대의원님도 못 본 국화를 만지고 있어, 엉?"

서러움이 손바닥 자국보다 더 깊숙이 배겨 그날 이후로 식물만 보면 슬금슬금 피했다. 사람들은 꽃을 보는 게 기분을 좋게 해서 생존에 도움이 되었을 테지만 나는 생존에 타격을 주는 트라우마를 차단하기 위해 스스로 피해간 것이다.

하지만 몇 해 전 숲해설가가 되려는 분들에게 스토리텔링 강의를 하면서 그 세계를 알게 되었고, 프리랜서인 내게 숲해설가 항목을 추가하면 생존에 도움이 될 것 같았다. 특히 식물 트라우마도 한 번 극복해보자는 심산으로 식물 공부를 시작하게 되었다.

남도의 봄빛이 궁금했다

식물 트라우마에서 벗어나 식물과 친해질 목적으로 가장 키우기 쉽다는 다육식물을 내 책상에 놓았다. 하지만 치유하기 어려운 상처 때문인지, 게으른 천성 탓인지 이따금 햇빛에 내놓고 물만 주어도 잘 자라는 다육이를 죽이고 말았다. 그 뒤 다른 식물로 재차 시도해봤지만 지속성 결핍으로 식물들에게 피해만 입혔다. 식물이 가지고 있는 커다란 생존력을 배우고 싶어 벌였던 일들이 죄의식만 가중했다. 그러면서 《랩 걸》에서 읽었던 문장이 좀처럼 나를 떠나지 않는 걸 알았다.

"선인장은 사막이 좋아서 사막에 사는 것이 아니라 사막이 선인장을 죽이지 않았기 때문에 거기 사는 것이다. 사막에 사는 식물은 어떤 식물이라도 사막에서 가지고 나오면 더 잘 자란다."

짧은 식물 공부로 식물 이해도가 높아진다고 여기며 고맙게도 그게 나의 생존력 또한 높여가고 있다고 생각했는데, 나는 식물에 대한 예의가 전혀 없었다. 나의 범죄 행위는 사법 판단을 받지 않겠지만, 미안함과 수치심이 마음을 나약하게 만드는 것 같았다. 그래도 살게끔 되어 있는 항상성(恒常性)이 무의식적으로 높은 생존력을 요구했고, 어쨌든 또 살겠다고 전라남도 여수 영취산에 있는 진달래 군락지로 발길을 향했다.

나무가 가진 높은 생존력을 느끼고 싶다면 지리산이나 설악산 등 1천m가 넘는 고산으로 가면 좋은데, 왜 510m밖에 되지 않는 여수 영취산에 오르려고 했을까? 진달래 군락지는 집에서 가까운

여수 영취산과 진달래꽃 터널.

북한산 진달래 능선도 있고, 강화도 고려산에도 있는데 왜 멀리 남도라는 고단한 길을 감행했을까?

무의식에서 봄꽃처럼 피어난 두 가지 이유가 있었던 것 같다. 문학으로 생존을 도모하려던 때 전라남도에 잠시 머물렀던 적이 있었고, 남도가 갖는 풍경을 묘사하기 위해 부단히 애를 썼던 적도 있었다. 하지만 실패했고, 그러던 어느 날 유홍준의《나의 문화유산 답사기》1권에서 "남도의 봄빛을 보지 못한 자는 감히 색에 대하여 말하지 말라"라는 문장을 보고 충격을 받았다. 봄날 남도의 원색을 가장 본질적으로 강렬하게 담아낸 글이 묘사 중심의 글보다 훨씬 더 진한 감동으로 전해졌기 때문이었다. 나무 공부를 하는 요즘 남도의 봄 색이 어떻게 다가올지 궁금했다.

또 다른 이유는 4월만 되면 4·19혁명을 잊지 않기 위해 북한산 진달래 능선을 가곤 했는데, 어느 날부터인가 역사가 주는 시대적 생존력에 둔감해지고 있는 나를 되돌아보기 위해 남도행 길을 나서게 되었다.

산성토양 최후의 강자

"진달래꽃 머리에 꽂고 온 민족이 하나가 되어 한라에서 백두까지 해방춤을 흐드러지게 추게 될 그날까지."

1986년 10월 건국대에서 있었던 '전국 반외세 반독재 애국학생 투쟁연합' 발족 선언문 글 일부다. 이 문장으로 당시 시위에 가담했던 2천여 명의 학생은 빨갱이로 부각되었다. 봄만 되면 남도를 비롯해 전국 산천에서 볼 수 있는 그 진한 분홍꽃, 박경리의 《토지》에 "그 꽃 따서 화전을 만들어 당신께 드리고 싶어요"라는 문장처럼 봄이 되면 우리의 입을 즐겁게 하는 자연의 먹거리, 국어 교과서에 실렸기에 수많은 사람이 아는 김소월의 평안북도 영변 약산의 진달래꽃 등등 우리 일상과 친숙한 진달래에 용공 혐의를 씌운 것은 북한 사람들이 좋아하는 꽃이기 때문이란다.

한반도 거주민과 함께해온 진달래에 정치색을 입혔던 오래전 일이었지만, 진달래는 악조건에서도 인내와 끈기로 삶의 터전을 일구어온 우리 민족의 습성과 닮았다.

진달래 서식지를 설명할 때, 진달래는 토양을 가리지 않는 편이지만 석회암 지대나 건조한 곳은 싫어하며 양지바르고 따뜻한 곳, 서늘한 곳, 습도가 적당한 곳, 모래가 섞여 있는 땅 그리고 산성 토양을 좋아한다고 말한다. 여기서 눈여겨볼 부분은 산성 토양인데, 우리나라의 토양은 대부분 화강암이나 화강편마암 같이 규산 성분이 많은 암석이 풍화되어 생겨난 산성 토양이다. 산성 토양은 일종의 모래땅이라고 볼 수 있는데, 이 땅에서는 중금속 물질들이 많이 녹아 나오고, 그렇게 되면 미생물들이 살 수가 없어 땅이 비옥해질 수 없다.

특히 갈수록 대기 오염이 심해져 산성비에 따른 산성화 진행이 빨라지고 있어 중성 토양에서 잘 자라는 식물들에게는 치명타를 입힐 수 있다. 그래서 언젠가 사막화가 된다는 상상도 해볼 수 있는데, 산성도가 높은 토양에서도 잘 자라는 나무가 진달래이기에 우리는 오랫동안 전국 어디에서든 진달래를 볼 수 있다는 상상도 함께 해볼 수 있다. 이는 척박한 환경에서도 높은 생존력으로 지속 생장을 한다는 것인데, 이 부분에서 바로 우리 조상들이 살아온 삶과 연결할 수 있다.

산성 토양을 선호하는 나무들 가운데 소나무가 대표적인데, 그 진실도 알고 보면 사막의 선인장처럼 처연하게 다가온다. 소나무는 양수(陽樹)로 햇빛을 많이 받아야만 생장을 멈추지 않고 오래 산다. 그래서 소나무는 다른 나무가 자라기 힘든 척박한 땅에 자리를 잡는다. 자기에게 그늘을 드리울 나무가 없으니 쑥쑥 자랄 수 있고, 더불어 자기를 넘볼 다른 나무의 생장을 막기 위해 강한 피톤치드를 내뿜는다. 그래서 소나무 아래를 보면 키 작은 관목조차 없는 경우가 많은데, 그런 곳에서도 유독 꽃을 피우는 나무가 바로 진달래다. 제발 그렇게 되면 안 되지만 산성화가 가속화되어 나무가 자랄 수 없는 최후의 경우에 다다르면 소나무가 먼저 고사하고 진달래만 남게 된다. '강한 자가 살아남는 게 아니라 살아남은 자가 강하다'는 말이 있는데, 우리 민족이 가장 사랑한다는 소나무보다 더 열악한 환경에서 살아남는 진달래, 그 높은 생존력에 경의를 표한다.

소나무와 진달래의 공존, 소나무가 없는 진달래만의 군락지, 이 두 광경을 한곳에서 볼 수 있는 곳이 여수 영취산이다. 꽃무릇 군락지로 유명한 흥국사를 산행 기점으로 해서 영취산 정상을 향하면 임도 한 지점의 능선에서부터 소나무 사이사이로 진달래꽃이 눈부시도록 아름답게 핀 모습에 젖을 수 있고, 정상에서 화학공장이 내려다보이는 산자락에서는 진달래만이 가득한 풍경을 감상할 수 있다.

분홍 진달래가 만들어낸 원색의 색조에 감동을 하다가도 문득 진달래 군락지는 반대쪽보다 산성화가 더 심해진 나쁜 토양이라는 생각에 다다르면 침울해지기도 한다. 그 원인이 가까이 있는 화학공장 때문인지는 전문가들의 자료가 있어야 언급할 수 있을 것이다. 다른 자료를 보면 그곳에 산불이 나서 일부러 진달래만 심었다고 하는데, 온실가스 감축 등 수많은 노력을 기울여도 북극의 빙하가 해마다 줄어드는 걸 보면 지구의 생존력은 그만큼 약해지고 있는 게 분명하다.

여수 밤바다가 아니라 낮바다라서 그런지 숲향기를 제압하는 화학약품 냄새가 이따금 콧구멍을 뚫고 들어와 미간이 찌푸려질 때 멀리 높은 산에 순간 이끌려 한참을 응시하고 있었다.

"제가 이 산 아래 사는데요, 저기가 지리산 천왕봉입니다."

신음처럼 감탄사와 함께 대학 시절 지리산에서 혁명을 꿈꾸며 합숙했던 일이 떠올랐다. 나의 생존보다 민중의 생존이 시대 소명 같아 그 길을 걷다가 험난한 사회생활에서 나의 결핍만을 채우기 위해 살았다. 결핍이 욕망을 낳고 욕망이 결핍을 만들어내도 오로지 살겠다는 마음으로 치달리던 삶에서 역시 생존을 위해 나무 공부를 하고 있다. 국화만 보면 손바닥이 연상되는 식물 트라우마는 여전히 남아 있지만, 다른 나무들이 견디기 힘든 악조건에서도 매개 곤충을 유혹하기 위해 진한 분홍빛을 피워내는 진달래, 그 위대한 생존력에 다시 경의를 표하며 그곳을 떠났다. 그러면서 잊지 않으려 다짐한다. 나약한 마음이 들면 생존력 강화를 위해 그대들을 또 찾겠다고.

천상의 화원과
경기도 남양주 천마산
얼레지

패러독스가 안겨준 야생의 에너지

"I see trees of green, red roses too / I see them bloom for me and you / And I think to myself / What a wonderful world (푸른 나무와 빨간 장미를 보았어요. 나와 그대를 위해 피어 있어요 / 그래서 생각해요 / 이 얼마나 놀라운 세상인가요)."

루이 암스트롱의 〈What a wonderful world〉 첫 소절이다. 사는 게 우울할 때 듣고 있으면 힘이 솟았다. 모든 게 나를 위해서 움직이고 있으니 생각만 바꾸면 나의 삶 또한 놀랍게 뒤집힐 수 있다는 것이다. 하지만 로빈 윌리엄스의 〈굿모닝 베트남〉을 본 뒤 단지 위안의 노래로만 들을 수 없었다. 놀라운 세상을 찬양하는 가사에 비극의 장면들이 흘러가는 순간, '패러독스(paradox, 역설)'가 온몸을 아프게 하기 때문이었다.

감동이 진한 작품들은 모두 패러독스를 보여준다. '찬란한 슬폼'처럼 모순을 담고 있이야만 우리의 뇌는 강한 자극을 받기 때문이다. 《예술 수업》을 보면, 예술의 반대말은 추함이 아니라 무감각이라고 한다. 무감각을 깨우는 창작 행위, 섣불리 도전했다가는 낭패를 본다. 좌절만 가득 안을 수 있다.

문학이라는 예술 세계가 버거워 창작보다는 소비에만 치우치던 어느 날 슬금슬금 시를 쓰기 시작했다. 패러독스를 담는 게 어려워 포기했던 문학이 다시 다가온 것은 세상을 보는 관점이 바뀌었기 때문인데, 터닝 포인트(turning point)는 나무 공부였다.

스웨덴 식물학자 린네는 꽃에 대해 "가운데 자리에 한 여자(암술)가 드러누워 있고 둘레에 여러 남자(수술)가 둘러 있어 서로 사랑을 하는 것"이라고 표현했다. 암술과 수술을 감싸며 보호하고 있는 조직이 꽃잎이고, 온갖 색으로 꽃잎이 피어나는 것은 오직 꽃가루받이 성공을 위해 벌과 나비 등 매개곤충을 유혹하려는 행위일 뿐이다. 즉 식물의 꽃 기관은 나무와 풀의 생존과 번식을 위한 생식기관으로 아주 중요한 위치에 있는 식물의 구성 요소다. 이 사실을 잘 들여다보면 슬프게도 모든 식물의 꽃은 우리를 위해서 피어나는 게 아니라는 것이다.

이렇게 되면 "푸른 나무와 빨간 장미를 보았어요. 나와 그대를 위해 피어 있어요"라는 노랫말은 틀렸다고 볼 수도 있다. 이 세상의 모든 것은 나를 위해 움직이는 게 아니라 각자의 상황에서 저마다의 방식으로 나름의 삶을 주체적으로 살 뿐이라는 것이다. 이를 인지하고 나니 팩트와는 다른 감정이입이 모순을 발생시킨다는 것을 알게 됐다. 우리는 복잡다단한 언어로 인식활동을 하는 존재들이기 때문이다.

그래도 우리를 위해 피운 것은 아니지만 꽃들이 불현듯 눈에 들어오면 미소가 번진다. 그 이유를 꽃 색깔이 보색이라서, 대칭 구조를 가지고 있어서, 화려한 몸짓을 보여줘서 등등 여러 가지로 해석하지만, 이 부분은 아직도 명확히 풀지 못하고 있는 신비한 영역이라고 한다.

왜 산상의 낙원은 안 될까

모순을 가장 극명하게 보여주는 부분은 삶과 죽음에 대한 인식일 것이다. 생물학적인 삶이 마감되어도 누군가는 같은 육체로 영생(永生)을 산다는 믿음을 지니고 있고, 누군가는 영혼의 에너지로 죽음 이후를 영원히 살아간다는 생각을 지니고 있으며, 누군가는 죽으면 모든 게 끝이라는 무른 확신을 지니고 있다.

그 누구도 죽음 이후의 세계를 살아보지 못해 그 어떤 이야기도 팩트가 아닌데 우리는 영생과 영혼에 대한 상상을 멈추지 못한다. 《불멸에 관하여》를 보면, "죽음 패러독스는 우리는 객관적으로 인간의 육체가 쓰러져 죽어가는 모습을 바라볼 수 있으며, 동시에 주관적으로 우리 자신이 존재하지 않는 상태를 인식할 수 없기 때문에 나타나는 문제다"라고 한다. 이 때문에 죽음이 끝이 아니라는 인식활동을 할 수밖에 없다는 논리에 잠시 수긍을 하면서도 모순의 기분을 떨치고 싶어 경기도 남양주 천마산에 있는 '천상의 화원'을 찾아 나섰다.

'천상(天上)의 화원(花園)'을 말 그대로 풀면 '하늘 위에 있는 꽃 정원'이 될 것이다. 하지만 강원도 점봉산 곰배령을 비롯해 천상의 화원으로 불리는 여러 숲은 엄연히 하늘에 가까운 산 정상일 뿐이다. 차가운 바람도 세게 불고 기온도 낮지만 봄, 여름, 가을 계절별로 온갖 야생화가 피어나고 있어 언제 가도 눈과 마음이 환해지는 곳, 왜 산상의 낙원이라는 작명은 하지 않았을까? 우리는 패러독스에 익숙하기 때문이다.

어디엔가 있을지도 모르지만 아직까지 과학이 밝히지 못하고 있는 상상의 세계인 천국, 극락 등에 관한 이야기를 접해보면 그 공간을 빛내고 있는 구성 요소가 있다. 단테 《신곡》의 〈천국편〉을 보면 장미가 불꽃처럼 자리 잡고 있고, 극락을 묘사한 글이나 그림을 보면 화려한 연꽃들이 놓여 있으며, 《서유기》 옥황상제가 살고 있는 하늘나라는 향기 좋은 복숭아꽃이 만발해 있다. 죽음 이후의 삶이란 곳에 대한 상상도 패러독스이고, 거기에 꼭 꽃들이 등장하는 것도 수수께끼지만, 그래도 우리 삶을 연장해보겠다는 본능적 소망이 야생화를 찾게 하는 것 같다. 그리고 그곳이 현실 세계가 아니기를 바라는 것, 이 모든 것은 다 한정된 삶에 희망을 불어넣으려는 아름다운 본능일지도 모른다.

늘 놀랍고 멋지지만은 않은 이 세상, 야생화를 보면서 놀랍고 멋지다는 감각을 얻기 위해 천마산에 오르는데 몸이 예전 같지 않았다. 강한 체력은 아니지만 사십대에 북한산을 1천 번 오르내릴

다리는 갖고 있었는데, 오십대 중반을 넘어서자 숨이 가빠지고 다리도 금세 풀렸다. 그러면서 아픈 허리 통증도 심해지고 있었는데, 종교가 없는 내가 영생에 관심을 가진 것은 바로 이 대목부터다. 아프면 치료를 받고 나으면 좀 지내다 아프고 그래서 또 치료받고 또 낫고 하는 걸 반복하다 보면 어느 날 몸의 소멸이라는 죽음을 맞이할 텐데, 그 선명한 결론에 허무감이 밀려와 영생에 대해 공부해보았다. 그렇지만 그 실체에 대한 믿음만은 내게 밀려오지 않았다.

그래도 그 순간 천상의 화원에 다다르면 내 몸은 지상에 있지만 인식 활동만은 천상에서 이루어질 것 같아 한 발 한 발 속도를 냈고, 드디어 닫힌 공간의 화원에서 본 꽃들과는 확연히 다른 색감과 모양을 보여주는 야생화와 조우하게 되었다. 그 가운데 유독 얼레지가 나를 끌어당겼다.

얼레지는 백합과 여러해살이풀로 한국, 일본 등 아시아가 원산지다. 이름이 슬픔을 노래한 악곡 엘레지(elegy)와 비슷하고 게다가 〈용두산 엘레지〉, 〈해운대 엘레지〉, 〈황혼의 엘레지〉 등의 노래가 많이 알려져 있어 얼레지가 서양에서 들어온 식물이라는 오해를 많이 한다. 하지만 얼레지는 우리나라 자생식물로 이름에 대한 유래는 취나물처럼 식용할 수 있는 얼룩덜룩한 무늬가 있는 잎 때문이란다.

얼레지를 처음 본 것은 경기도 가평 화야산에서다. 숲해설가가 된 지 2년째라 초본보다는 목본을 먼저 익혀야겠다며 마음먹

천마산의 얼레지. 얼룩덜룩한 무늬가 있는 잎 때문에 얼레지라 불린다.

고 공부를 하던 중 숲 공부를 같이 하는 동기 분들이 화야산에 가자고 해서 따라갔다. 이른 아침부터 많은 분이 얼레지를 사진에 담기 위해 숲에 납작 엎드려 있는 모습을 보고 움찔했다. 한때 싫어했던 풍경 속에 내가 들어가 있었기 때문이다. 피사체가 되는 순간 야생화는 야성을 잃어버릴 텐데, 그래서 관심을 두지 않았는데, 다른 분들보다 열의는 없어도 나 또한 찰칵거리면서 하루를 보냈다. 내 삶에 번져가고 있던 패러독스가 뿌리처럼 더 단단해지는 날이었다.

우리 문명의 실체

미국의 생태주의 시인 게리 스나이더가 쓴 《야생의 실천》을 보면, '무시무시한 야생 상태'에 대한 비교의 글이 있다. 그는 먼저 옥스퍼드 영어사전에 나오는 내용을 소개한다. "식물의 야생 상태는 '재배되지 않은' 것." 그의 정의는 이렇다. "식물은 '자체 번식하는, 자체 양분으로 유지하는, 타고난 성질과 조화롭게 번성하는' 것." 둘의 차이는 간단하다. 인간 중심의 관점과 자연 중심의 관점이다.

우리 문명은 자연이 지닌 야성을 잃게 하면서 그 모든 것을 인간이 편리하게 살아가도록 변형시켜 만들어놓은 인공물들의 집합이다. 이 과정에서 탄생한 식물들이 원예종 재배식물들이다. 우리 눈을 즐겁게 만들기 위해 더 화려하게 더 오래 더 진하게 교배되는 꽃들의 고향은 비닐하우스가 아닌 거친 자연이다. 하지만 그곳까지 가려면 고생을 해야 한다. 그래서 우리 곁에 가까이 두려고 한다. 야생화 서식지가 줄어드는 이유일 것이다.

얼레지도 예외는 아니다. 그래서 얼레지를 캐려고 한다면 잎만 뜯는 꼴이 된다. 7년이 되어서야 꽃을 피운다는 얼레지가 그 긴 세월 에너지를 모으기 위해 뿌리를 단단히 했기 때문이다. 4월에 뿌리에서 나온 15cm 정도의 긴 꽃대 끝에 홍자색 꽃 한 송이가 아래를 향하여 피는 얼레지가 가녀리게 보여 간단히 파낼 것이라 여길 수도 있다. 또 잎 끝이 뾰족한 피침형인 6장의 꽃잎이 암술과 수술을 내보이고는 뒤로 말리듯 젖혀 있는 모습을 보고는 쉬운 상대라고 여겨 그럴 법도 하다. 그래서 〈7년만의 외출〉에 나오는 마릴린 먼로의 바람 부는 치마를 떠올리기도 한다. 하지만 모든 꽃은 우리를 위해 피는 게 아니라는 팩트를 환기하면 그저 보는 것만으로 감사해야 할 것이다.

천마산 천상의 화원에는 얼레지 말고도 복수초, 노루귀, 꿩의바람꽃, 현호색, 큰개별꽃 등이 봄만 되면 거무튀튀한 낙엽더미 위로 놀랍고도 멋진 세상을 만들어준다. 삶이 칙칙하고 시무룩해질 때 땀 좀 흘리며 산행을 하고 난 뒤 맞이하는 반짝이는 야생화의 세계, 분명 지상에 있지만 그렇게 보면 너무 아까워 패러독스가 있더라도 천상의 세계로 보는 것 같다. 거기에 내 죽음 뒤의 영혼이 머문다면 인식의 모순 따위는 들어설 틈이 없을 것이다. 그 느낌을 온전히 몸과 마음에 담고 하산하는 발걸음, 기꺼이 시를 쓸 수 있는 야생의 에너지가 충전된 것 같다.

권태와
제주도 어승생악
마가목

선형(線形)적 인생과 순환(循環)하는 나무

나무는 느리다. 꽃이 있었던 것 같은데 어느새 지고 없고, 가을 단
풍이 유혹적이었던 것 같은데 줄기와 가지만 남아 겨울바람을 맞
는다. 분명 철마다 다른 모습인데도 우리의 일상처럼 한결같아 보
인다. 이는 나무들이 김유정의 《봄봄》에 나오는 점순이 키처럼 더
디게 자라기 때문인데, 생울타리로 많이 조경하는 회양목이 대표
적이다. 효종대왕릉이 있는 여주 영릉(寧陵) 회양목의 수령은 300
년으로 추정하고, 키는 4.7m, 서쪽 줄기의 가슴높이 지름은 21cm
이다. 단순하게 계산하면 위로는 한 해에 1.6cm, 옆으로는 0.7mm
정도 자랐다는 것인데, 자기 자식이 아닌 이상 그 변화는 좀처럼 알
아채기 어렵다.

　나무는 눈에 띄지 않을 뿐 쉬지 않고 생장을 하는데 항상 멈추
어 있는 듯한 모습 때문일까, 인류는 쉼이 필요할 때 나무 아래를

찾았다. 햇빛이 강하면 그늘을 만들어주고 소나기라도 내리면 잠시 비를 긋게 해주는 나무에 등까지 기댈 수 있기 때문이다. 이는 더디고 느리지만 햇빛과 공기와 흙과 물만으로도 때가 되면 꽃을 피우고 잎을 내고 열매를 만들고, 때가 되면 잎을 떨구고 그 추운 겨울에도 살아 다시 꽃을 피우는 순환의 삶에서 위안과 용기를 얻어가려는 본능일지도 모른다. 지금 나의 삶에 고통이 가득할지라도 다시 소생할 수 있는 힘을 얻을 수 있다는 것이다.

계절별로 비슷한 풍경을 반복하는 순환(循環)의 생장이 나무에 있다면, 우리는 한 방향으로만 사는 선형적(線形的) 인생을 산다고 볼 수 있다. 태초 우주가 만들어놓은 시공간이라는 질서에서 벗어날 수 없다는 것인데, 우리의 생물학적 삶은 흐르는 시간과 팽창하는 공간에서 어느 시기까지 몸을 키우다가 어느 시기 몸이 없어지는 운명을 타고났다. 물론 우리보다 오래 사는 나무도 언젠가 고목이 될 테지만《생명을 보는 마음》을 보면, "식물에서 동물의 줄기세포에 해당하는 것이 분열조직이다. 은행나무도 나이가 들면서 분열조직의 세포분열 속도가 느려진다. 하지만 유전자를 분석한 결과 노화와 관련한 유전자의 발현은 늘어나지 않는 것으로 나타났다. 세포분열의 속도만 느려질 뿐 은행나무는 사실상 늙지 않는다"라는 구절이 나오는데, 이처럼 식물은 태생적으로 생장 방식이 우리와 다르다.

느리게 살아도 오래도록 질기게 살 수 있는 생존력, 이는 게으르게 살아도 장수할 수 있다는 문장으로 대체될 수 있다. 그래서 마냥 게을러지고 싶을 때 나무 아래 누워 있지만, 거기서 오랜 시간을 보내기는 어렵다. 권태가 밀려오기 때문이다. 보리수나무 아래에서 열반에 들었다는 부처님처럼 확고한 목표와 끈질긴 인내가 없는 이상 대개는 일상으로 돌아가려고 한다. 도무지 견딜 수 없는 불가항력의 권태 때문이다.

하지만 나무의 생장이 느리게 보이는 건 우리의 기준일 뿐이다. 《나무처럼 생각하기》를 보면 "나무의 속도는 느리지 않다. 속도는 시간을 재서 수치화하고 그것을 평가하는 개념일 뿐이다. 생물마다 나름의 속도가 있듯이 나무도 자유롭게 자신의 속도에 맞춘다. 나무는 우주를 관장하는 시간의 주기에 따라 자란다"라는 구절이 있는데, 이를 잘 헤아리면 우리의 인식 세계는 본래 자리를 되찾을 수 있다. 나무와 달리 언어로 인식 활동을 하는 우리 사유의 원천은 나무들의 생장 방식을 보고 느낀 것이었는데, 산업사회가 나무와 우리를 철저히 분리시키는 과정에서 많은 걸 잃었다는 것이다. 그래도 우리 몸에 새겨져 있는 자연에 대한 애정과 갈망, 즉 에드워드 윌슨 교수가 가설로 제기한 바이오필리아(Bio-philia)는 언제든 분출할 준비가 되어 있다. 다만 의식적으로 인식하지 못할 뿐이다.

잘 살려면 권태를 잘 극복해야

"나는 지루해질까봐 겁이 나는걸요."

루소의 자연주의를 정원에 담았던 것도 온갖 사치를 즐겼던 것도 모두 권태를 물리치기 위한 삶이라고 여길 수 있는 마리 앙투아네트가 이를 훈계하는 어머니에게 내뱉은 말이다. 이 말에 대해 슈테판 츠바이크는 프랑스 혁명 이전의 사회와 시대의 특성을 담아냈다고 했는데, 노동을 전혀 하지 않는 당시 상류층의 화려한 생활 이면에는 죽도록 일만 하면서 잉여 생산물을 바쳐야 하는 농민계급이 있었다. 이를 두고 버트런드 러셀은《게으름에 대한 찬양》에서 수탈이라는 단어를 썼고, 이후 산업사회에 들어서게 되면서 '노동이 미덕'이라는 성실성을 주입하게 되었는데, 이 또한 유한계급이 취한 새로운 생존 방식이라는 것이다.

권태가 노동을 만들었고, 그 노동이 문명과 문화를 만들었다고 보면 어떨까? 즉 노동을 하거나 문화생활을 하거나 모두 다 권태를 이겨내야 하는 우리의 몸부림이, 각자의 상황과 유전인자에 따라 만들어낸 생존 방식이 삶의 근본 동력은 아닐까? 할 일이 마땅하지 않은 권태의 순간 누구는 몸을 움직이는 노동을 하러 가고 누구는 가만히 누워 스마트폰만 보는 갈림, 그 모든 출발이 다 권태가 주는 죽음의 그림자를 거둬내기 위한 개인들의 선택일지도 모른다는 것이다.

사십대 초반 직장을 잃은 나는 일거리를 찾고 있었지만 쉽게 구할 수 없어 막막했다. 무능력한 자신을 질타하며 조바심이 나는 게 참을 수 없었지만, 그보다 공포스러운 압박감은 하루가 너무 길다는 것이었다. 무얼 해도 멈춰 있는 것 같은 시간 앞에서 괴로워할 때 내가 찾아낸 것은 산행이었다. 산에 가도 오르지 않고 밑

에서 막걸리만 마시던 내가 비만이라는 신체 조건을 극복하면서
까지 쉬지 않고 산을 탄 진짜 속마음은 역경을 이겨낼 용기를 얻으
려는 수작이 아니라 오로지 권태를 물리치기 위해서였다. 내일은
북한산 어느 코스를 갈까 생각하며 하루를 보내고 다음날 온종일
산을 타고 온 뒤 얼큰하게 막걸리를 마시고 그 다음날 숙취를 달래
며 다음 코스를 계획하다 보니 10년의 세월이 빠르게 지나갔다.
그래서 나는 말한다. 잘 살려면 권태를 훌륭하게 이겨내는 방법을
찾아야 한다고.

작년 6월부터 지금까지 나는 KBS 오늘아침1라디오에서 매주
금요일 '숲으로 가는 길'에 출연해 숲과 나무를 해설하고 있다. 시
간이 흐를수록 이 방송이 지난날 권태를 제대로 이겨낸 산행과 비
슷하다는 느낌을 받고 있다. 답사할 숲을 물색하고 방송 준비를
위해 나무 공부를 하고, 방송이 끝나고 나면 다시 또 길을 나서는
반복의 과정, 이는 궁극을 알기 위해 공부했던 어느 날 모든 것은
알 수 없다는 결론에 이르렀던 허무감을 이겨내게 해주는 최상의
날들이었다. 인식의 권태에 현실의 아름다운 순간을 찍어내는 축
복 같은 선물이었다. 그 느낌을 바다 건너 가져오고 싶어 제주도
어승생악으로 길을 나섰고, 극상림이 보여준 원시의 숲에서 유독
눈길을 사로잡은 나무는 마가목이었다.

제주도 어승생악 마가목.

나무는 무조건 나무여야지

마가목은 낙엽 소교목으로 높이 6~12m 정도로 자라는데, 높은 산에서나 볼 수 있었던 나무라 2013년 이전에는 사람들이 잘 알지 못했다. 그런데 마가목 열매와 껍질이 우리 몸에 좋다고 알려지면서 많은 농가가 이 나무를 심기 시작했고, 지금은 조경수와 관상수로도 널리 심어서 주위 공원에서도 쉽게 찾을 수 있다. 그래서 눈에 익숙한데, 어승생악 정상으로 가는 길에서 본 마가목은 키가 10m가 훌쩍 넘어 보였고, 음산한 이끼들이 수피를 감싸고 있어 팻말이 없었다면 마가목으로 동정하지 못했을 것이다. 연한 갈색 줄기와 가지만 보여주던 공원의 마가목과 달리 천년의 숲을 품은 듯한 짙은 색조에 폭풍처럼 휘말려 드는 것 같았고, 특히 바위를 완전 쪼개지 않고 덮듯이 품으면서도 덩굴식물 없이 쭉쭉 자라 하늘을 이고 있는 풍치가 여느 곳자왈과는 다른 기상을 보여주는 것 같았다.

모든 나무가 느리게 자란다고 하시만 나무마다 생장 속도는 다르다. 빨리 자라는 나무로 하루에 1m도 자란다는 대나무가 있지만, 마가목 2년생 묘목을 4~5년 재배하면 키가 2.5m 정도 되고 원줄기의 뿌리 부위 지름은 6cm 정도 된다고 한다. 이는 생장 속도가 느린 편이라고 하는데, 도감에 나온 설명을 따르면 키가 가장 크다는 어승생악 마가목을 보며 저릿해지다가 순간 아쉬움이 치밀었다. 그것은 마가목이라면 잎을 봐야 한다는 무의식이 발동했기 때문이다.

마가목 어원에 대한 여러 이야기가 있지만, 가장 관심을 끄는 것은 마아목(馬牙木)이 마가목이 되었다는 것인데, 마가목 겨울눈에서 솟아오르는 새싹이 말의 이빨처럼 튼실하게 뻗어나가는 모습처럼 보인다는 것이다. 제주도에서 단일 분화구를 가진 오름 가운데 가장 높다는 어승생악(御乘生嶽, 1169m)의 어승생은 임금님이 타는 말이 나는 곳이고, 악은 오름을 달리 이르는 제주도 말인데, 이 말에서 풍겨 나오는 이미지와 겹쳐서 그런지 몰라도 마가목 이파리를 꼭 봐야겠다는 의지를 지울 수 없어 근처 다른 마가목에서 잎을 보고는 희열의 종착점에 다다른 것 같았다.

송곳니처럼 뾰족한 잎들이 잎자루에서 깃꼴겹잎으로 씩씩하게 자라는 소리가 들리는 듯한 느낌을 안을 무렵, 권태를 이기기 위해 북한산을 누빌 때 새로운 길들을 알려준 산행 대장님이 떠올랐다. 북한산에서 나고 자란 그분이 어느 나무 아래에 서 있자 옆에 있던 분이 "이게 대장님 나무, 마가목이야"라고 말했을 때 나는 비웃는 듯한 표정을 지었다. 나무는 무조건 나무여야지, 어떻게 '목'으로 끝나는 나무가 있을 수 있냐는 무지 때문이었다. 정자목, 당산목은 있어도 마가목은 없다던 그 투덜거림은 어느 날 하산 뒤 대장님이 마가목 빨간 열매로 직접 담갔다는 술을 건넸을 때 사라졌지만, 나무 공부를 하면 할수록 그때의 몽매는 부끄러움을 넘어 권태의 시기를 드라마틱하게 지나가게 해준 마가목 대장님에 대한 송구함으로 남아 있다.

인생처럼 한 방향으로 쭉 올라 어승생악 정상에서 한라산을 보는데 먼저 보이는 윗세오름은 신혼여행 때, 뒤에 보이는 백록담은 사십대 겨울에 올랐던 기억이 눈물로 고여 오는 것 같았다. 지루한 삶에 생기를 불어넣어준 사람들, 아직까지도 그들에게 도움이 되지 못하고 있다는 자책감이 권태를 밀 무렵, 느리지만 순환의 모습으로 소생의 기회를 주는 숲이 눈에 들어왔다. '그래, 그대들을 바로 알아 가면 언젠가 내 권태를 없애준 이 세상에 잘할 날이 올 거야'라는 불투명한 다짐도 함께.

관계와
충남 서천 국립생태원
팥꽃나무

나무뿌리에서 더득해가는 관계의 본질

5월의 숲에서 진한 향기를 내뿜어주는 하얀 꽃은 아까시나무다. 북아메리카 원산인 이 나무는 1891년 일본인에 의해 우리나라에 소개되었고, 1970년대까지 한반도 숲을 울창하게 만든 일등공신 가운데 하나였다. 하지만 우리는 아까시나무를 오랫동안 아카시 아라고 불렀다. 이 나무의 종소명이 '슈도아카시아(*pseudoacacia*)' 인데, 가짜라는 뜻의 '*pseudo*'와 노란 꽃을 피우는 열대식물 '*acacia*'의 합성어다. 즉 가짜 아카시아라는 말인데, 어감이 거북해 아카시아라고 불렀던 것 같다. 게다가 "아름다운 아가씨 어찌 그리 예쁜가요 아가씨 그윽한 그 향기는 무언가요 아아 아카시아 껌" 하는 CM송이 지금까지 회자되고 있어, 아까시나무라는 이름은 여전히 친근하지 못하다.

대표적인 밀원식물인 아까시나무는 이소영 식물학자에 따르면, 일제 잔재라거나, 다른 식물의 생육을 방해한다거나, 뿌리가 관을 뚫고 들어간다는 등 잘못된 이론으로 유해 나무로 인식되어 왔다고 한다. 하지만 모두 틀린 이야기로 지금은 위기에 봉착한 양봉업계를 살리기 위해서라도 아까시나무 조림을 다시 시작했다고 한다.

황폐하고 척박한 토양에 아까시나무를 심은 이유는 단기간에 땅을 비옥하게 하기 위해서였다. 콩과의 이 나무는 천연비료라 할 수 있는 질소를 공기에서 끌어와 뿌리에 고정시키는 능력이 출중한데, 뿌리혹박테리아가 이 나무에 살기 때문이다.

아까시나무를 보면서 여기까지만 생각하고 넘어갔다. 그러다가 숲이 일단 만들어지면 거대한 산불이나 인간의 개입이 있지 않고서는 좀처럼 사라지지 않는다는 사실에 주목했고, 그것은 영화 〈아바타〉에 나오는 것처럼 개체의 나무들이 땅속뿌리로 연결되어 신호를 주고받는 단일의 공동체 속성을 갖고 있기 때문이라는 것에 다다랐다. 그 연결 끈 역할을 하는 생명체가 균근(mycorrhiza, 菌根)이고, 눈에 보이지 않는 세균과 눈에 보이는 곰팡이들이 지하에서 WWW(wood wide web) 네트워크를 일구면서 숲에 영원성을 불어넣어주고 있다는 내용에 부끄러움이 일었다.

그러면서 질문이 생겼다. 식물과 미생물은 공생의 관계인데, 아까시나무는 뿌리혹박테리아에게 무엇을 준다는 것일까?《좋은 균, 나쁜 균, 이상한 균》을 보면, "먼저 식물체 속에서 살게 되므로 안전한 집을 제공받는다. 두 번째로 뿌리혹세균의 특이한 거주지 덕분에 식물체에서 만들어지는 맛있는 영양분을 바로 전달받을 수 있다. 룸서비스가 제공되는 것이다"라는 구절이 있다. 그래서 식물과 세균의 공생 관계에서 콩과 식물과 뿌리혹박테리아가 가장 대표적인 예인데, 더 뜨끔한 것은 공생하는 세균은 여전히 기생균 범주에서 이탈할 수 없다는 것이다. 지구에 먼저 등장한 단세포생물 세균들이 뭉치고 뭉쳐 우리 같은 다세포생물이 만들어졌으니 그들이 우리의 조상들일 텐데, 섬김의 정신이 퇴거된 우리의 인식 틀이 불손해 보였다.

그 많은 나무를 언제 다 알까

"때로 나무들은 아래로 내려가고 싶을 때가 있을 것이다." 이성복 시인의 〈나무에 대하여〉 첫 문장이다. 나무 공부를 하기 전 내면 세계의 응시라는 공통 해제에 초점을 두면서 자주 읽어보았다. 특히 "아래로, 아래로 내려가 제 뿌리가 엉켜 있는 곳이 얼마나 어두운지 알고 싶을 때가 있을 것이다"에 방점을 두면서 몸에 가득한 가식덩어리를 제거하려고 애쓰는 시간을 가졌다. 하지만 사람들이 분리를 강제하지 않은 숲의 모든 나무는 우리의 조상인 박테리아와 곰팡이로 연결되어 있다는 주장을 접하면서 나 홀로 사는 세상이 아니라 모두의 관계 속에서 내가 살아가고 있다는 걸 체득하게 되었다. 세상의 중심은 나라고 호도하면서 소인배 같은 관계에 함몰되어 주변인들이 내게 전해주고 있던 좋은 기운을 자각하지 못하고 지냈는데, 나무들의 존재 방식을 보면서 기존 인식에 균열울 낼 수 있었다. 그래서 이제 조금은 정희성 시인이 〈숲〉에서 말한, "제 가끔 서 있어도 나무들은 숲이었어"라는 문장을 이해할 수 있게 되었다.

사람 공부에 빠져 있었다면 얻지 못할 세상의 본질들이 늘 새롭게 다가와 시간만 나면 나무를 보러 다니는데, 문득 그 많은 나무를 어떻게 다 볼 수 있을까 하는 조바심이 나타났다. 한 치 앞을 내다볼 수 없는 목숨, 더 많은 것을 알고 가면 좋을 것 같아 한반도숲을 축소해놓았다는 충남 서천 국립생태원을 찾아갔다.

갯벌을 매립한 간척지에 산업단지를 만들려고 하다가 국립생태원 조성으로 방향을 바꾼 데에는 높아진 우리의 환경의식이 큰 몫을 했다고 한다. 식물원이나 수목원이 아닌 생태 개념이 들어가게 된 과정에는 통섭학자로 불리는 최재천 교수의 생태학은 곧 관계학이라는 사고가 반영되었기 때문이다. 그래서 식물과 동물이 어떤 관계로 살아가고 있는지 조사하고 연구하는 게 주목적이고 그 내용을 일반인들에게 교육하고 전시하는 역할도 맡고 있다고 한다.

국립생태원 답사를 도와주기 위해 김제에 사는 오랜 벗이 익산역으로 마중을 나왔다. 벗의 차를 타고 이동해 국립생태원에 도착했는데, 어두운 하늘에서 빗방울이 곧 쏟아질 것 같았다. 그래도 비는 오지 않는다는 일기예보를 믿고 한반도숲으로 향하는데, 꽃이 핀 모습이 라일락 같은데 키가 작은 나무가 보여 갸우뚱하면서 바싹 다가갔다. 아무리 동정해도 무슨 나무인지 알기 어려워 앱으로 검색을 하니 라일락이라고 뜬다. 지역에 따라 다르게 자랄 수 있다고 여기면서 한반도숲으로 가는 길에 직원들이 보여 물었다. 팥꽃나무라는 대답이 돌아왔다. 난생처음 들어보는 나무다. 하기야 나무 공부 처음 할 때 계수나무 해설을 들으면서 계수나무가 실제로 있었구나 할 때가 엊그제 같은데, 아직도 모르는 나무들이 얼마나 많을까?

국립수목원과 한국분류학회가 주도적으로 작성하는 국가표준식물목록을 보면, 현재 우리나라에는 자생식물, 재배식물, 귀화식물 모두를 포함해서 14,919종이 자라고 있다. 그 가운데 자생식물 초본이 3,103종, 목본이 724종이다. 단순하게 계산해 자생식물을 하루에 1종씩 본다고 하더라도 모두 보려면 10년이 걸린다. 식물학자나 식물에 깊은 애착이 있지 않고서는 공부할 엄두가 나지 않는 종수다.

이제는 끊어진 관계

끄물거리는 날씨에 마음까지 우울해지는데, 풍성하고 화사하게 피어 있는 홍자색 꽃이 그 무거운 기분을 한방에 바꾼 팥꽃나무는 1m까지 자라는 낙엽 관목으로 꽃봉오리 색깔과 생김새가 팥과 비슷하고, 팥 심을 때 꽃이 핀다고 하여 '팥빛을 지닌 꽃나무'란 뜻으로 팥꽃나무라는 이름이 붙었다. 그런데 잎이 나기 전에 먼저 난 꽃들이 진한 색들을 뿜어내도 라일락 같은 향기가 나지 않는다. 다소 실망할 법하지만, 수많은 가지를 에워싸듯이 다닥다닥 붙어 있는 꽃들을 보고 있으면 홍자색이 점점 붉어지면서 거대한 불덩이 같은 태양이 금방이라도 하늘로 솟을 듯한 분위기를 만들어내고 있어 울컥 가슴이 뜨거워졌다.

동행한 벗과 나는 대학 시절 운동권이었다. 나는 사회에 나가서는 운동을 이어가지 않고 리얼리즘 문학을 하는 소설가가 되었는데, 내 책에 대한 반응이 미진해 생계를 걱정해야 했다. 그래서 사보 편집회사와 오디오 잡지사에서 몇 달 간격으로 편집 일을 하다가 남의 원고 보는 게 싫어 사표를 던졌다. 그러고는 다시 얻은 일자리가 출판 영업 일이었다. 신간이 나오면 서점에 나가 홍보를 하고 때가 되면 서점에 가서 수금을 해오는 일이었는데, 이 일의 매력은 매달 지방에 갈 수 있다는 것이다.

하지만 자주 가다 보니 낯선 풍경은 동네 풍경이 되어 감흥이 떨어졌고, 다시 글을 쓰고 싶다는 욕구가 차올라 1년 반 만에 접었다. 그 후 두문불출하고 1년 동안 소설을 썼는데 실패로 돌아갔다. 서른이 된 그해 문학에는 재능이 없다는 결론을 내리고, 다시 출판계로 돌아가 편집과 기획을 하면서 오랜 세월을 보냈다.

국립생태원을 함께 걷고 있는 벗은 출판 영업을 할 때 재회하게 되었고, 그가 낙향하기 전까지 그의 집이 우리 집에서도 가까워 자주 술자리를 가졌다. 낙향 마지막 날에 함께 식사를 하면서 더는 보기 힘들 것 같았는데, 나무 공부가 벗과의 조우를 만들어냈다. 멀어질 수 있는 관계를 나무가 이어주는 것 같아 새롭게 걷고 있는 숲해설가의 길이 소중하고 감사하게 다가왔다.

서천 국립생태원 팥꽃나무. 팥 심을 때 피는 '팥빛을 지닌 꽃나무'란 뜻이다.

벗과 나는 팥꽃나무가 준 뜨거운 열기를 안고 한반도숲을 거닐었다. 그곳 조성 컨셉은 "한 가지 식물을 한 군데 몰아넣으면 보기에 좋을지 몰라도 자연적으로는 어색한 모습이 된다"라는 생태계 개념의 철저한 반영이었다. 그래서 국립생태원 월악산 소나무 군락에는 큰키나무로 소나무·신갈나무·굴참나무·산벗나무, 작은키나무로 쇠물푸레·꼬리진달래·국수나무·조릿대·노린재나무·산초나무, 초본층으로 각시붓꽃·구절초·맑은대쑥·선밀나물 등이 심어져 있다. 월악산 식생을 철저히 조사하고 연구하여 옮겨놓은 것이라고 하는데, 숲에는 저렇듯 서로 다른 나무들이 어우러져 있고, 그 숲이 영원한 것은 서로 다른 유전자 구성을 하고 있더라도 상대가 힘들면 뿌리로 양분을 건네는 관계가 형성되어 있기 때문이란다. 문득 정희성 시인이 〈숲〉에서 말한 "그대와 나는 왜 숲이 아닌가"라는 문장이 떠올라 비애가 밀려왔다.

사람들은 움직이는 생물이기에 독립된 개체로 살아가야 하는 존재들이다. 서로에게 도움을 주는 공생과 상생의 관계가 되려면 어떻게 해야 할까? 필요한 요청에 최대한 응하는 것일까? 그럴지도 모른다. 그래서 오랜 벗은 예정에 없던 서천 마량리 동백나무 군락지를 보고 싶다는 나의 말을 거절하지 않았다.

땅에 떨어진 빨간 동백꽃에 그보다 연한 색의 팥꽃나무 꽃들이 겹친다. 해안가 언덕에 팥색들이 노을처럼 신비롭게 깔리면 서해 앞바다에 조기들이 떼 지어 지나가는 풍경을 그려본다. 하지만 다 오래전 일일 것이다. 팥꽃이 필 때 조기가 이동한다고 해서 조기꽃나무로도 불리는 팥꽃나무와 조기는 이제 연결되지 않는 관계다. 나무와 물고기를 하나로 인식했던 조상들의 생태계 감수성은 이제 사라졌다. 지구에 최초의 생명체가 태어난 것은 20억 년 전이라고 하는데, 그 긴 세월 생명체와 자연이 만든 긴밀한 관계가 뒤틀리고 있다. 무엇이 어떻게 될지 난감할 뿐이다. 그래도 나무에 뿌리가 있는 한 숲은 영원할 것이다. 팥꽃나무가 아프면 옆지기 그어떤 나무가 뿌리로 도와줄 것이다. 누가 요청하지 않아도 알아서 도움을 주는 관계, 우리에게도 있으면 좋지만 거기에는 꽃 같은 노력이 필요할 것이다. 연결의 끈, 균근이 없기에.

깨달음과
충북 청주시 화장사
가침박달

순간을 영원처럼 사는 게 깨달음일지도 몰라

나는 종교가 없다. 교회에도 사찰에도 성당에도 기웃거려봤지만, 거기서 요구하는 계율을 지속적으로 실천할 자신이 없었다. 모순이 우리의 본성이니 체념하듯 안면 접고 다닐 수도 있겠지만, 종교를 갖게 되면 마음에 담아야 할 십자가나 불상에 대한 예의를 갖춰야 하는 게 부담으로 작용했다. 예수나 부처가 건네준 말씀을 외우고 있으면서도 따라하지 않고 삶에 흠집만 낸다면 그것 또한 죄를 곱으로 짓는다고 생각했고, 그럴 바에는 종교 없이 내가 지어낸 내 말에 의지하며 가볍게 사는 게 낫다는 판단이 들었다.

종교를 갖지 않은 또 다른 이유는 우리를 만들게 한 이 우주의 비밀은 불가지론의 영역에 해당한다는 잠정 결론을 내려서다. 과학자들의 저서를 읽어보면 현상 이해는 공식으로 충분히 설명되는 것 같았지만, 궁극 판단의 끝은 애매모호했다. 종교인들의 저서를 읽으면 확신이 강한 주장들이 뻗어왔지만 의심이 많은 나는 그걸 가슴팍에 새길 수 없었다. 그러면서 이런 문장을 자주 뱉곤 했다.

"이 세상은 무(無)이고 환(幻)이고 공(空)이다."

무(無) 개념은 우주의 시작은 텅 빈 그 무엇에서 점 하나가 폭발했다는 빅뱅에서 빌려왔고, 환(幻)은《물리학과 대승기신론》에서 이 세상의 모든 것은 텔레비전 화면에 나왔다 사라지는 환영(幻影)이지 않을까 하는 내용에서 따왔으며, 공(空)은〈반야심경〉의 '색즉시공 공즉시색(色卽是空 空卽是色)'이란 문장이 늘 위로가 되어 마지막 단어로 넣었다.

우주의 시작과 끝은 몰라도 삶을 보는 표어로 안성맞춤이라는 내 문장에 만족하며 지내다가도 바람이 불면 얼굴이 시린 것처럼 평안한 경지는 유지되지 못했다. 즉 오랫동안 관심을 가지고 도달하려고 했던 깨달음의 게송은 아니었다.

깨달음에 마음이 이끌린 시기는 고등학생 무렵이었다. 중학교 때는 공부를 곧잘 했는데, 대학 문턱을 앞둔 고등학교에서는 최선을 다해 공부해도 성적이 상위권에 오르지 못해 좌절이 심했다. 결국 어린 나이에도 속세에서의 성공은 접기로 하고 좀 튀는 인생을 살아보려고 종교와 철학 언저리를 기웃거렸고, 그때 깨닫기만 하면 아무리 힘든 상황이 와도 편안하게 살 수 있다는 생각을 하게 되었다. 이는 얻지 못할 바에는 차라리 비우면서 그 모든 게 부질없다는 시선을 갖게 되면 근사해 보이지 않을까 하는 낮은 수준의 정신적 치기였다.

어른이 되어서도 물질적 재화를 얻는 데 늘 곤혹스러웠던 나는 여전히 도달하지 못할 깨달음에 대해 미련을 버리지 못하고 있던 중 나무 공부 과정에서 눈을 번쩍 뜨이게 하는 내용을 접하게 되었다.

"보리수 아래에서 석가모니가 수행을 할 때 숲속 피톤치드가 깨달음에 이르도록 큰 도움을 줬다고도 볼 수 있겠다."

《천년도서관 숲》의 저자 강의에서 들었던 말인데, 숲이 주는 치유 효과를 모르고 그저 산행만 부지런히 했던 시절 현실은 크게 달라지지 않아도 속만은 편했던 게 어쩌면 피톤치드 덕분이라는 걸 알게 되니 허탈한 웃음이 비죽 나왔다.

가침, 까침, 깨침

깨달음은 일면 개체의 인식 작용일지도 모른다. 내 몸과 내 몸이 만들어낸 일시의 마음이 우주 초기 상태와 일치하는 것, 그것이 옴의 세계일 수도 있고 에너지가 정지된 순간일 수도 있는데, 그러한 무의식 상태에 들어가게 되면 모든 게 느껴지지 않을 것 같다. 나도 경험해본 적이 없어서 말은 할 수 없지만, 다만 그 순간이 지나가면 다시 배고픔을 느껴야 하고 바람을 맞아야 하며, 오는 잠을 청해야 하는 관계의 작용들이 의식의 세계를 만들 것이다. 그래서 《나무의 노래》에 나오는 "어쩌면 개체, 즉 생물학의 '단위'를 찾으려는 시도는 번지수가 틀렸는지도 모른다. 생명의 본질적 성격은 원자론적이 아니라 관계론적인지도 모른다. 건플린트 공동체의 핵심은 자아의 집합이 아니라 상호작용의 그물망이다"라는 문장이 옳게 다가오고, 그 인식을 얻기 위해 나무 공부를 멈출 수 없는 것 같다.

그래서 나무를 찾아 길을 또 나섰다. 석가모니가 열반에 들었다는 보리수도 아니고 깨달음의 꽃이라는 연꽃도 아니다. 충북 청주시 화장사에서 군락을 이루고 있다는 가침박달을 보기 위해서였다.

가침박달이 눈에 꽂힌 것은 서천 국립생태원 한반도숲을 걷다가 꽃을 만났을 때다. 봄날 본 목련꽃처럼 탐스럽지도 않았고 크기도 작았지만 윤기가 빠진 듯한 하얀 꽃이 봄이 떠나가는 미련을 잡아 주는 것 같아 한참을 머물렀다. 허리가 숙여지며 코끝이 향기를 흡입하려고 킁킁거리는 동안 아주 잠시 정신 줄이 나가면서 내가 홀연히 사라져 망각되는 느낌을 받았다. 원시의 어느 늪 아래에 처박혔다가 가물어 바닥이 드러나 다시 깨어나는 종자처럼 살랑거리는 바람에 미동을 했지만, 온몸에 태고의 전자가 휘감아 도는 듯한 에너지를 얻는 기분이 들었다. 사람도 찰떡궁합이 있듯 나무도 나와 맞는 궁합이 있나 하는 생각을 그칠 수가 없었고, 결국 가침박달 자생지를 가고야 말았다.

무궁화호를 타고 조치원역에 내려 버스로 옮겨 탄 뒤 이동하면서 청주에 사는 선배에게 문자를 보냈다. 지난해 청남대 백합나무를 보려고 신세를 져서 이번에는 시간이 맞으면 동행을 하고 그렇지 않으면 늘 그렇듯이 홀로 답사를 마치려고 했는데, 자기 차로 갈 수 있다며 중간에 버스에서 내리라고 했다.

대학 2년 선배이면서도 가까운 거리에 산 적이 있어서 잦은 술 자리로 우애가 다져진 친구 같은 형은 화장사 입구에 나를 내려주었다. 군락지는 화장사 뒷산이었지만 초입에 심어놓은 조경수 가 침박달의 하얀 꽃들이 환영의 박수를 쳐주는 것 같았다. 그리고 마음껏 자기를 눈에도 심고 코에도 박고 마음에도 담아 지금보다 제발 멋진 삶을 향유하라는 신호를 보내는 것 같았다. 이 모든 게 다 내 정신 작용이기는 하지만 가침박달이 보내오는 피톤치드와 활력의 호르몬들이 내 유전인자 순서를 바꾸고 있다고 억지를 부렸다.

찰나의 감흥을 접고 지식 공부를 위해 안내판을 읽으려고 하는 데 '가침박달나무 꽃 군락지'라는 제목에 문제가 있어 보였다. 나무 이름 유래는 워낙 여러 설도 있고 복잡해서 수학 공식 만들 듯 정의를 내리기 어렵다. 또 향명(鄕名)이라고 해서 같은 나무라도 지역마다 다르게 부르는 게 많아 통일하기가 쉽지 않다. 언젠가 회양목을 해설하려는데 한 참가자가 '도장나무'라고 하는 것이었다. 내가 회양목을 도장나무라고도 한다고 하자 그분은 충북 출신 으로 어릴 때부터 도장나무라고만 불렀다고 한다. 도장나무의 공식 표기인 회양목이라는 이름은 처음 들어본다는 것이었다.

가침박달은 가침박달나무가 아니라 가침박달로 국가표준목록 에 등재되어 있고, 비추천명으로 까침박달이 기술되어 있다. 하지

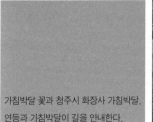

가침박달 꽃과 청주시 화장사 가침박달.
연등과 가침박달이 길을 안내한다.

만 끝에 '나무'를 붙이는 게 익숙하다 보니 가침박달나무로 표기했
을 수도 있다. 중요한 것은 나무가 덧붙여진 게 아니라 가침박달
이 까침박달로도 불린다는 것이다. 까침에서 깨침이 연상되었고,
그래서 그 안내판에 있는 "불교에서 가장 높은 경지의 깨달음을
상징하는 깨침꽃이라고 불려지고 있다"라는 문장은 이 꽃에 꽂혀
1938년 창건했다는 화장사와 주변 가침박달 군락지를 둘러보는
내내 머릿속을 떠나지 않았다. 작은키나무에 작은 목탁 같은 크기
로 하얀 연등처럼 매달려 있는 가침박달을 가까이서도 보고 멀리
서도 보는 내내 그 문장은 무념무상을 이룰 수 있도록 어깨에 내리

꽂히는 죽비에서 튕겨 나오는 화두 같은 것이었다.

변화와 관계의 공(空)

가침박달은 장미과로 이름에 박달이 들어가 있지만 자작나무과
인 박달나무와는 다른 종류다. 가침박달의 가침은 바느질법인 감
치기에서 유래되었다. 감치기는 옷감의 가장자리를 감아가면서
바느질하는 방법인데, 다섯 개로 골이 져서 위에서 보면 별처럼
보이는 열매 가장자리가 마치 바늘로 꿰맨 것 같아 감치기에서 사
침이 되었다고 한다. 박달은 박달나무처럼 나무가 단단해서 붙은
이름이다.

가침박달 학명은 'Exochorda serratifolia'로 속명 'Exochorda'
를 보면 바깥을 뜻하는 exo와 끈을 뜻하는 chorde의 합성어다. 식
물 이름을 보면 동서양의 시각 차이가 더러 있다. 요즘 한창 사랑
을 받는 장미(薔薇)는 '담에 기대어 자라는 식물'이라는 뜻의 장미
(牆薔)가 어원이라고도 하는데, 영어 rose는 붉은색에서 온 이름
이라고 한다. 자라는 위치가 눈에 먼저 들어온 것은 동양이고, 꽃
색깔이 아름답게 보인 것은 서양인데, 가침박달은 동서양이 서로
열매 모양에서 특징을 보고 작명한 것 같다.

장미 예찬 가운데 《레 미제라블》에 나오는 "별빛은 장미가 꽃
을 피우는 데 도움을 준다"라는 문장을 가장 좋아한다. 이 문장을
바꾸어보자. "가침박달 꽃의 흰 빛이 내가 꽃길을 걷는 데 힘을 준
다." 서글퍼 보여도 꽃을 보는 이유다. 《깨달음과 역사》를 보면,

인도의 추상들이 중국에서 도교의 영향을 받으면서 많은 부분 의미가 달라졌는데, 인도어들이 한자화되면서 더욱 그렇게 되었단다. 그 가운데 대표적인 것이 본체, 즉 깨끗한 바탕이 무(無)로 있다는 것인데, 부처는 그런 말을 하지 않았단다. 모든 것은 연기(緣起)로 설명될 뿐 이 세상에는 고정된 것 없이 변화와 관계의 공(空)만이 있다는 것이다. 별빛과 장미, 하얀 꽃과 나처럼.

시간을 내어 배려해준 형 덕분에 답사가 일찍 끝났다. 원 없이 몸으로 빨아들인 가침박달 기운이 내게 변화의 깨달음을 줄지 전혀 주지 않을지는 오로지 나 하기에 달려 있다. 모든 것이 관계의 망으로 이루어져 있어 순간의 깨달음은 있을지라도 영원한 깨달음은 없다는 생각이 나무 공부를 통해 스며드는 요즘, 순간을 영원처럼 살려는 태도를 만들어가려고 노력 중이다. 그러면서 본능으로 바랄 뿐이다. 내년에는 더 나은 마음으로 순백색의 가침박달꽃을 마주할 수 있으면 좋겠다고. 또 그러면서 환한 태양이 빛나고 있는 그 한낮에 하얀 막걸리를 마시는 이 몸이 건강하게 오래가면 좋지 않을까 하는 모순의 사고에 단단한 가침박달 죽비가 내려와도 오랜만에 회포를 푸는 술자리에는 순서처럼 어둠이 들지 않는다. 세상을 오만한 낙오자처럼 깨달아가는 모습을 반성하는 빈 술잔 앞에서도.

정확한 사람과
서울 선유도공원
등나무

나무 동정이 가져다줄 정확한 사람

모교인 외대에서 강사를 하는 선배가 특강을 부탁한 적이 있었다. 글쓰기와 윤리 문제를 다루어주면 된다는데, 인터넷 검색만 잘 하면 금방 채울 수 있는 리포트 문장들이 출처 없이 난무하는 것에 대한 경종은 중요했다.

영국 철학자 프란시스 베이컨은 "독서는 깊이 있는 사람을 만들고, 이야기는 재치 있는 사람을 만들며, 글쓰기는 정확한 사람을 만든다"라는 말을 남겼다. 대학 글쓰기 교재 표지에서 본 이 문장을 나는 글쓰기 수업 또는 숲 강의를 할 때마다 자주 인용한다. '정확한 사람'을 말하고 싶어서다.

'정확한 사람'이 갖는 의미는 무얼까? 사물이나 사람의 면면을 감정 개입을 줄이며 정확히 관찰해야 하고, 이를 내면에 담아 숙성한 뒤 자신의 호흡에 맞게 글쓰기를 해나가야 개성이 드러난 자신만의 글을 쓰는 사람이 될 수 있다는 것이다. 실용문은 정확히 써야 하고, 순수문학은 아름답게 써야 한다는 편견을 오랫동안 갖고 있던 나는 이러한 구분이 허구이기에 의미적으로 명확하고 형태적으로 우아한 글쓰기를 해야 한다는 작문 분야의 고전《style 문체》을 읽으면서 부단한 노력을 해봤지만, 개선이 안 되는 것에 열등감을 심하게 갖고 있었다.

그런데 나무 공부를 위해 식물도감을 비롯한 나무 관련 책들을 보면서 감정의 과잉으로 이어졌던 나의 모호한 문장들이 가진 그 지겨움의 실체를 조금씩 자각하게 되었고 요즘은 일정 결론에 다다른 것 같다. 아직도 극복하지 못했지만 내 글은 사물이나 사람을 잘 알지도 못하면서 잘 알려고 열정적으로 달려들지도 않으면서 내 감정 중심으로 무지막지하게 적어나갔다는 것이다.

니체는《이 사람을 보라》에서 "나의 경우 내적 상태가 무척 다양하다는 점을 감안하면 내게는 문체에 대한 수많은 가능성이 있다. 지금까지의 인간이 다룬 것 중 가장 다양한 문체 기법이 존재한다는 것이다"라고 했는데, 나는 니체의 이 말을 오로지 내면의 울림에 충실하라는 조언으로 담고는 울부짖음에 가까운 절규만 토해내는 데 급급했었다. 즉 글의 재료에 대한 예의가 없었다는 것이다.

그래서 이과 풍토가 약한 모교 후배들에게 정확한 글을 쓰려면 과학 책을 보거나 식물에 관심을 가지는 게 좋다는 조언을 덧붙이며 학사 졸업장으로 대학 강단에 서봤다는 감격을 안고 건물을 나와 후문을 보는데 심연의 공허감이 빠르게 밀려오는 것 같았다. 그 자리에 있어야 할 것 같은 등나무가 보이지 않았기 때문이다. 정문에 가서 최루탄을 흡입하며 데모를 끝내고 난 뒤 후문 근처의 등나무 아래 앉아 담배를 피우며 파묻혀가는 문학의 향기를 되살려보려고 애썼던 문학청년이 있었는데, 사라진 등나무에 내려앉은 하늘이 갈등으로 피폐했던 청춘의 한 구석을 도려내버린 것 같았다.

그때 담배 연기를 많이 뿜어 대서 고사했나 하는 자책감이 들었던 것은 나무 공부에 입문했기 때문일 것이다. 정말 오랜만에 모교 정문을 들어서면서 머릿속에 맴돌았던 생각은 짱돌과 화염병을 던졌던 잔흔들도 아니고 새롭게 우뚝 서 있는 낯선 건물들도 아니었다. 대학에는 어떤 나무들이 심겨 있나 하는 궁금증이었고, 학교를 떠나면서 통탄이 일었던 것은 나무 우거진 미네르바동산을 밀어버리고 건물을 올린 시대의 흐름 때문이었다. 그러니까 한낮에 음험한 구석자리에 앉아 막걸리를 마시고 담배를 피우며 세상 모든 근심을 혁명적으로 사유했던 공간이 사라진 게 슬퍼서가 아니라 숲이 사라졌다는 안타까움이 내 등을 무겁게 했다는 것이다.

갈등도 없고 소인배도 아닌 등나무

"식물계의 법칙 역시 점차 상위 법칙의 지배를 받기 마련이다. 곤충의 방문이, 다시 말해 다른 꽃의 씨앗을 가져다주는 일이 통상적으로 꽃의 수정에 필요하다면, 자가 수정, 즉 꽃 자체에 의한 수정은, 마치 같은 친척 사이에서 반복되는 결혼처럼 퇴화나 불임을 야기한다. 이에 반해 곤충에 의해 이루어지는 교접은 동일 종의 다음 세대에, 이전 세대가 알지 못하던 활력을 부여한다."

이 글은 식물학자가 쓴 게 아니라 마르셀 프루스트의《잃어버린 시간을 찾아서》에 나오는 문장이다. 문학청년 시절에도 완독하지 않은 이 소설을 뒤늦게 다 읽은 이유는 어디선가 나무를 관찰하고 나무와 교감하고 나무에게서 빚어 나오는 영감 어린 문장이 가득한 책이라는 걸 들어서다. 식물계가 인간이라는 상위 법칙의 지배를 받는 게 아니라 실은 우리가 식물을 보면서 사유 체계를 만들어갔다는 말을 하고 싶기도 하지만, "그리고 시간 또한 그러했다. 아직 잎이 달린 나무들은 아침 이 시간에는 거의 수평으로 햇빛을 받아 빛이 닿은 지점부터 나무 실체가 변해 가는 것처럼 보였는데, 몇 시간이 지나 황혼이 지기 시작하면서 다시 그렇게 보일 것이었다"라는 문장을 보면 정확하면서도 아름다운 문장은 바로 정확한 관찰과 이해에서 나온다는 법칙에 수긍하며 프루스트에게 찬사를 보낼 수밖에 없다. 아울러 나무 공부가 난해한 문장들을 해독하는 데 도움을 주고 있다는 사실에 나의 새로운 인생길에도 응원의 박수를 보내본다.

아마 일부러 베어낸 것이 아니라 수명이 다해 고사했을지도 모를 등나무를 보려 했던 것도 젊어서 나무에 관심을 가졌다면 담배를 빡빡 피우면서도 감정이 과잉되지 않고 세심한 등나무 관찰을 통해 정확하고도 우아한 글을 만들지 않았을까 하는 후회가 드리워졌기 때문일 것이다. 그래서 비 소식이 있는 날 길을 나섰다. 때로는 강변북로에서 때로는 올림픽대로에서 운무라도 가득한 날이면 몽롱한 섬에 신선이 내려와 바둑을 두고 있을 것 같은 선유도에 얹힌 과잉된 감정을 거둬내고 그곳에 있는 나무들의 면면을 꼼꼼히 살펴보고 싶었다.

지하철 9호선 선유도역에 내려 무지개다리로 불리는 선유교를 건너니 바람이 물기를 머금고 있는 것 같았지만, 요란한 날씨라는 예보치고는 얌전해 보이기만 해 집은 우산만 세게 움켜쥐고 이태리포플러 허리에 걸친 듯한 넓은 데크에 섰다. 그런데 갑자기 이태리포플러를 떠올렸던 자신감이 비 오는 날 오폐수 버리듯이 찝찝하게 떨어지고 있었다. 혹 양버들은 아닐까? 두 나무는 포플러 종류로 거의 비슷하지만 잎 크기와 모양이 약간 다른 것으로 구분하는데, 차이의 접점이 무엇인지 기억나지 않는다. 검색을 할까 하다가 데크 계단으로 내려가 선유도 산책에 나선다. 순간 기억이 나겠지만, 두세 시간 지나면 아득한 사건이 되어버리는 나쁜 머리를 인정하고 일단 비가 크게 오기 전에 선유도를 돌아보는 게 나을 것 같았다.

등나무 오명을 벗기며

1925년 전까지 육지였던 선유봉이 석재 채취로 섬이 되어가면서 선유도가 되었고, 1978년 영등포구와 구로구 등에 식수 공급을 위한 정수장이 만들어졌다가 한강 식수가 불가해져 2002년 폐기

될 시설을 그대로 재활용해서 국내 최초로 환경재생 생태공원이 되어 현재에 이르고 있다는 선유도공원. 인공 조경미가 뛰어나 지상의 낙원으로 불려도 좋을 만큼 힐링이 되는 공원에 심겨 있는 나무들을 요모조모 관찰하는데 예보대로 요란한 비가 사방으로 세차게 내리기 시작했다.

펼친 우산 아래 바지가 젖어들고 있어 피신처를 찾으려고 두리번거리는데 기역자로 열차처럼 늘어선 등나무가 가깝게 있었다. 맑은 날에도 햇볕 한 점 들어오지 못할 것 같은 촘촘한 잎들이 빗방울의 낙수도 허용하지 않고 있어 이슬비 맞는 기분으로 우산을 접고는 위를 올려다보았다. 불순하지만 홍등가에 켜진 붉은 등 같기도 하고 지금은 사라진 요정에 늘어져 있던 청사초롱 불빛 같기도 한 등꽃들이 오징어 덕장 같은 분위기를 만들어내고 있었다. 이러한 연상에 프루스트가 될 수 없다는 창피함이 일렁였지만, 프루스트는 프루스트의 가쁜 호흡이 있고, 나는 나의 느린 호흡이 있다는 가늠에 안주하며 뒷발을 들어 등꽃 하나를 자세히 담았다.

등꽃은 분명 하나의 꽃인데 위아래가 구분되어 보인다. 연한 자주색을 띠고 있는 위쪽 꽃잎은 마른 오징어 지느러미와 몸통을 합해놓은 듯한 모습인데, 위쪽 꽃잎의 아래쪽 그러니까 전체 꽃의 중심부를 보면 노란색 무늬가 있다. 이는 곤충이 자신을 잘 발견할 수 있도록 만들어놓은 생존 전략의 표시인 셈이고, 그 아래로 짙은 자주색 꽃잎이 내려져 있는데 오징어 다리를 포개놓은 것 같다. 그 안에 번식을 위한 암술과 수술이 후손을 잉태시킬 곤충들

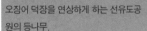
오징어 덕장을 연상하게 하는 선유도공
원의 등나무.

을 끈질기게 기다리고 있다.

등나무는 덩굴성 식물로 스스로 줄기를 세워 자라지 못하고 다른 나무를 특정 방향으로 감고 올라가면서 생장을 도모하기 때문에 얼핏 산적 같은 인상을 풍긴다. 육상식물은 해와 공기와 물과 흙만 있으면 살아가는 걸로 알고 있는데, 등나무나 칡이나 담쟁이 같은 덩굴식물은 다른 지지대가 필요하다는 것이다. 왜 이러한 식물이 나타나게 되었는지 그 연유가 궁금해 검색해보았지만 뾰족한 답을 찾지 못해 낙담하다가 등나무와 관련해 두 가지 내용을 접하게 되었다.

하나는 갈등(葛藤)의 어원으로 늘 등장하는 칡과 등나무의 감기 방식이 획일적이지 않다는 것이고, 그래서 중국과 일본에서는 갈등을 말할 때 이 식물을 비유로 사용하지 않는다는 것이다. 또 하나는 등나무에 붙은 소인배에 대한 이야기다.

《조선왕조실록》〈중종실록〉을 보면 홍문관 김광진이 올린 상소문 가운데 "대체로 소인들은 등나무 덩굴과 같아서 반드시 다른 물건에 의지해야만 일어설 수 있는 것입니다. 그러므로 예로부터 간사한 사람이나 적신들이 나라를 어지럽히는 경우는 반드시 고개를 숙이고 아첨하여 남 모르는 길로 궁궐과 연결하고 측근들과 교제를 맺어 그 뿌리를 심어놓은 다음, 먼저 작은 일과 대수롭지 않은 말로써 넌지시 임금의 마음을 시험하여 자신의 말을 믿고 따르는가를 증험합니다"라는 구절이 나온다. 등나무가 사람의 말귀를 알아들었다면 자신을 소인에 비유한 그와 대판 붙었을지도 모를 일이다. 감으면서 자라야 하는 운명을 모르면서 그저 생명이 가지는 항상성이 삶을 밀어내 살고 있는데, 왜 다른 생명을 해친다는 오명을 덧씌우느냐고 하면서.

비가 그치고 등나무 공간을 떠나 다시 초입인 이태리포플러 앞에 선다. 이태리포플러일까, 양버들일까? 정확한 글쓰기를 하려면 세밀한 동정에 들어가야 하는데 머리가 지끈거린다. 등나무는 갈등의 주인공도 소인도 아닌 걸 이제 알겠는데, 그래서 등나무에 대한 온전한 시선이 만들어지는 것 같은데, 잎의 폭과 길이를 재봐야 하는 그 순간 갈등이 생긴다. 다람쥐보다 더 망각이 뛰어난 머리인데 그래도 정확한 사람이 되기 위해 데크 너머로 손을 뻗어본다. 자꾸 노력하면 언젠가 정확한 사람이 되지 않을까 하는 희망을 품으면서.

선택과
경기도 장흥숲길
은사시나무

은빛 사이사이 검은 마름모에 새겨 넣은 그리움

올해 나는 서울 양천구에 있는 근린공원을 돌며 숲해설을 하고 있다. 5월에는 계남근린공원에서 중국단풍, 대왕참나무, 때죽나무, 은사시나무, 리기다소나무, 아까시나무, 참나무, 화살나무, 물오리나무, 소나무, 쥐똥나무, 느티나무, 불두화 이야기를 나눴다. 이나무 말고도 다른 수종들이 더 있었지만, 2시간 안에 마쳐야 하는 숲해설에서 모든 나무를 선택할 수는 없었다.

5월을 마치고 6월 첫 주 갈산근린공원에 도착했다. 답사를 통해 감나무, 잣나무, 일본잎갈나무, 산사나무, 무궁화, 메타세쿼이아, 오동나무 등이 있다는 걸 알아두었다. 이 나무들을 우선순위에 두고 해설을 한다는 원칙을 세웠어도 참가자들이 궁금증을 안고 질문하는 나무들에 대한 답변을 외면해서는 안 된다. 그 나무들이 5월의 해설 나무와 겹친다고 해도 반복되는 말에 의미를 두면서 열정을 실어야 나도 참가자도 헛된 시간을 보내지 않는다. 하지만 숲해설을 할 때마다 그렇듯이 해설의 대상이 되는 나무들은 상황에 따라 선택되거나 무심히 지나치게 된다. 실내에서 PPT를 띄우며 순서대로 강의하는 것과는 엄연히 다른 변수들이 긴장감을 버릴 수 없게 한다.

오전 10시가 되었다. 숲해설 말머리를 열려고 하는데 사이렌이 울렸다. 나도 참가자들도 놀랐다. 그때 한 분이 "아, 현충일" 하는 것이었다. 묵념을 마치자마자 나는 이렇게 말했다.

"남북이 계속 평화롭게 가야 합니다. 제 아들이 지금 군 복무 중입니다."

초등학교 아들을 데리고 온 엄마가 숙연해지며 자식에게 슬쩍 눈길을 주는 것 같았다. 그 아이 얼굴 위로 내 아들 얼굴이 겹꽃처럼 얹히며 뻣뻣한 몸이 뭉긋해지고 있었다. 용수철보다 빨리 회복 탄력성을 발휘해 숲해설 멘트를 입 밖으로 내야 하는데 머릿속은 오늘 해설할 나무들보다 아릿한 나무들 사이로 언뜻언뜻 모습을 보여준 아들의 실루엣만 아른거렸다.

올해 1월 11일이었다. 훈련병 규격에 맞게 머리를 깎은 아들이 신병교육대 정문 앞에서 검은 모자를 벗어 핸드폰과 함께 내게 건네주었다. 그러고는 낙엽송처럼 꼿꼿이 경직된 듯한 몸으로 추운 바람을 일으키며 빠르게 영내로 들어갔다. 나는 도로가에서 까치발로 연병장 건너 기숙사 같은 주황빛 건물 앞에 줄지어 선 입소자 행렬에서 아들을 확인하려고 물기 찬 눈에 힘을 주었다.

모든 메타세쿼이아처럼 비슷비슷한 청춘들이 체온을 재는 듯한 모습을 보여주자마자 그림자 조각 하나 남기지 않고 건물 뒤로 뜀박질해가는 숨소리만 들리는 것 같아 내 몸이 격해지는 사이 아들인 듯 아닌 듯한 가쁜 등을 껴안고는 담장 위로 솟은 소나무인지 스트로브잣나무인지 가늠하기 귀찮은 나무들만 애꿎게 쳐다보았다. 나무 공부에 열의를 불태우고 있으면서도 가림막을 하고 있는 나무를 순간 탄식의 대상으로 선택하고 말았다.

풀꽃과 그 꽃 사이

숲해설과 아들 생각 사이에서 강한 빗줄기에 침식당하는 흙처럼 힘을 잃어가며 어질어질하는데, 살짝 늦게 온 아이들의 왁자한 소리에 준비한 이야기가 가지런히 놓여 무사히 숲해설을 마칠 수 있었다. 참가자들이 돌아가고 난 뒤 오후 해설을 위해 홀로 느티나무 아래 앉아 초코파이를 먹고 있는데, 30도를 넘는 더위에 아들은 무얼 하고 있나 생각하니 텀블러 물맛이 미적지근하기만 해 편의점으로 달려가 맥주 한 캔이라도 들이켜고 싶었다. 하지만 음주 해설은 절대 안 되는 법, 마음을 다잡고 주변을 다시 둘러보았다.

그래도 안개나무 같은 몽롱한 마음이 남아 있어 그 어떤 해설이든 단골로 등장하는 나태주 시인의 〈풀꽃〉, "자세히 보아야 예쁘다. 오래 보아야 사랑스럽다. 너도 그렇다"를 되뇌며 한낮에 반짝이는 나무들을 보는데, 전봇대보다 키 큰 나무 중간쯤부터 은빛이 감도는 은사시나무가 눈에 들어왔다. 이럴 때마다 고은 시인의

〈그 꽃〉, "내려갈 때 보았네 올라갈 때 못 본 그 꽃"이 반사 작용으로 떠오르면서 일차 선택은 신체 구조가 만든 본능일지도 모른다는 생각이 일었다. 아니 계남근린공원에서 은사시나무 해설을 여러 번 해서 갈산근린공원에서는 선택될 여유가 없어 보이는 듯 보이지 않는 듯 외면한 나무라서 그랬을지도 모르지만, 계단길에서 고개를 숙이고 올라갈 때 의도하지 않는 이상 하늘 아래 반짝이는 잎과 줄기를 보기는 쉽지 않다.

문득 5월 참가자들과 겹치지 않은 오전 참가자 분들에게 미안한 마음이 들었다. 잠시만 눈을 들어도 볼 수 있는 아름다운 풍치를 그분들은 나로 인해 놓치고 말았기 때문이다. 하지만 숲해설을 하다 보면 선택은 찰나의 결정일 뿐 목숨이 왔다 갔다 하는 것처럼 절실하지 않은데도 나는 왜 목이 꺾어져라 은사시나무를 바라보며 그 나무 해설을 하지 못했고 허전해 했을까? 바람이 없어 미동조차 하지 않는 잎들에 '사시나무 떨 듯'이라는 구태의연한 문구가 덧씌워지면서 내 감정이 파르르 꿈틀거리는 진원지에 다다라 보니 거기에 아들이 있었다.

파주에서 훈련을 마친 아들은 경기도 장흥 어딘가에서 포병으로 복무하고 있다. 자대 배치를 받자마자 나는 혹시나 하면서 핸드폰을 직접 들고 아들 부대를 찾아갔다. 역시나 코로나 때문에 위병소 정문에 포장 박스를 내려놓고 뒤돌아서는데 얼굴이 시리며 눈물이 고여 가는 게 아니라 죄인처럼 미안한 마음이 무겁게 나를 누르는 것이었다. 양심적 병역 거부는 아니고 학생운동을 하다 감옥에 가면 군대에 가지 않는다는 걸 알고 있어 군대 대신 감옥을 선택했기에 군대가 어떤 곳인지 경험이 없는 아버지가 해줄 수 있는 게 아무것도 없을 것 같아서였다. 그래서 정문 앞에 늘어선 나무들이 측백일까, 편백일까, 화백일까, 또다시 그들에게 지청구만 흘렸다.

며칠 뒤 핸드폰 사용이 가능해진 아들에게 "아빠가 조만간 너희 부대 주변 산을 탐방할 거야"라는 카톡을 보내자, "저는 부대 밖으로 못 나가요"라는 답글이 왔다. 모병이 아닌 징병으로 선택되는 청춘들의 군대라는 갇힌 삶, 키 큰 나무 사이로 보시처럼 쏟아지는 한 줌의 햇볕으로 예비 미래를 선택해야 하는 키 작은 나무를 보는 듯 우울해졌다.

속울음으로 불러보는 이름

6개월이 되어도 첫 휴가를 나오지 못한 아들이 그리워 나무 공부 핑계를 대고 장흥으로 갈 계획을 세웠는데, 아들 부탁이 있어 아들 부대 주변에는 가지 않고 산 하나 넘어 있는 장흥숲길을 탐방하기로 했다. 3호선 지축역에서 마을버스를 타고 장흥숲길 2구간 출발점인 돌고개유원지입구 안내 방송에만 귀를 기울이면서도 차창 밖 풍경에 깃든 추억들을 길어 올리려 애썼다. 장흥 하면 떠오르는 의지의 연예인 임채무 씨가 운영하는 놀이동산에서 아들과 함께 범퍼카 등을 타며 놀았던 그때 그 추억이 여름의 연둣빛 잎에 실리기도 했고, 학생운동을 떠나 새로운 사회 인생 계획을 세워야 하는 친구들과 하룻밤 진탕하게 퍼졌던 기억도 숯불갈비라는 간판에 붙어 모닥불처럼 피어올랐으며, 출판사 다니던 시절 노조 결성 단합대회로 의지를 불태웠던 시간도 역류하는 물처럼 크게 들려오는 것 같았다. 하지만 차에서 내리고보니 장흥유원지는 고요한 숲보다 더 깊은 적막감만 감돌고 있었다.

친절하게 설치되어 있는 장흥숲길 안내판을 따라 2구간을 걷다 보니 백합나무 군락지가 나타났다. 청남대 들어가는 길에서 본 가로수 백합나무 군락과는 사뭇 다른 느낌이 전해져왔다. 20m는 넘어 보이는 나무들이 대여섯 걸음 간격으로 촘촘히 심겨 있었고, 가지에 뻗어 있는 사각형 잎들도 무성하기만 해 어둠이 살짝 깃든 깊고도 그윽한 정령의 숲에 들어온 것 같았다. 심호흡을 하며 백합나무 사이사이를 걷는데, 아래쪽 수피는 백합나무와 비슷해 보여도 위로 조금만 시선을 돌리니 전혀 다른 수피를 하고 있는 대여섯 그루의 나무가 눈에 잡혔다. 그래서 엷게 들어오는 햇빛에 살랑거리는 이파리를 보니 둥글고도 세모꼴 달걀형인 은사시나무 잎 같았고, 점점 옅어지는 햇빛을 받아 흐린 은빛으로 빛나는 수피 그리고 그 은빛을 더 돋보이게 하는 검은 마름모꼴 껍질눈이 음습하면서도 황홀하게 다가왔다.

은사시나무는 버드나무과 사시나무속의 낙엽 활엽 교목으로 1954년에 탄생되었다고 봐도 무방하다. 황폐한 산을 푸르게 하기 위해 산림 육종에 심혈을 기울여 연구하던 서울대 농대 자리에 어느 날 보니 은백양도 아니고 사시나무도 아닌 새로운 나무가 자연

경기도 장흥숲길의 은사시나무. 수피에
다이아몬드 모양이 선명하다.

교잡으로 모습을 드러냈다고 한다. 자세히 살펴본 결과 은백양과
사시나무가 인연을 맺은 것 같아 은사시나무로 부르면서 묻어두
었는데, 1963년 한 학자의 재발견으로 이 나무를 전국 산에 심기
시작했다고 한다. 하천가에 있는 포플러 종류보다 산에서 잘 견디
며 빠르게 성장하는 모습을 보았기 때문이란다. 그렇게 우리 산을
은빛으로 반짝이게 만들었던 이 나무는 또 어느 날 목재로서 가치
가 떨어져 망각의 틀에 놓인 운명이 되었고, 그나마 남은 나무가
지금 우리 곁에서 이따금 그 은은한 눈부심의 면면을 보여주고 있
는 것이다.

탄소 저장 기능이 높다는 연구 결과로 다시 선택을 받고 있는

백합나무와 달리 우리 생활에 아무런 쓰임새가 없다고 판단되어 화려한 간택에서 잘려나간 은사시나무, 그 사이에서 갈라져 나오는 석간수 같은 감정으로 내 삶에서 선택된 항목들을 나열해보는데, 초라한 것만 박혀 있는 것 같았다. 그래서 마지막 힘을 내어 장흥숲길 전망대에서 그 너머에 있는 가장 빛나는 선물 같은 선택, 아들의 이름 한 번 속울음으로 불러보고 그곳을 떠났다.

점점 뜨거워지는 오후의 갈산공원, 조만간 만날 아들 얼굴을 떠올리며 혼신을 다해 은사시나무 해설을 곁들인 숲해설을 마치고 참가자들에게 소감을 물었다.

"문학 작품에 나오는 은사시나무를 보아서 좋았어요."

아, 그랬던 것 같기도 하고. 그래서 일단 검색해보니 "마른 가지로 자기 몸과 마음에 바람을 들이는 저 은사시나무는, 박해받는 순교자 같다. 그러나 다시 보면 저 은사시나무는 박해받고 싶어하는 순교자 같다"(《원미동 시인》에서)라는 문장이 나온다. 오래 전 읽었을 저 작품에서 말하는 은사시나무, 그 의미를 다시 확인하기 위해 작품을 꺼내 읽지는 않을 것 같다. 그저 장흥숲길 혹은 갈산공원에서 내게 선택된 은사시나무에 열정이 가득 쏟아지는 건, 그 나무에 깊게 새겨진 아들에 대한 그리움만으로도 만족하기에.

공부와
경남 창녕 우포늪
마름

나무가 연결시킨 '나는 누구인가?'

"화이트팁, 토니너스, 플랩노즈레이, 샌드바, 샌드타이거, 블루스 트라이퍼스내퍼, 만타." 하얀 헤드폰을 목에 두른 청년이 분명한 발음으로 수족관을 유영하는 물고기들 이름을 줄줄 말한다. "그루 왔구나." 직원의 반김에도 그는 갇힌 바다만 응시하며 물고기들의 상처 부위를 빠르게 말하고는 빠른 치료까지 요청한다. "그럼 한 번 확인해 봐야지. 그루는 한 번도 틀린 적이 없었으니까."

드라마 〈무브 투 헤븐(Move to heaven)〉 첫 장면이다. 〈레인 맨〉, 〈포레스트 검프〉 등 옛날 영화들이 떠오른다. 정상인과 견주어 장애라는 게 있어 보이지만 그들만의 특별한 능력을 가지고 사는 분들에 대한 휴머니즘 영화 말이다. 그래서 TV를 끌까 하다가 유품 정리사라는 세계가 그동안 갖지 못했던 감정을 칡덩굴 감아 올라 가듯 뒤틀어내는 것 같아 끝까지 보았고, 수목장 장면에서 "보이지 않는다고 곁에 없는 건 아니다. 기억하는 한 사라지지 않는다"라는 그루 아빠의 말도 감동이었지만, 그 여운이 가시지 않는 건 그루가 껴안았던 그 나무의 정체가 뭘까 하는 궁금증 때문이다.

그래서 푸른 이끼도 살짝 낀 것 같고 한쪽에 검은 진액이 흐르는 것 같기도 한 가지런하면서도 얇은 갈색 수피와 그 아래에서 세 개의 결각을 보여주는 잎을 보고 또 보았지만, 멀리 네 줄기로 뻗은 하늘 가지를 뒤덮은 둥글고 풍성한 수형을 보며 가늠하고 또 가늠했지만, 내 실력으로는 답을 확정할 수 없어 비릿한 웃음이 터져 나왔다. 결국 삶과 죽음을 함께한 물품들이 남긴 흔적에도 한 사람의 핵심 감정이 묻어 있다는 신세계를 폭풍처럼 맛보게 해준 드라마를 보고도 그동안 해온 내 공부에 대한 탄식으로 이어지고 말았다.

사회가 정한 단계 공부에서 월등한 실력을 보일 수 없었던 나는 사춘기 때부터 '나는 누구인가?'라는 문장을 공부의 핵심으로 삼았다. 이 질문에 대한 답들을 사유하는 과정이 만족감을 주곤 했는데, 그것은 암기력과 이해력이 모자란 내게 뜬구름 잡는 것 같은 모호한 답변의 표현들을 만들어내는 일들이 높은 정신 수준을 소유하고 있다는 치기에 희열을 주었기 때문이다.

나 스스로 기뻐할 수 있는 교묘한 사기극에 열중하며 살던 어느 날 《가짜 감정》이라는 책에 나오는 "겉으로 드러난 화(표면감정)의 이면에는 불안과 두려움(이면감정)이 있고, 그 밑에는 인간 근원의 감정인 수치심(심층감정)이 있다"라는 문장을 보고는 무좀

이 드러난 듯한 충격에 휩싸였다. 내 공부라는 게 실은 그 누구도 쉽게 답할 수 없는 '나는 누구인가?'에 대한 질문을 선점함으로써 내 안에 넘쳐나고 있던 수치심을 절대 보여주지 않으려고 장막을 친 말장난에 불과한 것이었다.

코스모스와 나무 공부

수치심을 없애기 위해 있는 그대로의 나를 끄집어 올리는 솔직담백한 글을 쓰려고 노력했지만, 감정의 진원지를 터득하기 어려운 부박한 지식으로 나의 감정 세계만 보는 게 얼마나 뒤처진 공부인지를 알려주는 계기가 두 번 있었다. 첫 번째는 칼 세이건의《코스모스》를 여러 번 읽은 것이었고, 두 번째는 우연인 듯 필연인 듯 지금 하고 있는 나무 공부다.

《코스모스》탐독을 통해 현재의 나는 우주라는 시공간에서 일시적으로 뭉쳐 있는 원자의 결합이라는 인식을 갖게 되었는데, 이만큼 확실한 명제는 없다는 생각을 지금도 하고 있다. 원자가 해체되는 죽음 이후에 무슨 사건이 진행될 것인가에 대해서는 막연한 두려움은 있지만, 나는 영혼도 정신도 감정도 없는 본래의 무아(無我)가 될 거라는 생각에 더 큰 무게를 두고 있다.

150억 년이라는 우주의 시간과 지금도 팽창하는 우주의 공간에서 숨 한 번 고르면 흩어지는 먼지처럼 머무는 나란 존재에 대한 질문, '나는 누구인가?'에 대한 그럴듯한 답이 막을 내릴 즈음, 나무 공부는 '연결'이라는 개념을 심도 있게 사색할 것을 요구했다.

그래서 처음처럼 공부가 시작되고 있는데, 질문만 던지고 폼만 잡던 때 절대 부럽지 않았던 모습들이 슬그머니 추앙의 대상이 되는 나를 보곤 깜짝 놀랐다. 그것은 한 번 보면 좀처럼 잊지 않는 절대 암기력과 사물에 대한 정확한 변별력이었다.

플라톤의 《파이드로스》를 보면, "문자는 기억을 다시 불러일으키겠지만, 더 이상 암기할 필요를 없애기 때문에 망각을 가져올 것이다. 또 문자는 진리가 아니라 진리의 유사품을 주고 사람들은 진실성 없는 외형적 지혜만을 갖게 될 것이다"라는 문장이 나오는데, 이 말을 한 사람은 소크라테스다. 문답으로 철학을 했던 소크라테스는 문자의 등장에 깊은 우려를 드러냈는데, 기록이 기억을 대체하게 되면 사람들은 자신이 아닌 외부에 존재하는 기호에 자신을 맡길 것이라고 여겼기 때문이다.

"기억하는 한 사라지지 않는다."

이 말은 기억하지 못하면 모든 게 사라진다는 말과 같다. 기억의 망각에 대한 두렵고도 초조한 감정이 섬뜩한 것은 현장에서의 숲해설 때문이다. 잠시라도 그루처럼 도감에 나오는 내용을 쭉쭉 말하면 참가자들에게 환영을 받을 수 있다. 하지만 책들을 보면서 머릿속에 기억하려고 못을 박듯이 꾹꾹 눌러놓아도 갈수록 퇴화되는 세포 탓인지 해설 내용이 나방 우화하듯이 매끈하게 연결되지 않는다. 그래서 찾은 방법이 좋은 해설을 하려면 숲다운 숲에 뻔질나게 다니면서 나무의 온전한 느낌을 내 몸에 깃들게 한다는 것이었다. 그것이 참가자들에게 조금이라도 연결되면 풍요로운 시간을 만들 수 있을 것 같아서였다.

기억하는 한 사라지지 않는다

〈무브 투 헤븐〉을 보면서 세상 모든 것은 단절시킨다고 해서 단절되지 않는다는 걸 훌쩍거리며 실감했고, 나는 그 모든 연결의 관계 속에서 규정된다는 새 명제가 복받치며 온몸을 타작하듯이 훑는데, 얼마 전 가본 경남 창녕 우포늪이 젖은 눈을 더 깊이 잠기게 하는 것이었다.

나무 공부를 하기 전 우포늪 다큐를 보면서 언젠가 답사하고 싶은 곳으로 머릿속에 남겨두었는데, 그것은 탐방이라기보다 새벽녘 물안개 드리운 풍경에 고즈넉이 앉아 '나는 어디서 왔고, 어디로 가고, 그런 나는 누구인가?'에 대한 명상을 염두에 두었던 것 같다. 강희안의 〈고사관수도(高士觀水圖)〉에 그려져 있는 탐미적 선비의 시선으로 어부가 이끄는 무동력 쪽배를 타고 1억 4천 년 전의 늪을 유유히 어슬렁거리다보면 '나는 누구인가?'에 대한 해답을 얻어 영원한 생명이라도 건질 것 같은 속셈도 은연중 작용했을 것이다.

하지만 내가 죽으면 물고기 밥도 되지 못하고 납골당 사기 항아리에서 단절로 세상과 절연하는 운명이라는 걸 알게 된 뒤 우포늪은 탐방의 공간이 되었다. 거기에 가면 책에서 보던 것과 달리 식물의 기원에 대한 온전한 느낌이 습지를 채우는 물처럼 잠시라도 나를 부풀게 하지 않을까 하는 생각이 들었다. 즉 바다식물에서 육상식물로 올라온 내용들은 계속 접했는데, 연꽃과 수련 등 민물에 사는 식물들은 어떤 탄생의 과정이 있었는지, 그 시원(始原)의 분위기를 담고 싶었다는 것이다.

동대구역에서 전철을 타고 서부버스정류장에 내린 뒤 다시 창녕행 시외버스에 몸을 싣고 창녕버스터미널에 발을 디디고 보니 난생처음 밟는 지역이었다. 우포늪으로 가는 버스를 타기 위해 영신버스정류장으로 향하는데, 도로는 아스팔트요 인도는 보도블록이었지만, 금방 달리면 닿을 듯한 우포늪의 태곳적 신비가 이어지는 것 같아 마음이 들떴다. 하지만 우포늪 버스는 2시간 뒤에 있고, 기다리자니 작게 움푹 패인 곳에 고여 있는 물들이 내 손을 잡아끄는 것 같아 택시를 타고 우포늪에 다다랐다.

서너 시간 걸린다는 우포늪생명길 안내판을 보고는 뽕나무 즐비한 대대제방길 의자에 앉아 새벽길에 나서 고파진 한낮의 배 속에 우적우적 빵을 씹어 넣었다. 150억 년보다는 짧지만 그래도 1억 년이라는 원시의 길을 신비스럽게 걷겠다는 의지를 다진 뒤 본래 하나의 늪이 오랜 세월 사람과의 연결로 우포, 목포, 사지포, 쪽지벌로 나누어진 우포늪을 둘러보는데, 기억에 저장된 지식이 없어 그런지 늪을 보는 사유는 좀처럼 일렁이지 않았다. 멀리 드물게 노랑어리연꽃이 모습을 보여주어도 입수금지라 접근할 수 없었고 상상만으로 가시연꽃·개구리밥·생이가래·물옥잠·검정말·붕어마름 등을 떠올려야 하는데, 방금 전 안내판 내용도 잊는 다람쥐 기억력이 안쓰럽다 못해 화를 돋우었다.

창녕 우포늪. 태곳적 신비가 깃든 듯하다.

　　그래도 잠수복을 입고 소를 닮아 소벌로도 불리는 진화의 늪에 들어가 나선형 구조의 수련 속내를 해부하며 꽃식물의 기원을 연구하던 분의 다큐 정도는 기억해내면서 나 스스로 1억 년 전에 있다는 최면을 걸며 걷고 또 걷다가 물을 만질 수 있는 곳이 나와 사초를 헤집고 얼른 뛰어가 손을 넣어보았다. 미적지근한 이 물이 하늘로 땅으로 돌고 돌았던 그 오래전 물일 수도 있다며 취흥에 젖은 척하는데, 간자미처럼 마름모꼴을 하고 있는 작은 잎들이 살짝 출렁이는 물결에도 서로 겹치지 않고 하늘을 향해 펼쳐 있는 마름들이 눈에 들어왔다.

마름과 한해살이풀인 마름은 연꽃이나 수련처럼 화려한 꽃을 피우지는 않지만 지름 1cm 정도의 꽃을 7~8월에 흰빛 또는 다소 붉은빛으로 4장의 꽃잎을 만든다. 그 안에 4개의 수술과 1개의 암술을 가지고 있고, 10월이 되면 물밤으로 불리는 검은색 열매를 맺는데 여기에 가시가 있다. 물고기들이 물밤을 먹다보면 가시에 찔려 언젠가 죽게 되는데 그들의 무덤에서 번식을 이어가는 마름이 길고도 끝이 없어 보이는 생명의 역사를 계속 써나간다.

모네의 수련 연못에 내려앉은 짙푸른 하늘 아래를 만끽하며 걸으면서도 암모렐라 다음의 원시 꽃식물로 불리는 수련은 보지 못했지만, 새벽이 아니고 대낮이어서 태고의 명상은 하지 못했지만, 우포늪 가장자리를 빛나게 채우고 있던 마름이란 존재를 안 것만으로도 흡족해 그곳을 떠나 그 진한 여운을 가지고 지내는데,《나무의 노래》에 나오는 "공기, 나무, 숲의 형태와 서사는 관계에서 생겨난다. 자아는 생명을 지속시키는 성분인 연결과 대화로 이루어진 찰나적 집합이다. 이 관계 속으로 인간이 발을 디딘다"라는 문장이 들어온다. 그러면서 또 "기억하는 한 사라지지 않는다"라는 문장이 불쑥 꽃대를 올리면서 주문한다. 밑도 끝도 없는 '나는 누구인가?' 문장을 나무들과 제대로 연결하려면 지금보다 더 각고의 노력으로 기억하는 데까지 기억하는 공부를 하라고. 아, 늪지대가 되지 않을까?

소통과
서서울호수공원
쥐똥나무

최대의 생존을 위해 최소의 것만 취하는 게 소통

"지금부터 선생님들이 보고 싶은 곳을 집중해보겠습니다. 그곳에서 어떤 소리가 들릴까요?"

나무 해설을 잠시 멈추고 숲을 느끼는 시간을 갖기 위해 준비한 내용이다. 참가자들은 이 원리에 대해 방금 들었지만 가능할까 의구심을 품으면서도 나무줄기나 나뭇가지 혹은 하늘 아래 출렁이는 이파리들을 깊게 응시한다. 1분 뒤 무슨 소리가 들려왔냐고 묻는다. "안개가 나뭇잎에서 흩어지는 소리요." 가장 기억에 남는 반응인데, 하나는 드러내지 않았지만 진짜일까 하는 의심이 있었고, 또 하나는 언젠가 내게도 들려야 할 텐데 하는 조바심이 시샘으로 남았다.

시각의 청각화라는 시적 현상을 끌어들이게 된 계기는 옛 신월정수장을 친환경공원으로 탈바꿈시킨 서서울호수공원 나무 공부였다. 밤부터 비가 내렸다 그쳤다 회오리바람보다 더 예측하기 어려운 날씨에도 이른 아침 버스에서 내려 답사를 시작하는데, 산책하는 발걸음들의 분주한 소리도 잠재우고 간혹 이파리에 떨어지는 빗방울의 난타도 압도하는 소음이 장소 선택에 후회를 마구 쏟아 붓고 있었다. 그래도 소중한 오늘을 보고 사유할 수 있는 몸에 감사하며 능골산으로 올라가 이 나무 저 나무 시선으로 껴안는데, 어느 순간 탁 트인 평야가 나오며 거기를 끊은 담벼락 너머로 활주로가 보였고, 이윽고 2시 방향에서 비행기가 김포공항으로 착륙하는 광경이 펼쳐졌다.

내 머리 위에서 소음으로 들리던 비행 소리가 바퀴를 내리며 지면에 닿아가는 모습을 보고 또 보는데, 느낌에 따라 소음이 소리가 되고 소리가 소음이 될 수 있다는 주관의 중요함이 비행기 속도만큼이나 빠르게 긍정으로 인지되는 것이었다. 그래서 오늘의 선택도 훌륭했다며 빗줄기 드리우는 젖은 숲을 두리번거리며 계속 나아가는데 코끝을 진하게 찌르는 향기가 느껴져 발생지를 찾아보았다. 밤나무와 아까시나무 사이에 하얀 꽃봉오리를 몽글몽글 달고 있는 쥐똥나무가 둥지를 틀고 있었다. 길가에서 생울타리로 늘어서 있는 박제품 같은 단일한 모습의 키 작은 나무와 확연히 다른 풍채를 보니 누구는 때가 되면 가지를 잘려야 하고 누구는 언젠가 최대 높이에 이를 수 있다는 그 상반된 운명이 아프게 밀려오는 것 같았다.

답사를 겸한 나무 공부는 해가 조금씩 나면서도 이어졌고, 선유도공원만큼이나 조경미가 뛰어난 몬드리안정원을 지나 중앙호수에 다다랐는데, 살짝 익숙한 비행기 소리에 수련 감상이 방해되어 미간을 찌푸렸다. 그때 호수 위로 분수가 솟구쳤고, 느닷없이 바뀐 눈앞 풍경으로 짜증 섞인 얼굴이 화사해졌다. 난생처음 접한 경험이라 분수가 잠잠해지자마자 시간을 보았다. 정시는 아니었다. 그렇다면 특정 시간마다 분수 쇼가 있는 것은 아니라는 생각이 들어 두 번의 경험은 포기하고 수생식물을 보며 꽃식물의 기원을 추론하는데, 내 앞줄의 분수관부터 물길이 치솟더니 연이어 파도처럼 물결이 거대한 공중 춤을 추는 것이었다. 그 끝자락을 보니 덩치 큰 비행기가 또 보였고, 소음을 인지해 호수 그림을 바꾸는 광경이 신기해 더디 자라는 나무의 속도로 느리게 걸었다. 떠나는 길에서 부딪히는 느낌이 세포막을 뚫어 더 깊은 감정의 세계를 만들어간다는 평소 지론을 확인한 뒤 집에 돌아와 궁금증을 풀고자 책을 뒤져보았다.

"바이러스는 붙어 있던 표면에서 떨어질 때 진폭이 급격하게 요동치는 날카로운 소리를 낸다"라는 문장이 인상적이었던 《자연의 노래를 들어라》를 들추어보니 무릎을 치게 하는 구절이 있었다. "우리 인간은 시각 중심적인 존재여서 시각에 이상이 없는 사람들은 자신이 보고 있는 것을 듣는 성향이 있다. 예컨대 저 먼 앞바다에서 부서지는 파도에 시선을 고정하면, 우리의 귀와 뇌는 대개 다른 소리들은 걸러내고 저 멀리서 엄청난 힘으로 몰아치는 파도소리만 포착한다"라는 내용이었는데, 우리의 감각세포 중 시각

세포가 80%의 영향력을 끼치며 생명활동의 근간을 이룬다는 산림치유 이론과 엇비슷했고, 그래서 산림치유지도사는 아니지만 숲해설을 듣기 위해서 오신 분들과 내 나름의 숲 체험을 나누고 싶어 보면서 소리를 듣는 프로그램을 넣어보았던 것이다.

소통은 안 되는 게 정상

집중해서 보면 그곳의 소리만이 들린다는 이론이 놀랍기도 하지만 의심도 지울 수 없어 숲해설을 듣는 부부들에게 이런 질문을 던졌다.

"수백 명이 있을 때 혹 옆에 계신 분의 소리만 들린 적이 있습니까?"

초롱초롱한 눈빛으로 엷게 끄덕이며 환하게 긍정하신 분도 있었고, 침묵 속에 야릇한 미소만 보여주신 분도 있었다. 낯선 숲에 더 편안하게 적응하기 위한 이완의 방편으로 재미도 겸해 만들어본 순서였지만, 이에 대한 공부가 뒷심이 되어야만 우리 삶과 더 긴밀한 연관성을 찾을 수 있을 것 같았다. 그것은 소리에 대한 궁금증으로 이어졌고, 검색을 통해《숲은 고요하지 않다》라는 책이 잡혔다.

그런데 책장을 넘기다 보니 이 책은 보이지 않는 곳에서 소리를 내는 숲이기에 절대 고요하지 않다는 내용을 전하는 게 아니라 동식물들 그리고 미생물들의 소통 방식에 대한 이야기를 하고 있었다. 나무 공부에 필요한 이과 지식 습득에 큰 신세를 지고 있는 최재천 교수의 감사의 글에 나오는 "우리 숲이 너무 고요해서 싫습니다"라는 문장을 보면서, 긴 세월 산행에서 얻은 마음의 평정이 숲의 고요가 준 선물이라고 여기고 있었는데 그게 실은 자연의 섭리를 벗어난 모습이라는 게 충격적이었다. 다음으로 "의사소통은 발신자의 조종과 수신자의 반응 사이에서 벌어지는 조절 과정입니다. 그래서 소통은 안 되는 게 정상입니다. 그러나 사회를 구성하고 사는 동물에게 소통은 선택이 아니라 필수입니다"라는 문장에서는 역시 '소통은 불가'라는 소신을 확인시켜줘서 반갑기도 했다. 하지만 "의사소통은 인간의 발명품이 아니다. 그것은 이미 생명이 시작된 이래 지구의 모든 생명체를 연결해주었다. 꽃은 특정 시각 신호를 보내면 수분할 확률이 아주 높다는 것을 확실히 '알고' 있다. 이런 '자연의 언어'를 꿰뚫어 보는 시선은 이 책을 다 읽고 난 후 놀라운 통찰력을 우리에게 선사할 것이다"라는 책 소개를 완독 후 다시 보는 순간, 그동안 식물이란 자연의 세계를 모르고 인지 언어활동을 했던 반쪽의 삶이 고목의 수피처럼 거칠게 느껴졌고, 이제라도 완성으로 가는 인식을 하려고 애쓰는 모습이 있어 스스로 내 어깨를 토닥거렸다.

소통에 도움이 되는 숲

'소통 불가'라는 입장을 견지하게 되면 소통이 어려운 게 아니라 오히려 쉬울 수 있다. 나는 내 식대로 누군가를 헤아린 뒤 내 생각을 말, 몸짓 등으로 전할 뿐이고, 그 누군가는 또 자기 식대로 그

신호에 반응하면서 자기 생각을 재구성하거나 온전히 지킬 뿐이다. 즉 내 의향이 관철되지 않았다고 하더라도 노여워하거나 슬퍼할 필요가 없다는 것이다.

하지만 문제는 생명 상실 등 커다란 피해를 입히는 소통 방식을 추구하는 사람들이다. 이들은 《숲은 고요하지 않다》에 나오는 "자연의 동식물은 길게 '빙빙 돌려 말할' 시간이 없다. 그들은 신호를 아주 최적화하여, 소통 목적에 필요한 모든 정보를 짧은 시간에 전달한다"라는 문장을 깊게 고민해보면서 숲을 자주 찾아가면 좋을 듯하다. 즉 우리 자연은 최대의 생존을 위해 최소의 것만 취하는 소통을 하는데, 우리 사람은 언어가 부풀리는 세계에 함몰되어 극단적 이기심을 제어하기가 힘들다.

이에 대한 사례가 비록 허구라는 소설이지만 파트리크 쥐스킨트의 《향수》에 잘 나와 있다. 이 책에서 많이 알려진 문장은 "냄새를 들이마시고 그 냄새에 빠져 자신의 가장 내밀한 땀구멍 깊숙한 곳까지 전부 나무 냄새로 가득 채운 그는 그 스스로가 나무가 되어버렸다. 그러고는 나무 인형, 즉 피노키오가 된 것처럼 그 장작더미 위에 죽은 듯이 앉아 있었다. 그러고는 한참 뒤, 거의 30분쯤 지나서야 비로소 '나무'라는 말을 내뱉었던 것이다"인데, 수백 번 나무를 보고 나무 소리를 들었어도 침묵을 지키고 있다가 냄새 자극에 나무와 하나가 되면서 그 뒤 식물에서 동물로 동물에서 사람으로 이어지는 엽기적인 향수 제작 이야기가 펼쳐진다. 그 가운데 나무 공부를 하면서 잊히지 않는 문장은 "높은 담이 둘러진 정원

서서울호수공원의 쥐똥나무 꽃. 쥐똥나무 꽃향기는 고혹적이다.

에서는 금작화와 장미, 방금 꺾은 쥐똥나무의 향기가 퍼져 나왔다. 그르누이가 향수라는 말에 어울리는 냄새를 처음으로 맡은 곳이 바로 여기였다"인데, 쥐똥나무 가지에서 향기가 난다는 것인지 전체에서 향기가 난다는 것인지 가늠이 어려웠기 때문이었다.

코가 매운 도시 공기가 잊히는 순간이 쥐똥나무 꽃이 활짝 필 때 내뿜는 진한 향기가 후각세포를 자극할 때인데, 그 시기가 지나고 나면 평범한 나무로 전락해 아무런 관심도 받지 못하는 쥐똥나무는 높이 1~4m정도로 자라는 물푸레나무과 낙엽 관목이다. 가을에 검은색으로 익는 타원형의 콩 크기 열매가 쥐의 똥처럼 생겨서 쥐똥나무라 불리는데, 불쾌한 이름이면서도 귀여운 이 열매도 특별한 관심을 갖지 않는 이상 봄빛에 빛나는 꽃과 같은 이끌림의 대상은 아니다.

《숲은 고요하지 않다》를 보면, 가장 애용되는 소통 신호가 시각 정보로 이는 빠르고 편리하며 전송 과정에서 정보 손실이 가장 적다고 한다. 청각 신호는 발신자와 수신자가 꼭 봐야 할 필요가 없어 에너지 소비가 많고, 냄새의 세계를 만드는 화학 정보는 향수처럼 오래 가는 신호이지만 가장 빠른 수단은 아니라고 한다.

한국 소설에서 으뜸가는 첫 문장으로 "그에게서는 언제나 비누 냄새가 난다"(《젊은 느티나무》, 강신재)가 있다. 다시 보아도 그 다음에 전개될 이야기에 깊숙이 코를 박고 싶지만, 나무 공부를 하면서 터득한 게 시각의 중요성인 것 같다. 가까이서 혹은 멀리서 제대로 보아야만 나머지 청각, 후각, 촉각, 미각이 제 기능을 조화롭게 발휘해 내 마음도 몸도 평안하고 그 누군가에게 상처를 주는 가시 같은 소통을 방지할 수 있지 않을까?

현재 나도 그렇게 하지 못한다. 그래도 최대의 생존을 위해 최소의 것만 취하려는 자연의 소통 방식을 참되게 안착시키기 위해 여전히 헷갈리는 참나무의 진면목을 열심히 보고, 올해는 또 얼마나 가지가 잘려 나갔는지 관심을 갖고 쥐똥나무를 보면 혹 얻어지려나? 그저 애쓸 뿐.

이름과
전북 전주수목원
이나무

수목원이 건네준 선물은 내 호칭 껴안기

"단어를 가지고 가장 고민을 많이 하는 사람은 누구일까요?" 중학생 숲 교육 때 이런 질문을 던졌다. 선뜻 답을 하기 어려울 것 같아 예를 들어준다. "작가일까요, 과학자일까요?" 질문은 예상에서 벗어나는 답을 가져오기 위해 하는 경우가 많은데 "과학자"라는 아이들이 절반을 넘었다. 눈이 풀리며 맥이 빠지는 내 모습을 좋아하는 게 보인다. 오기로 의도를 이루기 위해 "왜 그럴까요?"라는 질문을 또 던진다. "그냥 그럴 것 같아요." 이 상황을 어른들에게도 해보았다. 대부분 "작가"라고 응답한다. 그럼 준비한 진짜 이야기를 내놓는다.

"여성 식물학자 호프 자런이 쓴 《랩 걸》을 보면, '세상의 어느 작가도 과학자들만큼 단어 몇 개를 두고 머리를 쥐어짜지는 않을 것이다. 용어가 가장 중요하다'라는 문장이 있습니다. 그리고 '배

우는 데 낯 닌씩 걸리는 암호를 사용해서 연구에 관해 글을 쓴다'
라는 문장도 있는데, 제 추측으로는 물질을 이루는 원소 기호와 그
들의 개수를 표시한 분자식 같은데, 저로서는 이해 불가입니다.
기호와 단어와 문장을 토대로 연구를 해서 새로운 그 무엇이 발견
되거나 만들어지면 거기에 이름을 붙여야 할 것입니다. 주로 국어
사전을 비롯해 우리가 이미 쓰는 말을 가지고 문장을 만드는 작가
와 전혀 다른 차원의 작명이 이루어지는 곳이 과학의 세계인 것
같습니다."

즐거워야 할 나무 해설 시간에 갑자기 공부가 등장해 분위기가
무거워지면, 문단의 마지막 문장도 소개한다.

"'의미가 있다'는 단어는 너무나 모호해서 쓸모없을 정도지만,
거기서 '커다란'이라는 단어를 앞에 붙이면 50만 달러의 연구 기
금을 끌어올 수도 있다."

벚꽃 같은 웃음이 번지기도 한다. 팝콘처럼 터지는 벚꽃이 아
니라 달걀 거품처럼 피어오르는 벚꽃을 닮은 미소다. 무슨 말인
가? '팝콘처럼'은 우리가 흔히 쓰는 비유고, '달걀 거품처럼'은 영
국의 영문과 교수인 피오나 스태퍼드가 쓴 《길고 긴 나무의 삶》에
나온다. 단정할 수는 없지만 분자식으로 공부한 분은 아닐 듯한 문
과의 상상이다. 그래도 이채로워 잊지 않으려고 애쓰는 표현이다.

작가와 숲해설가

내 이름은 김서정(金瑞正)이다. 강원도 산골이지만 한문 실력이

있던 할아버지가 지어주었다. 항렬 때문에 정(正) 자 돌림은 반드시 들어가야 하고, 가운데에 상서로울 서(瑞) 자를 넣었는데, 풀어 보면 "상서로운 일들이 많고, 바르게 살아야 한다" 정도 될까?

글쓰기 수업 첫날 칠판에 '김서정(金瑞正)'을 쓴다. 그러고는 "남자여서 미안하고요, 서정(抒情)적인 이미지와 거리가 멀어서 죄송합니다"라고 말한다. '남자여서 미안하다'는 말을 하는 이유는 간혹 여성 아동문학가인 동명의 분과 혼돈해 온 수강생들이 있어서고, 서정시(抒情詩)의 그 서정이 아니기도 하지만 섬세하고 가녀린 얼굴과는 동떨어진 까무잡잡한 피부에 촌티 물씬 나는 차림새 때문이다. 그래서 이름만으로도 존재를 잃는 듯한 상처를 입기도 하지만, 모든 고통은 자기 자신이 감내해야 할 감정이기에 쌓일 것 같으면 오래된 느티나무 수피처럼 뚝뚝 떨어트린다.

서정(抒情)이 아니고 서정(瑞正)이니 개인의 문학을 하지 말고 사람들에게 서설(瑞雪)이라도 뿌려줄 수 있는 이타의 삶을 추구하면 좋았을 텐데 하는 반성이 갈수록 심하게 일곤 하는데, 그것 역시 이름과 그 뒤에 붙은 제2의 호칭 때문이다.

먼저 김서정 뒤에 따라오는 작가라는 호명은 이제 어느 정도 적응이 되고 있다. 저조한 판매를 기록했지만 다수의 저서가 있고, 지금도 계속 글을 쓰고 있기에 '김서정 작가'라고 불리는 것이 부담스럽지는 않다. 만일 문학 작가를 고집하고 있었으면 작가라는 호칭을 극구 사양했을 것이다. 문학 전문 출판사에서 내준 책이 없다는 것은 '자뻑'의 글쓰기만 했을 뿐 검증을 거친 최소의 인정과는 괴리가 있다는 느낌을 배반하기 어렵기 때문이다.

오래전 예술적 재능 무(無)라는 현실을 직시하고 짐짓 모르쇠로 지내고 있지만, 작가 말고도 몇 년 전 얻게 된 숲해설가 자격증이 은연중 스트레스가 되고 있다. 남들 모르게 장롱 면허로 가지고 있으면 갈등이 없을 텐데, 숲해설가 이름표를 달고 사람들 앞에서 해설을 하고, 관련 책을 내고, 라디오 방송도 하고, 나무 이야기도 쓰고 있으니 숲과 나무에 대해 일정 이상의 지식은 가지고 있다고 볼 것이다. 그래서 이런 질문이 날아오곤 한다.

"이 나무가 뭐예요, 저 나무가 뭐예요, 이 꽃이 뭐예요, 저 꽃이 뭐예요?"

아는 나무면 덜 긴장을 하는데, 모르는 나무면 떡갈나무 각두의 비늘조각처럼 신경이 곤두선다. 그래도 최선을 다해 살펴보는데 일말의 단서조차 낚아채지 못하면 얼굴이 붉어지며 죄인이 된 듯 나약한 목소로 말한다. "잘 모르겠는데요."

이렇게 말한다고 해서 "숲해설가라면서요?"라고 되묻는 경우는 별로 없다. 대개는 "나무가 비슷비슷하니 그 나무가 그 나무 같아 보여요. 정말 한눈에 아는 분들 보면 신기해요"라고 말하는데, 이럴 때면 "맞아요. 십 년은 공부해야 감이 좀 올 것 같아요. 전 이제 3년밖에 안 됐어요"라며 부끄럽게 치미는 수치심을 나 좋으라고 슬쩍 뭉개버린다.

이처럼 방어적 태도로 살다 보니 척박한 환경을 극복하고 자라는 나무처럼 생장을 해서 위대한 성공을 이룬 위인이 되지 못하는 것 같다. 이는 작가 타이틀에서도 통용되는데, "아니, 작가가 그런 말도 몰라요?"라고 언짢아하면 "네. 모르는 말들이 더 많습니다"라며 화를 머금은 미소로 응대만 하고 비굴하게 넘어간다. 성공이라는 단어는 애당초 내 안에 없다고 치부하면서 티득한 내 삶의 자기계발 툴(tool)인 것이다.

아, 이 나무가 이나무구나!

나무 이름표 없는 낯선 숲에 들어가 나무를 동정하다 보면 머리가 지끈거린다. 꽃도 없고 열매도 없으면 이 나무가 저 나무 같고, 저 나무가 이 나무 같다. 꽃이 있어도 열매가 있어도 확실히 알지 못하면 이파리가 특이하지 않은 이상 그 나무에서 그 어떤 이름도 튀어나오지 않는다. 그럴 때면 무의식에서 "꽃도 없고 이름도 없고 종소리도 없이"라는 오래전 불렀던 노래가 이유 없이 목에서 절망으로 소용돌이치며 갑갑증을 불러일으킨다. '왜 이런 걸 하고 있을까'라는 생각으로 죽을 것 같다.

그럴 때 탈출구가 있다. 수목원으로 달려가는 것이다. 거기에는 친절하게 이름표가 있다. 간단한 설명도 있다. 햇빛에 핸드폰 이미지와 글자가 보이지 않아 화가 더 돋우어지는 일도 없다. 일단 이름표를 믿고 나무 이모저모를 보면 되고, 관련된 스토리텔링이 잡혀오면 잠시 음미하면 된다.

약용원으로 16세기부터 시작했다는 식물원은 제국주의 단계를 거치면서 무단 약탈과 점유를 통한 아름다운 권력의 온상이 되었고, 지금은 전시를 통한 민주적 향유 그리고 보존과 개발을 위한 생태 연구가 함께 이루어지는 복합 공간이 되었다. 어디는 식물원으로 부르고 어디는 수목원으로 부르는데, 관련 항목을 보니 이름만 그럴 뿐 굳이 차이점을 찾아볼 필요는 없다고 한다.

이번에 내가 찾아간 곳은 전라북도 전주IC 가까이 있는 전주수목원이었다. 기차를 타고 전주역에 내려 검색을 통해 버스를 탔다. 개발해나가고 있는 듯한 읍내 풍경을 보여주는 곳에서 다시 마을버스에 올랐는데 좌석이 텅 비어 있다. 맞지 않은 옷을 입은 듯한 껄끄러움으로 앉아 가는데, 다음 정거장에서 보따리를 한아름 손에 든 어르신들이 대거 타는 것이었다. 이내 마을버스는 다시 나아가는데 가장 젊은 승객이라고 여기니 시대에 맞는 구실을 못 하는 것 같아 위축되었고, 고속도로 같은 국도에 내려 시골길 같은 국도를 한참 걸어가 전주수목원에 다다른 순간 몸도 마음도 지쳐 시든 꽃잎이 되었다.

전주수목원 정문을 통과해 들어가니 유치원생들이 조잘조잘 숲 곳곳을 채우고 있었다. 그래서 주위를 살피니 골목길보다 더 작은 구불구불 길들이 보였고, 커다란 나무 사이로 가지런히 의자가 있었다. 일단 그곳에서 숨을 고르기로 했다. 그것도 잠시 무성한 이파리에 가려 그늘이 드리운 회백색 수피에 칼집 난 영화배우 얼굴처럼 크지도 작지도 않은 거무튀튀한 껍질눈들이 특이해 보이는 나무가 눈에 확 들어왔다. 확인하고 나서 쉬기로 하고 벌떡 일어나 다가가니 반가운 이름표가 있었다.

전주수목원의 이나무. 나무 동정이 어려울 때는 수목원의 이름표가 반갑다.

"이나무."

탄성 같은 탄식이 입가에서 벼락처럼 흘렀다.

"이 나무가 이나무구나!"

현장에서 나무 동정이 어려우면 사진을 찍고는 집으로 와서 도감을 들추어본다. 그럴 때마다 지구 밖에 있을 것 같은 낯선 이름들이 이질감을 주는데, 간혹 이나무처럼 장난스러워 보이는 나무들 예를 들어 먼나무, 피나무, 병아리꽃나무, 국수나무, 야광나무, 보리밥나무, 무환자나무, 고추나무, 작살나무 등을 접하면 피식 웃음이 나오면서도 친근감이 더해진다. 그 가운데 이나무는 본 적은 없어도 기억에 강하게 남는데, 이나무는 있는데 왜 저나무는 없냐는 것 때문이었다.

이나무는 이나무과 낙엽 교목으로 높이 10~20m까지 자라고, 제주 및 전라남북도 일대에서 주로 볼 수 있다. 이나무의 옛 이름은 의자나무라는 뜻의 의목(椅木)이었는데, 의자나무가 의나무로 불리고 의나무가 발음하기 쉽도록 이나무로 바뀌었다고 한다. 심장 모양의 잎이 오동나무에 버금가 이나무의 잎을 의동(椅桐)이라고도 한다는데, 빨간 열매를 매달고 겨울을 나는 모습이 일품이라고 한다.

도감에서만 보던 나무를 뜻하지 않게 마주한 기쁨이 큰 것은 "이 나무가 뭐예요, 저 나무가 뭐예요"라는 질문을 받거나 나 홀로 '이 나무가 뭘까, 저 나무가 뭘까' 하는 고독한 독백에 등장하는 '이 나무'를 상봉했다는 것도 있지만, 어질어질한 나무 동정 없이 이름표만 보고 이나무를 알게 되었다는 게 최소의 에너지로 최대의 활동을 하는 나무 생명력을 조금은 이전받았다는 연대의 공감 때문일 것이다.

올리버 색스의 《색맹의 섬》을 보면, "공룡을 멸종시킨 재난을 이기고 전과는 다른 기후와 환경(특히 소철이 자기네 씨를 퍼뜨리는 데 활용하고 있는 조류와 포유류의 패권)에 적응하여 살아남았으니, 영웅적이다"라는 문장이 있는데, 이는 영국의 큐식물원에서 본 소철에 대한 소감이다. 야생의 나무 동정이 가져다주는 희열도 있지만, 친절한 이름이 있는 수목원 답사도 받아들이기에 따라 벅찬 감동을 줄 것이다. 특히 나처럼 여전히 나무 이름 알아내기가 어려운 나무맹(盲) 같은 이에게는. 그러면 언젠가 내 이름도, 그 뒤에 이어지는 제2의 호칭도 으스러져라 껴안게 되지 않을까?

착각과
서울대공원
쪽동백나무

가짜 인식에 참말을 내리는 나무들

봉사는 시간이 남아서 하는 게 아니라 시간을 내서 한다는 말에 이끌려 내 앞가림도 어설프게 하면서 오랫동안 자원 활동으로 문화해설을 한 적이 있었다. 보통 자원 활동이라고 하더라도 차비 정도는 받는데 차비는 고사하고 그 단체에 월회비까지 내면서 남 앞에 섰던 이유는 그 과정에서 얻는 지식과 지혜가 골방에서 홀로 터득해갔던 깨우침과는 사뭇 달랐기 때문이다.

모든 존재는 독립적일 수가 없고 《최무영 교수의 물리학 강의》에 나오는 "중력(중력상호작용), 약력(약상호작용), 전자기력(전자기상호작용), 핵력(강상호작용)"이라는 관계의 그물에서 얽히고설켜 삶을 만들어간다고 할 때, 자연의 기본 상호작용이 아닌 텍스트와 사유에 특정 이상을 기대게 되면 착각의 누적을 가져와 오히려 남루한 삶이 될 수도 있다. 그래서 사람을 만나는 현장에서 오가는 질의 응답과 대화들이 섣부른 자아 완성에 혹독한 자극을 줄 수 있는데, 이때 주엽나무 가시처럼 파고든 말들이 냉혹하게 아프지만 생각을 불쑥 키우는 것 같았고, 그런 경험을 문화해설에서 자주 했기 때문에 꾸준히 시간을 냈던 것 같다.

그 가운데 가장 기억에 남는 건 소수의 유럽 지식인들과 오두산통일전망대에 갔을 때였다. 분단 현장을 눈앞에서 보고 싶어 임진각까지 가는 답사였는데, 통역을 두고 내가 안내를 하게 되었다. 그 무렵 나름 과학 공부를 하면서 모든 게 하나에서 시작되었다는 텍스트적 인식을 하고 있었는데, 그게 내 안에서 영글지 않았다는 걸 깨닫는 일이 벌어졌다.

"동물과 사람의 차이가 뭔지 아십니까?"

오두산통일전망대 입구에 서서 그들에게 던진 첫 질문이었다. 사람은 사람끼리 전쟁을 하는데, 동물들은 개미를 빼고는 같은 종(種)끼리 무리지어 다툼을 하지 않는다는 걸 야심차게 기승전결의 기(起)로 잡았는데, 잠시 침묵이 흘렀고 아무도 입을 열지 않았다. 낯설어서 그런가 하면서 곧바로 준비한 말을 꺼내며 안내를 이어갔는데, 그 침묵의 시간에 보여준 미심쩍은 표정이 뇌리를 떠나지 않아 그 연유를 알아보니 그들은 지금까지 동물과 사람의 차이에 대한 질문을 들어본 적이 없다는 것이었다. 즉 찰스 다윈이 말한 대로 동물과 사람은 같은 지점에서 출발한 하나의 생물일 뿐이지 어떻게 구분을 할 수 있느냐는 것이었다. 그때 나는 나의 가짜 인식에 놀라 부끄러움을 감출 수가 없었다.

내 모습이 모두 가짜라면?

"우리 시야에 들어오는 모든 것은 술기나 갈라진 곳 없이 매끈하다. 하지만 여러분의 시각적 세계는 눈을 움직일 때마다 순간적으로 지워진다. 그런데도 이런 결점을 자각하지 못하는 것은 뇌가보이지 않는 것에 대해서도 그럴듯한 이야기를 만들어내기 때문이다. 이러한 기만은 인간의 모든 경험에 해당된다. 즉 우리가 세상을 바로바로 인식한다는 것도 내적 사고를 들여다본다는 것도사실은 착각이다. 이는 자아도 마찬가지다."

《지금까지 알고 있던 내 모습이 모두 가짜라면?》에 나오는 글인데, 착각이 가장 두드러지게 일어나는 곳이 텍스트 읽기라고 한다. 저자의 관찰과 사색 가운데 중요한 것들만 선택되어 문장으로만들어진 글들을 보는 우리의 눈은 시각의 세계가 갖는 연속성과풍성함으로 즐겁지만 실은 일부분만 보면서 징검다리처럼 통통물 위를 건너갈 뿐이라는 것이다. 덧붙여 텍스트를 읽는 동안 문장을 왜곡하면서 나의 생각이 깊이 들어가는 경우도 있어 책읽기는 반복이 좋은데, 이 또한 완전한 독해는 보장하지 못한다. 그래도 새로운 상황이나 일이 다가오면 기록이라는 텍스트에 의지할수밖에 없고, 나 또한 낯선 영역에 들어가면 개론서 중심으로 탐독하며 생각을 가다듬는 습관을 가지고 있었기에 《식물계통학》,《수목생리학》,《식물의 역사》 등을 부분부분 필사까지 해갔는데,여기에는 변별력 있는 숲해설을 하고 싶은 욕심이 들어가 있었다.식물의 모습에 대한 현상적 내러티브보다는 그 모습이 만들어지기까지의 이면에 담긴 과학을 풀어보려는 것이었는데, 애기장대 실험은 물론 현미경으로 세포 한 번 들여다보지 못한 내가 해낼 수 없다는 사실을 숲해설 시간이 흐르면서 뼈저리게 느끼게 되었다. 이는 전적으로 내가 식물의 생김새를 정확히 인지하지 못하고 거기에 덧입히는 스토리텔링에만 과한 동기부여를 했다는 것인데, 반성의 계기를 준 식물이 숱하게 많지만 그중 쪽동백나무와 때죽나무가 가장 큰 영향을 미친 것 같다.

늘 헷갈리는 꽃차례 영역

나를 알리기 위해 페이스북을 무던히 열심히 했지만, '좋아요'가 늘 한두 자리여서 이제는 적당히 하고 있는데, 하루는 공원에서 본 하얀 꽃이 흠모하는 연예인을 만난 것처럼 감격스러울 정도로 예뻐서 사진을 찍고는 "때죽나무에 꽃이 피었어요. 남들은 하늘을 향해 꽃잎을 펼치는데 때죽나무는 특이하게도 아래로 꽃을 피우네요"라는 글을 올렸다. 때죽나무에 매료된 데에는 때죽나무 꽃을 실제로 본 적이 없이 가을에 때죽나무 해설을 한 게 늘 꺼름칙했는데, 봄볕이 내리는 날 막상 보고 나니 칙칙한 수피를 내려다보며 푸른 이파리 아래에 고개를 떨구고 있는 그 눈부신 모습에 울컥 눈시울이 붉어졌었다. 그 뒤 세로로 줄무늬를 내며 검은빛을 띠고 있는 수피만 보면 때죽나무일 거라는 아니 때죽나무여야 한다는 우격다짐을 갖고 고개를 돌려 꽃을 찾곤 했는데, 꽃이 보이지 않거나 위로 꽃이 피어 있으면 그리운 이의 헛것을 본 듯 허탈한 마음이 들곤 했다.

즐거운 자아도취 시간을 보낸 것도 잠시 댓글이 달렸는데, 조심스럽게 '쪽동백나무 꽃' 같다는 내용이었다. 뜨끔하면서도 쪽팔려 폭풍 검색을 해보니 너무나도 분명하게 다른 때죽나무와 쪽동백나무의 꽃차례가 정리된 블로그가 많았고, 이 정도가 헷갈린다 해도 끝이 뾰족한 달걀 모양의 때죽나무 잎과 붕어빵처럼 둥글고 넙데데한 쪽동백나무 잎은 한눈에 봐도 식별할 수 있는데, 왜 나는 숲을 보지 못하고 나무만 보는 한심한 작태를 보였을까?

《지금까지 알고 있던 내 모습이 모두 가짜라면?》을 보면, "대니얼 데닛은 자아가 내러티브를 통해 구축된 것이라고 생각한다. 우리의 이야기는 지어낸 것인데, 대개의 경우 우리가 이야기를 지어내는 게 아니라 이야기가 우리를 지어낸다. 즉 핵심이 되는 자아는 존재하지 않고 '내러티브 중력의 중심'에서 발생한다는 것이다"라는 문장이 있다. 이를 증명하기 위해 그림이 등장하는데, 검게 칠한 둥근 원 네 개가 사각형 지점에 있고 이를 수련 잎처럼 한 모퉁이를 파서 직각으로 벌려 놓으니 원 안에 사각형이 만들어지게 된다. 하지만 원을 지우면 사각형도 사라지게 되는데, 원을 맥락으로 보고 거기서 만들어진 게 자아라고 본다면 맥락이 없으면 자아도 없다는 논리가 성립한다. 이 모든 과정이 뇌의 착각이 빚은 현상이라는 게 저자의 의도 같은데, 좀 난해하기는 하지만 대략 때죽나무와 쪽동백나무를 현장과 텍스트에서 숱하게 보았으면서도 정작 특이한 풍경의 하얀 꽃을 접한 순간 때죽나무 맥락만 형성된 착각에 기쁨을 느끼는 나란 자아도 역시 그리 똑똑한 자아는 아니라는 팩트를 확인시켜주었다.

그래서 길을 나섰다. 미술관 옆 동물원이 아니라 동물원 옆 산림욕장길과 동물원 둘레길을 걸으면 식물과 동물 그리고 내가 하나에서 출발했다는 진화적 시각을 내재화할 수 있는지, 거기서 새로운 상상력이 발동되어 인식의 폭이 넓어질 수 있는지 확인하기 위해 서울대공원을 찾았다. 전철역에서 에스컬레이터를 타고 올라갔는데, 오래전 여러 차례 다녔던 그 풍경이 박제가 된 듯 변형은 없었지만 그때는 무심히 지나쳤던 나무에 눈길을 주는 내 태도는 천 년의 씨앗이 개화한 것처럼 변화가 있었다. 그래도 변하지 않은 게 있다면 여전히 나는 백수처럼 평일에 자유롭게 어디든 가고 있었고, 그러다 보니 그 길에는 새싹을 돋우며 힘차게 자라는 성장기 아이들의 웃음소리보다 저무는 황혼의 삶을 행복하게 붙잡으려는 이들의 왁자한 이야기들이 주로 있었고, 그때마다 정체성에 착각을 일으키는 꽉 낀 나이의 사내만 있었다. 그래서 혹 포효하는 동물들의 울음소리라도 들으면 생생한 기운을 받을 수 있지 않을까 하는 기대감이 있었지만, 두 시간 정도 산행길인 산림욕장길과 한 시간 정도 아스팔트인 둘레길을 걸으면서 들리는 자연의 소리라곤 마스크 안에서 캑캑대는 공해 같은 내 숨소리뿐이었다.

그때 숨통을 트게 하는 물소리가 들려 다리에 잠깐 서서 숨을 고르고 있는데, 흘깃흘깃 산에서 보았던 쪽동백나무가 녹색 열매

서울대공원의 쪽동백나무. 꽃 진 자리에 녹색 열매가 가지런히 달린다.

를 가지런히 달고 있는 게 보였다. 이제 쪽동백나무 정도는 한눈에 봐도 동정할 수 있다는 오만함이 등골을 서늘하게 해 겸손한 자세로 키 큰 나무 사이에서 잘 자라고 있는 쪽동백나무에 사죄하는 마음으로 찬찬히 들여다보았다.

쪽동백나무는 이름에 동백이 들어가 있지만, 차나무과 동백나무와는 완전히 다른 때죽나무과 낙엽 소교목으로 전국 어느 산에서든 잘 자란다. 동백나무를 볼 수 없는 중부 지방에서는 쪽동백나무 씨앗으로 기름을 짜 동백기름 대용으로 썼는데, 씨가 동백 씨보다 작아 작다는 뜻의 '쪽'을 앞에 붙여 쪽동백나무로 부른다고 한다. 도감을 보면 때죽나무과 나무에 때죽나무와 쪽동백나무만 있는데, 꽃 모양은 흡사하지만 때죽나무는 새가지 끝에서 양성화가 하나에서 여섯 개씩 모여 아래로 피고, 쪽동백나무는 새가지 끝에서 나온 긴 꽃차례에 양성화들이 횡렬을 지으며 피어난다. 열매도 꽃차례 모양대로 열리기 때문에 동글동글한 열매에서도 짙은 꽃의 여운을 온전히 받을 수 있다.

답사를 마치고 편의점에 들어가 아이스크림을 사고는 벤치에 앉아 덥석 문다. 늘 헷갈리는 꽃차례라는 말이 달콤한 맛에 쓴맛을 낸다. 이 말을 처음 접한 것은 식물학이 아니라 이성복의 시론집인 《무한화서》였다. "'화서(花序)'란 꽃이 줄기에 달리는 방식을 가리켜요. 순우리말로 '꽃차례'라고 하는데, 여기에는 두 가지가 있어요. 성장이 제한된 '유한화서'는 위에서 아래로, 속에서 밖으로 피는 것이고(원심성), 성장에 제한이 없는 '무한화서'는 밑에서 위로, 밖에서 속으로 피는 것이에요(구심성)"라는 문장이었는데, 현상과 단어가 바로 연결이 안 되어 이해하는 데 애를 먹었다. 숲해설가라고 하지만 지속적으로 난감한 영역인데, 그 다음 문장인 "구체에서 추상으로, 비천한 데서 거룩한 데로 나아가는 시는 '무한화서'가 아닐까 해요"라는 문장을 보며 반성을 쏟아냈다. 구체에 대한 불성실이 인지의 착각을 낳고, 그것이 쌓여 가짜 인식의 오류만 쏟아내는 것은 아닌지. 그래도 세밀한 관찰을 위해 노력하고 노력하면 언젠가 쓴맛이 가시며 참말을 만들어내지 않을까?

느낌과

경기도 가평 잣향기푸른숲

잣나무

사실에서 느낌으로 가게 해주는 나무

"난 영어 좀 한다, 하시는 분 계시나요?"

아무도 선뜻 나서지 않자 누군가 누군가의 옆구리를 찔렀다. 나는 얼른 그분을 보고 "외국인을 만나 대화를 하는데 이런 질문을 받게 됩니다. 'What kind of tree do you like?' 그러면 어떻게 대답을 하시겠습니까?"라고 물었다. 당혹스러운 표정이 잣나무 숲 그늘에서도 뚜렷했다. 먼저 얼핏 보면 소나무인지 잣나무인지 헷갈리는 것보다 더 이해가 어려운 내 영어 발음을 못 알아들어서이고, 다음으로 좋아하는 나무의 영어 이름이 곧바로 생각나지 않았기 때문일 것이다. 난처한 침묵이 오래가면 나도 곤란해질 것같아 "우리나라 사람들이 가장 좋아하는 나무가 소나무라고 합니다. 그래서 'I like pine tree'라고 하면, 나무를 아는 외국인은 '잣나무의 잣, 고소해요'라고 말할 것입니다"라며 서둘러 험악하게 파헤쳐진 잣송이보다 더 무거운 분위기를 끊었다. 그러고는 상황 설명을 해나갔다.

"제가 한영번역기를 돌려 못하는 영어를 한 것은 잣나무를 오래 기억시켜 드리기 위해서입니다. 잣나무 영명은 Korean pine 이고, 토종 소나무 영명은 Korean red pine입니다. 잣나무 학명은 *Pinus koraiensis*로 종소명 *koraiensis*는 한국을 뜻합니다. 소나무 학명은 *Pinus densiflora*로 종소명 *densiflora*는 꽃이 빽빽하다는 뜻입니다. 바꿀 수 없는 학명에 코리아가 있다는 것만 봐도 잣나무는 소나무과에 속하는 우리의 토종이라는 의미인데요, 소나무 영명에 red가 들어가 있는 것은 2015년 전까지만 해도 우리 소나무 영명이 Japanese red pine이었는데, 많은 분들의 노력으로 코리아가 되었습니다. 서글프지만 우리 식물은 일본을 통해서 해외에 알려졌기 때문입니다."

소나무, 편백나무에 버금갈 정도로 풍부한 피톤치드를 내뿜어주는 잣나무 아래에서 할 법한 이야기이지만, 힐링을 하러 왔다가 머리만 지끈거린다. 그러면 지식과 정보를 삶으로 가져가는 좋은 느낌이 담긴 이야기도 곁들여야 한다.

"송무백열(松茂柏悅)이라는 말이 있습니다. 소나무가 무성한 것을 보고 잣나무가 기뻐한다는 말입니다. 즉 사촌이 땅을 사면 배가 아픈 게 아니라 내가 아는 사람이 잘되면 함께 기뻐하고 축하해준다는 말입니다. 아담한 잣나무 숲에서 좋은 공기 마셨으니 누군가 잘되면 더 잘되기를 빌어주면 어떨까요?"

이렇게 마무리를 하면서도 개운하지 않았다. 송무백열은 진(晉)나라 시대의 육기(陸機)가 쓴 〈탄서부(歎逝賦)〉에 나오는 글귀라 여기서 말하는 柏은 잣나무라기보다 측백나무에 가깝다. 하지만 柏자가 측백나무, 잣나무를 모두 가리키고 있었고, 그래서 우리는 우리에게 더 유용한 잣나무로 번역을 했을지도 모른다. 아울러 사촌이 땅을 사면 배가 아프다는 말도 본래 뜻은 사촌이 땅을 사면 배라도 아파서 그 땅에 가 볼일을 보는 걸로 축하해주겠다는 것인데, 일본이 이를 나쁜 의미로 변색시켰다고 한다. 매사 조금만 더 따지고 들면 일상으로 자리 잡은 느낌을 깨는 이야기들이 부지기수다. 그래서 공부가 필요하지만, 말을 하면서 머릿속까지 복잡해지는 에피소드는 완벽히 발효되지 못하면 현장에서 가급적 버려야겠다는 생각을 하게 되었다.

사실에서 느낌으로

"일상적 삶은 '느낌'에서 '사실'로, '위험'에서 '안전'으로의 끊임없는 이행이다. 예술이 진정한 삶을 복원하기 위한 시도라면, 예술은 일상적인 삶과는 반대방향으로 진행할 것이다. 즉 사실에서 느낌으로, 안전에서 위험으로."

잣나무 정보를 재밌으면서도 삶의 활력소가 될 수 있도록 준비했지만, 전달 과정이 느낌상 찝찝해 고민을 하고 있던 즈음 이성복 시인의 《네 고통은 나뭇잎 하나 푸르게 하지 못한다》에 나오는 문장이 내게 대안을 찾으라는 분발심을 요구했다. 학습 강의가 아닌 해설은 지식의 나열보다 함축된 느낌이 세포에 스며들면서 좋은 에너지를 얻게 하는 것인데, 그래서 예술가는 아니지만 우아한 예술가 흉내를 내서라도 귀갓길에 상당 부분 잊게 될 지식보다 무의식 그 어딘가에 깊숙이 박혀 싹이 될 준비를 하도록 깊은 느낌을 주어야 하는데, 콘크리트처럼 무딘 정서가 내 발목을 잡고 있는 것 같았다. 그래서 잣나무 이야기를 사실이 아니라 풍부한 느낌으로 나누고 싶어 잣나무 가득한 곳으로 길을 나서기로 했다.

비 오는 새벽에 집을 나서 라디오 생방송을 마치고 다음 방송 준비를 위해 경기도 가평 잣향기푸른숲으로 향했다. 비는 그치지 않았지만, '송무백열'보다 느낌이 진한 이야기를 내 안에 쟁여놓으려면 길을 멈출 수가 없었다. 바로 다음다음날 도심 공원의 잣나무 숲을 또 지나야 하기 때문이었다.

이번 답사는 혼자가 아니었다. 30여 년 만에 소식을 알게 된 소설반 친구와 동행을 하기로 했다. 여기서 말하는 소설반은 등단 소설가가 일반인들을 대상으로 소설 쓰기 과정을 가르쳤던 작은 모임을 뜻하고, 반가운 해후 장소를 숲으로 정한 것은 걷기를 즐기게 된 친구가 오며 가며 보는 나무에 관심을 가지고 있다고 말해 주었기 때문이다.

둘은 회기역에서 만났다. 나무 답사 초기에는 낯선 곳을 효율적으로 다니기 위해 치밀한 준비를 했지만, 어느 날 열심히 준비하지 않고도 무사히 다녀온 것을 느끼게 된 나는 긴 동선만 정해놓고 디테일한 내용은 챙기지 않았다. 그래서 둘은 내가 일방적으로 정한 시간 때문에 소음이 끓어 넘치는 답답한 플랫폼에서 40여 분을 보내야 했다. 어려울 때 크고 작은 도움을 받았던 친구 얼굴도 마스크 때문에 제대로 볼 수 없었고, 띄엄띄엄 그동안 살아온 이야기를 나누는 것도 철로를 뒤흔드는 요동으로 온전히 알아들을 수 없었다. 경춘선 또한 기차가 아니라 전철인데다 코로나 시국이기도 해서 엠티를 가는 청춘들처럼 목소리를 높일 수 없었지만, 중년답게 뒤섞인 정보의 간극을 차분하게 세월이라는 느낌으로 이어 가보았다.

느낌에서 사실로

긴 시간 전철을 타고 길지 않은 시간 택시로 이동해 잣향기푸른숲에 들어섰는데도 가늘어졌을 뿐 비는 물러서지 않았다. 우산을 쓰고 나무를 사진에 담아야 하는 게 성가신 부담으로 다가왔지만, 그래도 폭우가 아닌 것에 감사하고 늘 좋은 느낌을 주는 숲에 감사하며 바깥과 다른 냄새가 온몸을 꿰뚫고 흐르는 자연을 천천히 걸어 나갔다.

아는 나무가 나오면 그 나무의 독특한 향기가 훅 끼쳐오는 것 같고, 모르는 나무를 마주하면 요모조모 살피다가 현기증만 이는 것 같아도 부슬비 내리는 숲은 칠정(七情)을 백색소음처럼 편안하게 만드는 마력을 지니고 있었다. 그렇게 눈앞의 푸른 잎 우거진 숲을 보면서 나 또한 푸르게 살아 있다는 느낌만으로도 행복감이 충만해지고 있을 무렵, 스토리를 만들어야 한다는 답사 목적이 하

가평 잣향기푸른숲 잣나
무. 담쟁이덩굴이 온몸
을 휘감고 올라갔다.

얀 꽃을 노란 꽃으로 물들여야 하는 인동의 계절 순응처럼 불쑥
치밀었는데, 그것은 잣나무를 타고 올라가는 담쟁이덩굴이 여러
그루에서 보였기 때문이다.

　그러자 피톤치드 가운데 불면증 개선에 큰 도움을 주는 알파피
넨 성분이 가장 많은 잣나무 향기로 마취된 시간은 끝났고, 느낌
을 사실로 알아야겠다는 비예술가의 태도가 머릿속을 휘저었다.
그때 마침 직원인 듯한 분들이 지나가고 있어 담쟁이덩굴 같았지만 확인하려고 "잣나무를 감고 올라가는 게 담쟁이덩굴인가요?"
라고 얼른 물었다. "네. 맞아요"라고 말하고는 바쁜 듯 길을 재촉
하는 분들에게 "더 좀 말씀해주세요"라고 부탁했다.

"많은 분들이 담쟁이덩굴이 잣나무를 죽이려는 것 같다고 하
지만, 잣나무는 답답해할 뿐 죽지는 않아요. 아니 잣나무가 답답
해할지 그렇지 않을지 과학자들도 아직 정확히 모른다고 하네요"
라는 말에 "그럼 누가 먼저 죽나요?"라는 질문을 추가하자, 옆에
있던 분이 "그만큼 했으면 되었어요"라며 서둘러 자리를 떠났다.
분명 동료에게 한 말인데, 나한테 한 말처럼 들려 약간 당혹해하
다가 다시 담쟁이에 둘러싸인 잣나무들을 넌지시 보다 말고 가까
이 다가갔다. 박쥐가 날개를 펴고 아래로 매달려 있는 듯한 담쟁
이 이파리 끝의 줄기를 따라 본래 죽어 있는 잣나무의 거친 껍질에
붙어 있는 흡착판을 살펴보며 '누가 살아남을까' 하는 질문을 되뇌
는데, 순간 나무 위로 비 갠 하늘이 보였고 느닷없이 과학자도 모
른다는 현상을 붙잡고 있는 내게 구제할 수 없는 연민이 덧씌워지
는 것 같았다. 잣나무와 담쟁이덩굴에서 답답하다는 느낌을 끌어
낸 그분처럼 과학을 넘어선 삶의 느낌을 나는 정말 언제가 되어야
묻혀낼 수 있을까?

《헤르만 헤세의 나무들》을 보면, "나무는 언제나 내 마음을 파
고드는 최고의 설교자다. 나무들이 크고 작은 숲에서 종족이나 가
족을 이루어 사는 것을 보면 나는 경배심이 든다. 그들이 홀로 서
있으면 더 큰 경배심이 생긴다. 그들은 고독한 사람들 같다. 어떤

약점 때문에 슬그머니 도망진 은둔자가 아니라 베토벤이나 니체처럼 스스로를 고립시킨 위대한 사람들처럼 느껴진다"라는 문장이 있고,《식물학자의 노트》를 보면, "저는 아름답거나 경이롭다는 것 이상으로 식물에 대해 궁금한 것이 많은 유년 시절을 보냈습니다. 식물의 입장에서 살아보고 싶을 때도 있었습니다. 햇빛과 비를 맞으며 들녘에 홀로 서 있는 것도 외롭지 않을 것 같았습니다. 식물은 에너지를 생산할 수 있는 지구의 유일한 생산자이니까요. 한 자리에 서 있지만 지구를 점령한 억센 몽상가들이니까요"라는 문장이 있다. 헤세는 나무를 사람의 느낌으로 묘사하는 예술가라 나무와 사람을 마음으로 연결시키고,《식물학자의 노트》저자인 신혜우는 그림 그리는 식물 화가이지만 그 토대가 식물학 박사이기에 나무의 마음에만 집중하는 문장을 만들었을까? 그렇다면 예술가도 식물학자도 아닌 나의 시선은 사실도 아니고 느낌도 아닌 어느 경계에서 분사되고 있을까?

비 젖은 잣나무 향을 옷가지에라도 담은 뒤 늦은 점심으로 숯불 닭갈비를 먹었다. 소설보다 동화에 몰두했던 친구는 내게 "어린이용 신채호도 썼는데, 동화는 안 썼어?"라고 물었다. "소설보다 동화가 쉬워 보여 시도를 한 적이 있었는데, 실패했어"라고 말하고는 가평잣막걸리를 벌컥 들이켜며 원인을 되짚어보았다. 간단했다. 어린이 느낌이 없었다. 매사가 그랬다. 살려고 도모는 많이 하는데, 그 대상이 진정 말하는 본질의 느낌이 내게로 오지 않았다. 나무를 가까이 하면 느낌의 폭이 깊어지려나? 그래야겠지.

이데올로기와
강원도 양구 국립DMZ자생식물원
함박꽃나무

이데올로기를 증발시킨 식물

4년제 대학 졸업장을 갖고도 갈 데가 없었다. 사면되었다고 하지만 조금만 신경 써서 신원조회를 하면 데모 전과가 선명히 인쇄되어 나올 것 같았다. 특히 군 면제를 이해시키는 게 늘 난관이었기에 번듯한 회사 생활은 요원하기만 했다.

할 일은 없고, 하루는 길고, 어렵게 방앗간을 하시는 부모님이 주는 밥을 먹는 것도 고역이었다. 그렇다고 노동운동이나 사회운동을 할 용기도 없었다. 그다지 정의롭지도 못하고 나이브한 내가 타이트한 조직에서 헌신적 혁명가로 거듭난다는 것은 애초부터 불가능하다는 걸 알고 있었기 때문이다. 게다가 이념 무장도 살얼음 같은데 갑갑하기만 한 감옥에 다시 가기도 싫었다.

그때 어처구니없게도 내 손에 잡힌 책이 마르크스와 엥겔스의 《독일 이데올로기》 원서였다. 독일어교육과를 나왔지만 평균 학점이 2.1로 학과 공부를 거의 하지 않았던 내가 난데없이 독일어 사전을 펼쳐놓고 원서를 탐독하려고 했던 건 당장 창작은 어려우니 번역을 해서 생계를 도모하겠다는 야심찬 준비 과정이었다. 하지만 일주일을 가지 못했다. 기초가 없어 머리만 아팠고, 번역가가 된다는 그림이 어울리지도 않았으며, 무엇보다 다음 문장을 다시 마주했을 때 여전히 나는 비겁한 존재로 어정쩡하게 사는 인생의 낙오자라는 생각을 버리기 힘들었기 때문이었다.

"11. Die Philosophen haben die Welt nur verschieden interpretiert; es kommt drauf an, sie zu verändern.(철학자들은 세계를 단지 다양하게 해석해왔을 뿐이다. 하지만 중요한 것은 세계를 변화시키는 것이다.)"

농구장에서 땀범벅으로 이겨도 그만 져도 그만인 농구를 직접 하는 것보다 이전투구의 몸동작을 부산하게 움직이는 그 공간 너머로 떨어지는 해를 보며 인간 사유를 하는 게 멋져 보였던 내게 다시 나타난 이 문장이 한때 청춘을 실천의 장에 던졌어도 여전히 변하지 않는 내 의식을 명확히 드러낸 것 같아 며칠을 방황했다. 무얼 하기보다 무얼 하지 않는 게 나을지도 모르는 삶, 그렇다고 놀고먹을 경제적 존재도 아닌 삶, 혼돈으로 뿌옇게 흐려지는 앞을 가르며 걷고 또 걷다가 전봇대에 붙은 '한겨레신문 배달원 모집' 공고를 보고는 그날 바로 전화를 걸었다.

배달원보다는 총무를 하라는 권유를 받아들여 몇 달 동안 단 한 권의 책도 읽지 않았고, 신문도 보는 둥 마는 둥 하며 지내던 어느 날 새벽 아파트 단지 위로 빨갛게 솟는 해를 보며 '이제 창작을 해야지'라는 문장이 마음에 스미는 것을 느꼈다. 그러고는 단편소설 한 편을 습작한 다음 곧바로 짐을 꾸려 집을 떠났고, 1년 뒤 천행인지 불행인지 전태일문학상 단편소설 부문에 당선되어 소설가라는 타이틀이 내게 덥석 붙게 되었다.

꽃만 탐닉하는 즐거움

"의식(das Bewußtsein)은 의식된 존재(das bewußte Sein) 이외의 그 어떤 것도 아니며, 인간의 존재는 그의 현실적 삶의 과정이다"는 《독일 이데올로기》에 나오는 문장인데, 이 사고 틀에 매료되어 나는 정신이 우선시된다는 순수 관념 같은 걸 버리고, 내 존재라는 지위를 높이려고 애를 썼지만, 먼 목표는 늘 좌절만 주었다. 그래도 지금껏 열심히 살려는 자세를 유지하는 것은 삶의 끝에 도사리고 있는 허무주의적 관조가 완전히 증발되지는 않았지만 언젠가 삶의 비밀을 조금은 엿보지 않을까 하는 기대가 남아 있기 때문이다.

그런데 여전히 금기의 영역으로 간주되며 내게 공포의 올가미를 조이는 게 있는데, 그것은 북한 이데올로기였다. 어린 시절부터 반공교육을 받고 자랐기에 이를 극복한다는 게 여간 어렵지 않았는데, 학생운동을 하면서 북한에 대한 시각을 바꾸어야 했고, 급기야는 주사파냐, 민민투냐, 종북이냐, 친북이냐, 민족이냐, 계급이냐 등등에 대한 노선 논쟁이 벌어지면서 극도의 혼란을 겪었다. 그것은 대학교 2학년 때 황혼에 어둠이 물들어가는 미네르바 동산에서 다음과 같은 말을 들었을 때보다 더 심란했다.

"우리가 하는 거는 단순한 민주화가 아니야. 우리는 노동자와 농민이 주인 되는 사회주의혁명을 하게 될 거야"라는 선배의 말에 나는 "그럼 북한처럼 하자는 건가요"라고 되물으니 선배는 "아니, 우린 마르크스-레닌주의를 따르는 혁명을 할 거야"라고 의미심장하게 말했다. 마르크스-레닌주의가 만드는 세상을 실감할 수 없었던 나는 북한처럼 하지 않는다는 말은 괜찮아 보여 학생운동을 이어갔는데, 감옥에 다녀온 뒤 번지는 주체사상 관련 내용을 접하며 진하게 박힌 반북교육을 이겨내기 힘들었고, 결국 이것도 저것도 아닌 상태로 살려고 제도 속으로 들어가버렸다.

군부독재라는 주적(主敵)이 확고부동했던 시절이 지나면서 제도 정치 색깔도 다양해졌는데, 국가의 명에 의한 통합진보당의 강제 해산을 보면서 북한 이데올로기 영역만은 감정 흡수력이 정말 높다는 생각을 지우기 어려웠다. 그래서 북한과 관련될 수밖에 없는 이야기를 느낀 그대로 펼치게 되면 긴 분단의 세월 동안 우리가 만든 이데올로기 안에서 곤란한 시선을 받을지도 모른다는 생각도 늘 남아 있었는데, 그날이 다가오고야 말았다.

맨 먼저 2019년 창경궁에서 숲해설을 할 때였다. 김일성 주석이 '꽃 가운데 왕'이라며 극찬했던 함박꽃나무가 그곳에 있어 어떻게든 이야기를 풀어야 했다. 나도 실물은 처음 보아서 신기하기는 했는데 꽃이 피어 있지 않아 그 아름다움을 몰랐다. 목련과 나무이니 목련꽃으로만 여겨 간단히 해설을 하고 덧붙여 북한에는 북한 국화로 불리는 함박꽃나무 말고도 팔레놉시스 계열 덴드로비움에 속하는 원예품종인 김일성화와 꽃베고니아 재배품종인 김정일화 가 있다는 내용으로 마무리했다.

함박꽃을 직접 보지 못하고 해설을 했다는 불편함이 남아 있던 이듬해 우리 동네 가까운 공원에서 꽃이 핀 모습을 보게 되었다. 그 느낌을 이렇게 남겼다.

"땅을 향해 피고 있는 함박꽃 밑에 서서 코를 꽃 속으로 들이미 니 난생처음 맡는 듯한 강렬한 향기가 어지럼증을 일으키면서 본 래 부실한 내 몸을 땅바닥으로 내동댕이칠 것 같았다. 잠시 휘청 하고는 또다시 코를 쑤셔 박을 듯 넣으니 신나보다 진하고 본드보 다 연한 듯한 냄새가 피부를 뚫고 온몸 구석구석으로 번져 나가는 것 같았다. 마치 연못이 아니고 땅 위에 핀 연꽃에 내가 빠져 들어 가면서 열반에 이른 듯 극도의 행복감이 나를 팽창시켰고, 이는 찰나적으로 나를 소멸시켰다."

김일성 주석과의 연관성을 끊고 홀로 꽃 자체를 탐닉하니 이처 럼 아름답고도 황홀한 꽃이 또 있을까 싶었다. 그 뒤로 곰배령 함 박꽃나무를 비롯해 산에 자생하는 함박꽃나무를 볼 때마다 최고 의 묘사를 해주고 싶다는 생각이 늘 앞섰는데, 오히려 그럴 때마다 안개처럼 불쑥 북한 이데올로기가 틈입하면서 실행에 옮기지는 않았다.

헤세의 함박꽃나무

함박꽃나무 자체를 좋아하면서도 떠올릴 때마다 연결되는 북한 이데올로기를 무겁게 여기고 있던 무렵, 뙤약볕에 지친 것도 있고 북방계식물전시원을 못 봤다는 실망도 커 온몸의 힘이 빠지고 있었는데, 넓은 잎 아래에서 흰 눈보다 더 하얗게 빛나고 있는 함박꽃을 보고는 감사의 쾌재를 부르며 얼른 다가가 사진에 담았다. 그곳은 펀치볼 저 앞의 능선 너머가 북한인 강원도 양구 국립DMZ자생식물원이었지만, 그래서 북한 이데올로기가 더 피부 가까이 접촉하는 민통선 안이었지만, 감동적으로 공유할 만한 이야깃거리를 찾아내지 못해 낙담하고 있던 내게 다가온 함박꽃나무가 마치 골 깊은 이데올로기를 증발시키며 남북통일이 된 듯 그렇게 기쁠 수가 없었다.

DMZ자생식물원을 찾은 목적은 북한 자생식물의 모습을 보기 위한 것도 있었고, 인간의 인위적 선(線)인 국경이 없는 식물 사유를 통해 기존의 북한 이데올로기에서 벗어나 무뎌지는 통일 바람도 다지고 싶었다. 나의 작은 통일 열기가 얼마만큼의 영향을 미칠지 모르지만, 내 온전한 사유에 장애가 되는 분단이 꼭 종식되기를 바라는데, 거기에는 식물 공부를 하면서 알게 된 것도 크게 작용했다. 그것은 사람만 보며 사유를 했던 내 성찰이 결국 동물적인 인식이었을 뿐 동물을 있게 한 식물적인 인식은 전무한 반쪽의 오류라는 걸 절감하게 되었기 때문이다. 식물과 동물의 사유가 통합되는 길, 남과 북이 하나로 되는 날, 이 당위적인 희망은《DMZ

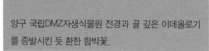

양구 국립DMZ자생식물원 전경과 골 깊은 이데올로기를 증발시킨 듯 환한 함박꽃.

의 식물 155마일》 표지에 쓰여 있는 "이 책을 엮은 우리의 노력이 식물을 앞세워 현실의 휴전선을 지워나가는 길이 되었으면 합니다. 남과 북의 경계 없이 피고 지는 비무장지대의 식물처럼 말입니다"라는 문장에 간곡히 담겨 있는 것 같았다.

집으로 돌아와 라디오 방송 자료 준비를 하는데 고민이 되었다. 식물과 사람, 남한과 북한, 통일에 대한 의지 피력 등을 어떻게 담아야 할까? 널리 알려진 내용으로 엮으면서도 내심 식물에 내려진 과도한 이데올로기를 배제하려고 했다. 그것은 지구 온난화로 적응에 애를 쓰는 식물이 우리가 만든 이데올로기에는 아무런 관심이 없기 때문이었다. 우리도 마찬가지다. 시대별로 살기 위해 만든 이데올로기, 이제는 변해가는 환경에 대한 생존 이데올로기만이 급박할 뿐이다.

라디오 방송에서 김일성 주석이란 말을 한 게 내 북한 이데올로기에 어떤 변화를 줄지 아직은 모른다. 그러면서 나는 더 나은 궤도 수정을 내게 요구한다. 정말로 식물에 그 어떤 이데올로기도 씌우지 말고 식물을 온전히 향유하라고 말이다. 그 결심을 굳혀준 것은 헤세의 함박꽃나무에 대한 글이다.

"꿈처럼 경이로운 소재, 숨결처럼 약하지만 그래도 단단한, 그렇다, 튼실한 실체다. 나의 커다란 함박꽃나무는 날마다 눈처럼 하얗고 순수한 꽃들을 매달고 있으니 이 꽃들은 언제나 동일한 꽃 같다. 나무에서는 신선한 레몬향을 연상시키는 하지만 그보다 더 달콤하고 순수하며 자극적인 귀한 향기가 내 서재로 풍겨온다."

문득 이데올로기 무섬증으로 무너진 청춘 시절《독일 이데올로기》가 아니라 헤세의 원서들이 손에 들어왔으면 어떤 인생이 펼쳐졌을까 하는 상상이 피어오르지만, 다 날아간 향기들, 이제부터라도 나의 주관적 향기가 아니라 식물 그 자체에 빠져보리라. 오직 식물처럼.

안목과
서울 강북구 우이동 솔밭공원
쇠뜨기

나무의 비언어적 소통이 보태줄 안목

그림 보는 눈도 없고 감정이입도 절벽 같아 미술관과는 거리를 두었던 내게 글쓰기 수업을 하면서 고흐가 다가왔고, 숲해설을 하면서 또 고흐를 마주해야 했다. 글쓰기에서 고흐가 등장한 강의는 '콘텍스트와 텍스트 글쓰기'였는데, 우선 다섯 개의 제시 단어인 '별, 사랑, 헤어지다, 바닷가, 칼날'을 보여준다. 이를 시어로 삼아 시를 써보고는 정호승의 〈우리가 어느 별에서〉와 비교해본다. 그러고는 "모든 글은 언어 사용자의 콘텍스트 속에서 쓰여지는 텍스트입니다. 하지만 우리는 콘텍스트를 추론할 뿐 그 진실을 알지 못합니다. 텍스트에 나타난 언어가 표상을 갖고 있다고 보고는 그걸 중심으로 콘텍스트에서 텍스트만을 추론해나갑니다"라고 말한다. 이 내용을 전했던 이유는 글은 글을 쓰는 사람의 삶에서 나오는 것이기에 자신의 글이 시대의 기준에서 볼 때 뛰어나 보이지 않아도 개의치 말고 계속 쓰는 게 중요하다는 말을 하기 위해서였고, 그 예로 문장을 만드는 작가가 아닌 비언어적 느낌이 강렬한 화가 고흐의 삶을 공유했다.

숲해설을 하면서 고흐에 다다르게 된 것은 나무의 연결성이었다. 땅속뿌리에서 줄기를 올려 하늘로 향하고 있는 나무의 모습은 오랫동안 우리 삶의 좌표였다. 죽음이라는 땅속 공간과 영원한 삶이라는 하늘의 공간을 연결해주는 상징성을 가지고 있는 나무가 높은 건물에 눌려 그 의미가 퇴화해버린 것을 되살리는 과정에서 고흐가 필요했는데, 탑골공원 낙우송 앞에서 나는 "고흐는 말년에 우울증에 걸려 정신병원 생활을 했습니다. 3층 병동에서 창밖을 보는데 유럽에서 죽음을 상징하는 사이프러스가 보였습니다. 고흐는 땅에서 자라는 나무가 하늘에 닿아 있는 모습을 보면서 땅의 삶과 하늘의 죽음이 둘이 아니라 하나라는 것을 알았습니다. 그후 고흐는 사이프러스를 계속 그렸습니다. 그러면서 죽음의 공포보다 삶을 다시 느꼈습니다. 아마 사이프러스를 통해 말년에 안식을 취했을지도 모릅니다"라고 말했다.

짧은 시간이지만 고흐의 삶을 언급하기 위해 예의를 갖춰 관련 서적을 읽어야 했고, 피상적으로라도 흐름을 알려고 미술사를 보면서 왜 유독 내가 고흐에 끌리는지 감을 잡게 되었다. 그것은 고흐의 그림이 던지는 전율도 작용했지만, 시대의 안목에 띄지 못해 불우하게 살다 간 그의 삶에 나를 이어다 붙였기 때문이다. 시를 쓰면 시인이 되고, 소설을 쓰면 소설가가 되고, 수필을 쓰면 수필가가 되고, 희곡을 쓰면 극작가가 되고, 영화나 드라마 대본을 쓰면 시나리오 작가가 되지만, 그 타이틀을 얻기가 쉽지 않고 되었다 하더라도 수많은 대중의 안목에 환호 받는 경우는 소수다. 그래서 내가 터득한 게 장르 같은 거 없고 그저 꿈같은 삶을 있는 그대로 씨나가면 삶이 좋아지니 무엇이든 문장으로 만드는 게 좋다고 강변하는데, 거기에는 당대의 안목에 선택받지 못한 자괴감을 극복하려는 애틋함이 불손하게도 고흐로 연결되었던 것이다.

"저를 모르시는 분들이 많이 계실 테지만, 내 삶을 쓰는 글쓰기에서는 크게 도움을 드릴 수 있으니 마지막 날까지 함께해주시면 고맙겠습니다." 읍소하듯 애걸조로 말을 하면 "잘 쓰는 거 하고 가르치는 거는 다르지 않을까요?"라는 말이 들려오곤 하는데, 그럼 용기를 얻으면서도 속으로 '그렇게 못 쓰지도 않는데'라는 위악을 갖고 수강생들과 좋은 시간을 보냈던 것 같다.

역사의 죄인

"당대에 안목 높은 이가 없다면 그것은 시대의 비극이다. 천하의 명작도 묻혀버린다. 많은 예술 작품이 작가의 사후에야 높이 평가받은 것은 당대에 이를 알아보는 대안목이 없었기 때문이다. 미를 보는 눈이든 세상을 보는 눈이든 당대의 대안목을 기리는 뜻이 여기에 있다."

유홍준의 《안목》에 나오는 글이다. 그렇다면 고흐를 알아보지 못한 당시의 안목은 어떻게 평가 내릴 수 있을까? 고인이 된 고흐

입장에서 보면 그림을 보는 그때의 시선이나 관점이 낮은 수준이었다는 평가는 무의미할 것이다. 다 지난 일 아닌가.

그런데 현재 살아 있는 내게 안목이 없어 내 존재가 빛나지 못했던 경우가 있었다. 만일 그때 숲해설가를 하고 있었다면 안목이고 취향이고를 떠나 언어적 분석 없이 비언어적 본능으로 덥석 당겨서 나쁜만이 아니고 어려움을 겪고 있었던 〈월간 말〉이 더 오래 역사를 이어갔을 텐데, 식물에는 도통 관심이 없어 기사회생의 계기를 접하고도 정중한 거절만 했으니, 참으로 통탄할 일이었다.

2001년부터 5년간 나는 〈월간 말〉 출판부장으로 일했다. 시대의 흐름 때문인지 독자가 줄어드는 〈월간 말〉의 재정 확보를 위해 단행본 사업을 신설했는데, 그곳에 계신 분과 인연이 있어 기획 책임자가 되었고, 〈월간 말〉의 정신을 계승하면서도 수익을 낼 수 있는 아이템을 찾았다. 내 삶으로 길러진 내 안목에서 처음으로 찾아낸 책은 번역서인 《반세계화의 논리》였고, 그해 우수학술도서로 선정되면서 대박은 아니어도 손해는 보지 않았다. 홈런은 못 쳐도 1루타는 친 셈이어서 열의를 갖고 새 원고를 찾고 있는데, 역시 〈월간 말〉에 계신 분과의 인연을 따라 온 황대권 작가가 《야생초 편지》를 보여주었다. 정치색이 짙은 잡지사에서 억울한 간첩죄로 오랜 기간 감옥생활을 하신 분의 글은 출간에 아무런 문제가 되지 않았는데, 장르가 야생초를 키우며 고통의 삶을 견뎌낸 에세이라는 인식에 닿자 선뜻 잡을 수가 없었다. 결국 그 원고는 안목 좋은 기획자에 의해 다른 출판사에서 출간되었고, MBC 느낌표 선정도서가 되면서 초대박 베스트셀러가 되었다. 만일 〈월간 말〉에서 나왔다면 MBC 느낌표 선정도서가 되지 않았을 수도 있다는 안이한 안위도 있었지만, 선정도서가 되기 전에 이미 상당수의 판매를 기록했다는 걸 알고는 원고를 볼 줄 모르는 내 안목에 질타를 가했다. 그 후 단행본 사업은 적자가 가중되었고, 나는 민주화에 큰 획을 그은 역사적인 〈월간 말〉에 죄만 지은 꼴이 되었다.

있는 것과 있어야 할 것

안목은 어떻게 길러질까? 〈남해안신문〉에 연재된 '신병은 시인의 시 줍는 법, 시 먹는 법 34'를 보면, "세상에는 '있는 것'과 '있어야 할 것'이 존재한다. '있는 것'이란 현재 작품에서 보여지고 드러나는 것이고, '있어야 할 것'이란 그 작품이 지향하는 바나 그 작품 이면에 존재하는 일종의 전제된 메시지를 뜻한다"라는 글이 있는데, 황대권 작가에게 야생초는 단순히 눈앞에 있는 볼품없는 형상이 아니라 장엄한 생명을 추동해내는 지향성이 깃들어 있는 존귀한 존재였던 것이고, 나는 먹지도 못하고 아름답지도 못한 미물로만 인식했기에 야생초에 깊이 박힌 비언어적 몸부림은 감조차 잡을 수 없었던 것이다.

하지만 나무 공부를 하면서 《나무 다시 보기를 권함》에 나오는 "사람과 마찬가지로 나무도 자신의 몸 상태가 어떤지, 어디로 가고 싶은지 등 자신의 마음을 겉으로 표현한다"를 숙고하면서 야생초에 대한 생각이 많이 바뀌었는데, 여전히 그 풀이 그 풀 같아 분별을 해내지 못해 발길을 멈추고 오래 들여다보지는 않고 있다. 거기에는 어릴 때 기억이 강렬하게 트라우마로 작동하곤 하는데, 초등학생이 되기도 전에 소여물을 쑨다고 들에 나가 풀을 베어와 작두로 써는 걸 돕다가 왼손 새끼손가락 첫마디가 달랑달랑해진 적이 있었고 그 상처 자국은 지금도 선(線)으로 남아 있다.

그래서 야생초를 가까이 끌어오지 못한 건지 숲 아래 드리우고 있는 풀들에 대한 공부에 열의 없이 지내는데, 숲 교육을 위해 서울 강북구 우이동 솔밭공원에 가게 되었고, 부슬비 맞으며 맞닥뜨린 경주 삼릉 소나무숲 같은 풍경에 정신이 아득해지는 것 같았다. 서울 중심은 아니지만 그래도 주택가와 큰 도로에 둘러싸인 도심에서 수백 그루의 키 큰 소나무가 군락을 이루고 있는 그림은 답사라는 품을 팔지 않고도 향유할 수 있어 물리적으로 좋았고, 담아놓은 느낌이 그리워 다시 보고 싶을 때에도 부담 없이 길을 나설 수 있어 친근감이 배가되었다.

비가 그쳐가며 햇살이 엷게 비치자 소나무의 붉은 껍질이 공원의 푸른빛에 균열을 내며 다양한 식물들이 있다는 걸 확인시켜줄 때 내가 본 삼릉 소나무숲이나 서오릉 숲과는 다른 구도가 보이기 시작했다. 소나무숲 아래에서 보리밭처럼 촘촘히 고개를 들고 맥문동, 원추리, 비비추, 옥잠화 등이 짙푸른 물결을 이루고 있는 것이었다. 그 시선에 발화를 당긴 건 노을빛으로 피어 있는 원추리였고, 정리를 해준 건 그 옆에서 빗방울을 잠시 거주시키고 있는 쇠뜨기였다.

우이동 솔밭공원 정경과 쇠뜨기. 쇠뜨기는 소나무의 피톤치드 아래서도 강인하게 뿌리를 뻗는다. 지구 반대편까지 닿을 듯한 뿌리를.

보통 소나무는 갈로탄닌이라는 피톤치드를 공격적으로 내뿜어 주위에 여느 식물이 둥지를 틀지 못한 풍경에서 솔잎만 주로 보아왔던 것 같은데, 맨땅을 희끗희끗 드러내던 솔잎은 승화하고 백합과 식물만 현실을 지키는 낯선 사실화에 질문이 생겼다. 그래서 살펴보니 소나무의 이기성에 굴하지 않는 식물로 맥문동과 산거울이 있고, 환경에 따라 다른 나무도 생장할 수 있다는 걸 새롭게 인지하게 되었다. 홀로 지조 있게 산다는 고귀함이 퇴색되는 순간, 어디서든 잘 자라는 걸로 생각되는 쇠뜨기에 감정이입이 시작되었다.

쇠뜨기는 속새과 여러해살이풀로 흔하디흔한 풀인데, 소가 많이 먹는 풀은 아니지만 그래도 소가 먹어 쇠뜨기라고 한단다. 어릴 적 그 풀이 쇠뜨기였는지 기억이 없지만, 쇠뜨기와 관련해 회자되는 이야기를 알아보는 과정에서 쇠뜨기였기를 바라고 있는 나를 보고 기억은 조작될 수 있다는 걸 인정했다. 가장 널리 알려진 쇠뜨기 이야기는, 일본 히로시마에 원자폭탄이 투하된 뒤 모든 생물이 죽었는데 얼마 뒤 맨 처음 싹을 낸 게 쇠뜨기였다는 것이고, 뿌리와 관련해서는 뿌리가 너무 깊어 그 뿌리 끝을 찾으려면 지구 반대편으로 가야 한다는 것이었다.

일면 사실이고 일면 황당한 내용을 내재화하면 살아 있는 화석 쇠뜨기의 꽃말인 '되찾은 행복'이 뒤늦게라도 내게서 실현될 수 있을까? 신병은 시인은 "문학의 미적 범주인 비장미, 숭고미, 우아미, 골계미도 결국 세상을 어떻게 보느냐 하는 안목의 문제다"라고 했는데, 이제 숲해설가가 되었으니 '있는' 쇠뜨기에서 '있어야 할' 쇠뜨기를 보는 안목이 생겨 언젠가 또 올지도 모를 기회를 놓치지 않을 수 있을까?

《나무 다시 보기를 권함》을 보면, "나무의 소통 방식은 인간으로 치면 비언어적 소통에 비교할 수 있다"라는 글이 나온다. 즉 나무가 굳이 말을 안 해도 나무가 주는 모든 것을 신경 써서 관찰하면 "나무는 열린 책이자 열린 세상이 되어 줄 것이다"라는 것이다. 그래, 이제부터라도 온갖 식물에 다가가 비언어적 소통에 애를 써 보자. 그럼, 세상을 뜨겁게 껴안는 안목이 송구하지만 고흐처럼 아름답고 울창하게 자라지 않을까? 제발 그러길!

비교와
인천시 강화군 석모도수목원
다래

나무 비교가 가져다줄 최고의 은유

비교가 불행의 시작이라는 말에 강한 부정을 하면 행복의 지름길을 버리고 인생을 엇나가게 산다는 시선을 받는다. 법정 스님도 남과 비교하면 불행해지고, 《꾸뻬 씨의 행복 여행》에서도 행복의 첫 번째 비밀로 자신을 다른 사람과 비교하지 않는 것이라고 하는데, 더 나아가 수많은 현자가 있는 그대로의 자신이 지금 가진 것에 만족하며 살라고 일침을 가하는데, 나는 반대로 생각한다. 행복한 삶은 비교를 통해 내가 무엇을 알고 무엇을 모르는지, 물질이든 정신이든 내게 있는 게 무엇이고 없는 게 무엇인지를 세밀히 헤아리면서 채울 것은 채우고 비울 것은 비우며 사는 태도를 지녀야 얻을 수 있다는 것이다.

《행복의 기원》을 보면, "왜 생각을 바꾸는 것만으로는 행복해지기 어려운 것일까? 결론부터 말하자면 이렇다. 행복은 사람 안에서 만들어지는 복잡한 경험이고, 생각은 그의 특성 중 아주 작은 일부분이기 때문이다"라는 글이 있는데, 차이를 구분하는 비교 인식을 통해 생각이 만들어지는 우리가 잠시 비교를 묻고 행복을 얻을 수는 있겠지만, 생각 아래에서 꿈틀거리는 신산스러운 감정들이 끓는 물처럼 비교를 하고 있어 행복감은 오래 못 간다. 역사가들, 심리학자들이 발견한 전 세계의 행복 이야기를 모아놓았다는 《행복에 대한 거의 모든 것들》을 보면, "진정한 행복이란 단순히 '주관적으로 좋다고 느끼는' 삶이 아니라 '객관적으로 좋은' 삶을 사는 것을 의미하는 것이다"라는 부분이 있는데, 이 문장이 비교 금지라는 주관적 오류에서 벗어나 간헐적 단식 같은 행복감을 느끼는 데 필요한 이정표가 될 것 같다.

그렇다면 왜 비교를 통해서만 인식이 이루어지는 것일까? 《박문호 박사의 뇌과학 공부》를 보면, "'태초에서 모든 것이 시작되었다'는 표현은 물리학에서 태초에 '자발적으로 대칭이 붕괴되었다'는 표현과 같은 의미이다. 우주는 '대칭'과 '대칭의 붕괴' 두 가지뿐이다. '대칭 붕괴'의 결과로 모든 존재가 출현한다. 태초로 되돌아가면 대칭을 만나서 아무것도 없는 상태가 된다"라는 글이 있는데, 비과학자인 내가 느낌으로 이해한 바는 대칭성을 지향하는 우리 눈앞에 비대칭의 환경들이 연일 흐르고 있어 비교만이 생존력을 높일 수 있었기 때문이 아닐까 가늠해볼 뿐이다.

왕벚나무와 느티나무

비교하면 안 된다는 논리에 나름 반박의 근거를 가지고 사는 게 만족스러웠던 내게 식물의 세계를 알아야 하는 삶이 펼쳐지면서 비교 인식이 난공불락의 요새처럼 다가와 불행해질 때가 있다. 뻗은 가지 모양이 작살처럼 보여 작살나무로 보고 있는데 잎 전체에 톱니가 없어 좀작살나무라 하고, 연못가에서 핫도그 열매를 달고 있는 식물은 부들이겠거니 하는데 열매와 암꽃이삭에 거리가 있어 애기부들이 되고, 마로니에공원이라고 해서 느닷없이 고독해지는데 열매에 가시가 없어 일본칠엽수라 하고, 봐도 봐도 떡갈나무인지 신갈나무인지 갈참나무인지 졸참나무인지 굴참나무인지 상수리나무인지 곧바로 이름이 튀어나오지 않는 참나무과 앞에만 서면 위축되는 식물 동정이 새로운 삶을 버겁게 한다는 것이다. 그래도 조금씩 나무 공부에 진전이 있고, 불규칙하지만 거기서 밀려드는 기쁨이 식물을 몰랐던 시절에 깨달았던 기쁨의 질(質)보다는 그 진동수가 심하게 빠른 것 같아 블랙홀처럼 빨려드는지 모르겠다.

숲해설가가 된 뒤 앞만 보고 걷지 않고 옆의 나무를 올려다보는 습관이 생겨났는데, 처음에 머리를 가장 지끈거리게 했던 나무가 왕벚나무와 느티나무였다. 두 나무는 집에서 버스정거장 가는 길에 많이 있는데, 꽃이 피는 시절을 빼고는 자신감 있게 이건 왕벚나무, 이건 느티나무라고 확고히 말하며 지나가지 못했다. 가로 피목도 엇비슷했고, 기다란 달걀 모양의 잎도 두드러지게 차이가 나지 않는 것 같았다. 분명하게 비교를 못 하는 나를 질책하고는 그 자리에 서서 핸드북 도감을 보며 구별 포인트를 확인하고 가노 돌아서면 아무런 문장도 생각나지 않았다. 이대로 지나다니면 숨이 막혀 죽을 것 같아 하나만이라도 똑바로 기억하자며 변별점을 찾다 톱니에 생각이 꽂혔다.

잎 가장자리가 매끈한 열대림과 달리 온대림 수종은 원활한 증산작용을 위해 나무마다 갈라지는 각이나 크기가 다른 톱니, 즉 잎 가장자리에 톱의 날을 이룬 뾰족뾰족한 이 같은 게 가지런히 배열되어 있는데, 느티나무 잎은 톱니도 크고 각도도 크고 규칙적이다. 이에 반해 왕벚나무 잎의 톱니는 작고 불규칙적인데, 느티나무 톱니 끝에는 마감을 하듯 뾰족한 가시 같은 게 하나 고드름처럼 뻗어 있고 왕벚나무에서는 끝이 실처럼 흐느적거리는 듯한 모습만 볼 수가 있다. 좀더 들어가 느티나무 종소명이 '톱니가 있는' 이란 뜻의 'serrata'이고, 벚나무 종소명이 '잔톱니가 있는'이란 뜻의 'serrulata'라는 걸 기억하면 벌거벗은 겨울이 되어도 나무 아래 뒹구는 낙엽을 매만지며 '이거는 왕벚나무' '이거는 느티나무'라고 말하며 기뻐할 수 있을까?

린네가 기초를 세웠다는 식물분류학이 과학이 발달하면 발달할수록 더 세분화될 텐데 이제 갓 걸음마를 떼려는 초보 식물 애호가에게는 참으로 난감한 미래다. 이거 같은데 그게 아닐 것 같다는 전문가들의 식견을 접할 때마다 늦은 나이에 해나가야 하는 공부가 부대끼기만 하는데, 그게 쌓이다 보니 이 길은 내가 가야 할 길이 아닐 거라는 압박이 층층이 가중되며 떠나고 싶을 때도 있다. 행복하고 싶어 식물과 친해지려고 하는데 스트레스만 가을 낙엽처럼 수북해지면 누가 그 길을 서성이겠는가? 그래도 식물을 모르던 때의 삶과 식물을 알아가는 지금의 삶을 비교해보면 식물과 가까운 삶이 낫기만 해 오늘도 길을 나서는지 모르겠다.

다래와 개다래

"마치 허공을 나는 새가 아무리 날아도 걸림이 없는 것처럼 이 세상에 대한 집착 없으니 다시는 거짓된 집착에 따르지 않는다."

《법구경》에 나오는 말이다. 그래서 삶이 지치고 힘들 때 악착같이 매달려도 겉돌기만 할 때 배를 타고 섬에 가고 싶어진다. 육지라는 이승의 터전에서 벌어지는 온갖 일들을 내려놓고 물을 건너 고립된 듯한 저승 분위기에 잠시라도 머물면 무엇을 비워야 하고 무엇을 채워야 할지 그 항목들이 달처럼 둥두렷이 떠오를 것 같기 때문이다. 이승과 저승을 연결하는 배의 선미에서 비대칭 구름을 배경 삼아 대칭 날개로 끼룩끼룩 나는 갈매기라도 마주하면 백팔배든 삼천배든 그걸 통해 자유를 얻을 것 같은데, 서너 명을 태운 시내버스가 섬광처럼 석모대교를 건너고 나니 오래전 그 추억은 흔적조차 없이 새우깡 부스러기가 되어버린 것 같았다.

다리를 건너자마자 바로 내려 두 정거장만 걸으면 석모도수목원인 것 같았지만, 섬의 거리가 예측이 안 되어 순환하는 버스에 몸을 맡겨버렸다. 오래전《백수산행기》저자답게 거의 산만 다니던 시절, 갈매기 배웅을 받은 뒤 해명산, 낙가산, 보문사를 걸으며 보았던 풍경과는 다른 느낌이 전해져 놀랐는데, 그것은 논과 바다보다는 내가 거닐었던 산에 어떤 나무들이 있을까 하는 궁금증만이 가득 차올랐기 때문이다. 그래서 여느 정거장보다 오래 머문 보문사 주차장에서도 그때 먹었던 절밥 기억은 잎들의 톱니만큼만 떠올리고 빨리 석모도수목원을 거닐었으면 하는 바람으로 버스 밖을 서성거리고 있는 기사님에게 재촉의 눈총만 보내고 있었다.

하지만 섬을 반 바퀴 더 돌아 석모도수목원 입구에 내려 시골길을 걷는 동안 에어컨 바람이 시원하기만 한 버스 안이 그리워졌다. 뜨거운 볕이 등짝을 가문 논처럼 갈라지게 하는 폭염에 그늘을 드리우는 나무 하나 없이 보도 틈으로 야생초만 삐죽이 솟은 길을 캑캑거리며 걷다가 어쩌다 나무 세계가 내게 흘러왔나 곱씹는데, 방긋방긋 하얗게 뭉쳐서 웃는 수국들이 나타나자 주름진 인상이 예열된 다리미에 반듯하게 펴지는 것 같았다.

그래, 떼거리로 나를 반기는 무리가 이 세상에 어디 있을까 하는 마음이 들면서 이곳은 육지인의 저승도 아닌 섬사람들의 아름다운 이승일 뿐이라는 생각에 다다르자 오랜 시간 차를 탄 피곤도 사라지면서 계곡을 따라 길게 이어진 인공 풍경도 보였고, 그 옆으로 오솔길처럼 만들어지고 있는 산비탈 자연 숲길도 눈에 들어왔다. 그래서 아직 나무 이름표가 없을 것 같았지만 열사병보다 더 심하게 어지럼증을 느낀다 하더라도 나무 동정에 최선을 다하겠다는 각오로 숲으로 들어갔다.

녹색 열매를 충실히 매단 다래를 만났다. 이 나무가 저 나무 같을 때 열매를 매단 나무는 동정에 도움을 준다.

역시 이 나무가 저 나무 같고 저 나무가 이 나무 같은 나무들이 이따금 보이는 거미줄처럼 뱅뱅거렸지만, 오늘도 한두 나무는 정확한 비교를 통해 올곧게 체득해보자는 심산으로 한 발 한 발 내딛는데 서로 다른 잎들과 열매들이 줄기는 숨겨둔 채 실패한 파마머리처럼 엉겨서 저마다의 목표를 향해 질주하는 것 같았다.

가까이 가서 보니 옆에서 보면 삼각형 같고 내려다보면 사각형 같은 참빗살나무 열매가 올망졸망 모여 있어 나무 동정 하나는 끝났다고 보고 이 나무를 감고 올라간 덩굴식물이 무엇인지 잎들과 그 사이를 열심히 보는데, 불그스름한 잎자루 사이에 그보다 가녀린 열매자루를 뻗치고 그 아래에 둥그스름한 녹색 열매를 달고 있는 다래가 보였다. 따서 맛을 볼까 하다가 혹 가을에 이 열매를 찾아올 동물이 있을지도 몰라 꾹 참고 한참을 더 보다가 자리를 떴는데, 불현듯 개다래가 떠올랐다.

얼마 전 경기도 가평 잣향기푸른숲에서 녹색 잎이 하얀 잎으로 변색되어가는 개다래를 많이 봐서 그런 것인지 모르지만 혹 내가 본 다래 잎도 어디선가 변색이 시작되고 있을지도 모르는 것 아닌가. 더군다나 개다래 열매도 본 적이 없으니 다시 돌아가 확인해야만 했다. 그래서 뒷걸음으로 다가가 덤불 같은 나무 주위를 돌고 또 돌고 잎들 아래로 들어가 줄기 위를 보고 또 보았는데, 백색가루를 뿌린 듯한 모습을 찾지 못했다. 그래, 다래가 맞을 거야 하면서 다래 열매와 참빗살나무 열매를 보는데 검색을 통해 본 개다래 열매와 참빗살나무 열매가 왜 그리 비슷해 보이는지 회전하는 덩굴 줄기보다 더한 현기증에 슬픔까지 밀려왔다. 결국 함께 숲 공부를 하는 동기 분들에게 확인을 부탁했고, 참빗살나무와 다래 같다는 의견을 듣고는 안도를 했다.

또 긴 시간 버스를 타고 귀가하는데, 왜 남들이 아니라고 하는 비교에 집착하고 있는지 질문을 던져보았다. 〈나무는 제자리 있어도 숲이 된다〉라는 블로그에 올라온 글 가운데 "사고가 은유적이어서 사고는 비교에 의해서 진행되고 비교로부터 언어의 은유들이 유도된다(Richards, 1936)＝상호작용설(interaction theory)"라는 인용문이 있는데, 은유 공부를 할 때 열심히 들여다보았던 문장이다. 그랬던 것 같다. 비교를 통해 나만의 최고 은유를 만들어 행복해지고 싶었던 것 같다. 혹 식물이 그 빛나는 은유를 만들어 줄지도 몰라 그저 달려가는 것 같다. 그래, 가는 데까지 가봐야겠지. 식물이 도와준다는데.

긍정과
국립세종수목원
나무고사리

나무가 알려줄지도 모를 새로운 긍정

나무로 나를 드러내려고 나무 공부를 하고 있지만, 나무로부터 핵심 지혜를 얻으려 애쓰고 있지만, 공부 내용을 망각하지 않으려고 숲해설을 하고 있지만, 그래서 숲에 자주 가면서 숲을 아껴야 한다고 힘주어 말하지만, 그게 전부일 뿐 나는 생태주의자도 환경주의자도 아니다. 즉 성장주의 가치관이 생태계 변화의 주된 요인이기에 수정해야 하고, 인간은 최고 우위에 있는 존재가 아니라 이음줄 음표에 불과하니 인간 중심적 사고에서 자연 중심적 사고로 옮겨야 한다는 것인데, 이것은 어디까지나 현상을 부정하는 인식 활동의 일부분일 뿐 뜻대로 다가올 긍정의 미래는 되기 어렵다는 생각 때문이다. 지금도 우리는 빠른 속도로 빠른 연결을 통해 빠른 성장 수치를 만들어내는 데 전력을 다하고 있지 않은가? 그래서 오래전 지구의 생물들이 만들어놓은 퇴적물을 연료라는 이름으로 마음껏 불태우고 있지 않은가? 전기를 사용하지 않고서는, 차나 비행기를 타고 이동하지 않고서는 성장을 멈출 의견도 호소할 수 없지 않은가?

'석유를 위한 전쟁이냐, 태양에너지를 통한 평화냐'라는 물음을 제기하고 있는《생태주의자 예수》를 보면, "우주적 지성, 창조적 지성은 모든 짐승과 식물들을 필요로 하고, 그것들을 원하고 사랑하는 것과 꼭 같이 바로 당신을 원했노라고. 하나님이 그렇게 우리를 좋아한다는 앎이야말로 모든 정신적 성장의 기반이다. 정신적으로 성장하는 사람은 우리의 자연스러운 삶의 토대를 파괴하는 외적인 성장에 더 이상 사로잡히지 않는다"라는 글이 있는데, 내밀한 연결과 외적인 성장을 일군 사람들에게 현실의 힘을 몰아주는 이 시대에 정신적 성장은 어떻게 만들어내야 할까? '인간 인지 능력의 생물학적 뿌리'를 파고 있는《앎의 나무》를 보면, "어떤 물체가 '저기 바깥에' 있다는 경험은 인간의 구조에 의해 특수한 방식으로 형성된다. 이런 뜻에서 인간의 구조는 기술(Beschreibung) 활동을 통해서 생겨나는 '물체'의 가능조건이다. 이러한 순환성, 행위와 경험의 뒤얽힘, 한편으로 우리의 존재방식과 다른 한편으로 세계가 우리에게 나타나는 방식 사이의 불가분한 관계, 이것들은 다시 말해 인식활동이 세계를 산출함(hervorbringen)을 뜻한다. 인식의 이런 속성이야말로 우리의 문제이자 출발점이며 탐구의 길잡이이다. 이 모든 것을 다음의 경구로 간추릴 수 있겠다. 함이 곧 앎이며 앎이 곧 함이다"라는 글이 있는데, 자연은 그저 표류할 뿐이고 우리는 동일한 의미부여 없이 구조적으로 인식할 뿐이라는 것이다.

진화는 목적이 아니라 결과라고 하는데, 현실 직시를 통해 미래를 긍정하는 스톡데일 패러독스는 목적주의일까, 결과주의일까? 만일 그가 살아남지 않았다면 만들어지지 않았을 이 개념이 진화의 기본이 아닐까? 최고의 생존을 위해 안락한 미래를 목적할 뿐 현실은 개체나 종에 따라 죽기도 하고 살기도 하는 상반된 결과를 내는 것 말이다. 그래서 패러독스는 삶을 유의미하게 만드는데, 《창조론: 과학시대 창조신앙》에서 저자가 인용한 위르겐 몰트만의 "성서의 언어 이미지를 제하고 말하자면, 인간은 세계의 의미나 목적이 아니다. 인간은 진화의 의미나 목적이 아니다. 우주 발생은 인간의 운명에 매여 있지 않다. 오히려 그 역이 참이다. 곧 인간의 운명이 우주 발생에 매여 있는 셈이다"라는 문장을 새겨보게 되면, 6대 멸종을 부추긴다는 인간의 행위로 지구가 위험에 처해 있다는 주장도 종(種)의 운명이 단절되는 공포를 두려워하는 생물학적 인식일지도 모른다는 생각이 든다. 우리가 지구의 주인이라고 자처하지만 우주는 거들떠보지도 않기 때문이다.

긍정은 그러려니 하면서 사는 거

숲해설을 하다 보면 자연 사랑을 말하는데, 뜨거워지는 지구를 보면 닭살 멘트가 되는 것 같아 부끄러울 때가 있다. 성장주의자는 아니지만 내 영역이 성장하기를 간절히 바라고 있고, 인식 행태에서만 생태와 환경을 이야기할 뿐 의식주 활동은 성장주의가 만든 문명의 혜택을 즐겁게 누리고 있기 때문이다. 그래서 내 자신이 모순을 느끼며 민망한데, 그때마다 나는 긍정이라는 단어를 떠올린다. 나빠도 좋다고 생각해야 좋게좋게 잘 된다는 긍정이 아니라, 있는 그대로를 직시하면서 심하게 부정과 비난과 비판의 목소리를 내지 않고 마치 흐르는 강물에서 도(道)를 건진 싯다르타처럼 결과나 목적에 구애받지 않고 그러려니 하면서 살아가는 게 건강에 좋다는 걸 알았기 때문이다.

가톨릭대 정신건강의학과 교수이자 긍정학교 교장인 채정호 님이 세바시(세상을 바꾼 시간)에서 강연한 동영상을 보면 첫머리에 "긍정에 대해 잘못 생각하고 있는 게 있는데 긍정은 좋게 생각하는 것이 아닙니다. 상황이 안 좋은데도 좋다고 생각하는 것은 왜곡이고, 그 이상은 망상입니다"라는 충격적인 말이 등장한다. 나는 모든 현상과 사건을 의심부터 하고 그 이면에 다른 진실이 숨어 있을지도 모른다는 의견을 내곤 하는데, 그래서 부정성이 강한 사람으로 인식되어 있는데, 책 만드는 일 때문에 긍정심리학을 접하고는 심한 갈등을 겪었다. 긍정성이 높아야 일이 잘 풀려 성공할 수 있다는 맥락으로 긍정심리학을 읽어냈는데, 그것은 내가 여태껏 긍정성이 낮아 일이 안 풀렸다는 의미와 일맥상통했기 때문이다. 일면 타당해 보여 화가 치미는 상황이 와도 격노를 누르고 행동과 말을 부드럽게 하려고 노력했고, 부당해 보여도 상대가 질릴 만큼 따져 묻지 않았으며, 지구에 드리운 암울한 수치가 더 솔깃

해도 지구를 살려야 한다는 목소리를 크게 내지 않았고, 그러려니 하는 시선으로 현재를 있는 그대로 직시하고 인정하는 게 긍정이라는 채정호 교수의 말을 적극 수용하며 지냈던 것 같다. 그래도 불뚝하는 성격이 누그러들지 않아 피해를 줄 때가 있어 늘 모순을 안고 있지만, 나의 긍정 개념은 현재의 삶에 도움이 되는 인식 활동인 것 같다.

석탄이 된 나무고사리

《지구를 위한다는 착각》을 보면, "저에너지 농경 사회로 돌아가자는 퇴행적 움직임으로 지금까지 이룩한 발전을 되돌리려 해서는 안 된다. 그래서 나는 기후 변화와 삼림 파괴, 멸종 등을 둘러싼 분노와 공포 조장을 지적하는 것이다. 우리는 그런 환경 운동이 키우고 있는 슬픔과 고독에 주목해야 한다"라는 글이 있는데, 처음 숲해설을 하면서 자극적으로 지구의 현실을 말했던 게 순간적으로 공포 분위기 조성에 일조했을 것 같다. 그래서 지금은 판단 불가라며 슬그머니 넘어가곤 하는데, 나무 공부를 하면서 사람도 자연도 바라는 대로 흘러가지 않는다는 걸 더 절감했다. 숲은 줄고 도시는 늘고, 생물다양성이 감소하면서 생태계는 흔들리고, 날이 더워지면 더워질수록 전기 사용량은 늘면서 대기 탄소량도 늘고, 자연 진화하는 식물보다 끊임없이 쏟아지는 선발 육종이 벅차기만 한 이 시대를 만들고 있는 것은 바로 우리다. 그래서 《모든 진화는 공진화한다》는 글에 나오는 "인간은 특이한 존재다. 아직 지구상에 나타난 지 몇백만 년밖에 되지 않았지만 이렇게 단일종이 지구 전체에 걸쳐 최상위포식자로 군림한 것은 지구 역사상 최초이다"라는 문장은 아프면서도 있는 그대로를 기술한 긍정이 된다.

모든 게 암울하면서도 비극이지만 이를 있는 그대로 인식하는데 커다란 도움을 주고 있는 게 현재 내게는 나무다. 생태를 말하면서도 먼 곳의 식물을 옮겨와 온실에 넣고 연구하는 게 고개를 갸우뚱거리게 하지만, 그래도 안쓰러운 그 나무에서 위안을 얻는 나를 보며 표리부동에 따끔하지만, 사람들이 하는 일이 다 그러려니 여기는 긍정성을 키우기 위해 수목원을 찾곤 하는데, 문득 많은 식물이 있을 것 같은 국립세종수목원에 가보고 싶었다.

안락한 KTX를 타고 금방 달린 뒤 버스로 그에 버금가는 시간이 걸려 국립세종수목원에서 내려 조금 걸었는데도 등에 금세 땀방울이 흘렀다. 그래서 표를 끊고 막상 온실 답사를 하려니 사우나탕이 떠올라 숨이 가빠왔지만, 안이나 밖이나 같지 않을까 하는 생각으로 실내 관람부터 하기로 했다. 먼저 지중해온실로 들어가 군데군데 에어컨 바람이 나오는 곳에 서서 올레미소나무·아카시아·바오밥나무·선인장·케이바물병나무·올리브나무·월계수·부겐빌레아 등을 보았고, 이어 열대온실로 들어가 다윈난·파파야·바나나·나무고사리·식충식물·맹그로브·인도보리수 등을 마주하고는 지친 몸을 달래고자 아이스크림을 하나 산 뒤 계절마다 전시 내용이 바뀐다는 특별전시온실을 밖에서 보고 있는데, 불현듯

국립세종수목원 나무고사리. 이들이 쓰러져 화석연료가 되어 인간의 문명을 촉진해주었다.

슬픈 생각이 들었다. 오로지 우리 눈의 즐거움을 위해 건물로 들어왔다 나갔다 하는 식물들에게 미안해졌기 때문이다. 그래도 그러려니 생각해야 마음이 편안해진다며 뜨거운 여름 온갖 곳에서 실려와 만들어진 달콤한 아이스크림을 먹는다는 것에 감사하며 방금 본 식물들을 다시 떠올려보는데 나무고사리가 아른거렸다.

나무고사리는 습기가 많은 열대지역에서 자생하는 고사리류를 말하는데, 우리가 먹는 작은 고사리와 같은 부류이지만 키가 10m까지 자라 나무처럼 보인다고 해서 나무고사리라고 부른다. 나무고사리도 고사리처럼 포자 번식을 하지만 물관과 체관을 가지고 있는 최초의 육상식물로 불리고 있으며 이 관다발이 식물 줄기를 단단하게 해 교목처럼 자랄 수 있다. 나무고사리는 석송, 쇠뜨기 등과 함께 석탄기 대표 식물인데, 이들이 쓰러져도 이들을 분해할 미생물이 없어 그대로 열과 압력에 의해 석탄이 되었고, 심한 벌목으로 마땅히 연료로 삼을 나무가 없을 때 발견되어 인간의 문명을 촉진해주었다.

생물이 만들어놓았던 석탄과 석유, 단기간에 이들을 사용하고 있어 급격히 변하는 지구 생태계, 그렇지만 언제 어디서든 아이스크림을 먹을 수 있는 매혹적인 인류의 일상, 그것을 위험으로 인식하면서도 멈출 수 없는 성장주의, 긍정과 부정이 칡넝쿨처럼 감겨 있는 이 현실을 어떻게 인식해야 할까? 《필경사 바틀비》에는 "I would prefer not to"라는 말이 자주 나온다. '안 하겠다'는 게 아니라 '안 하고 싶습니다'가 되는 이 말은 부정일까, 긍정일까? 자본주의 사회에서 노동의 부정은 존재 상실로 이어져 안 할 수도 없고, 긍정성으로 하자니 빈 공간 같은 존재가 되어 팽창하는 소외감으로 죽을 것 같고, 그래서 긍정도 부정도 아닌 긍정과 부정이 하나같은 모호한 문장이 나오지 않았을까? 혹자는 지구 생물종에서 우리가 가장 많은 노동을 하기 때문에 지구가 위험에 처하게 됐다고 하는데, 느리게 살아도 24시간 분주히 사는 나무에게서 배울 또 다른 긍정의 지혜는 없을까? 그래 더 귀를 기울여보자. 목적도 결과도 바라지 말고 그러려니 하면서.

경계와
전남 국립곡성치유의숲
칡꽃

경계를 구분 짓고 경계를 무너뜨리는 숲

"글은 잘 쓰는 걸 목표로 해서는 안 되고 꾸준히 써야 자기만의 세계가 만들어집니다." 글쓰기 수업을 듣는다는 건 속성 과외에 대한 갈망이 엄연히 있는데, 잘 쓴 글과 자신의 글에 대한 경계만 강조하면 강사에 대한 믿음이 사라진다. 그래서 고민 끝에 시인 선배가 들려주었던 두 가지 글쓰기 팁을 꺼내곤 한다.

먼저 '술이부작(述而不作)'이다. 《논어》에 나오는데, 내가 쓰는 글은 단지 저술한 것이지 창작은 아니라는 의미를 담고 있다. 겸손을 드러내기 위한 공자의 말이지만, '술이부작'의 태도는 억지 글이 아닌 진솔한 글을 만들어낼 수 있는 글쓰기 핵심 팁이다. 《앎의 나무》를 보면, "말한 것은 모두 어느 누가 말한 것이다"라는 문장이 있는데 이 문장을 이해하려면 기존의 말들을 열심히 탐독해야 한다. 그래야만 토대가 없는 망상을 쏟아내지 않게 된다.

다음으로 '선경후정(先景後情)'이다. 전형적인 한시 창작 기법인데, 문단 앞에서 과잉 감정을 드러내지 말고 그 감정이 오기까지 본 대상들을 있는 그대로 묘사하고 난 뒤 거기서 전해진 느낌을 정확한 문장으로 만들어내는 것이다. 그래야만 독자들도 문장에 감정이입을 할 수 있기 때문이다.

여기서 내게 문제가 된 지점은 대상에 대한 용어였다. 나무면 나무, 꽃이면 꽃, 좀더 들어가 줄기, 가지, 잎, 꽃받침, 꽃잎, 암술, 수술까지는 구분되는 것 같은데, 그 경계를 넘어가면 도통 헷갈려 자세하게 짚지 못하고 뭉뚱그려 묘사해버리고 만다.

"화피(화개)는 꽃의 제일 바깥쪽에 있는 변형된 비생식엽의 무리이다."

《식물계통학》에 나오는 글인데, 화피가 식물 어디를 지칭하는지 감이 오지 않아 찾아보았다. 화피(花被)는 꽃덮개라고도 하는데 일반적으로 꽃부리와 꽃받침의 구별이 없는 경우, 이 둘을 통틀어 이르는 말이라고 한다. 꽃부리를 몰라 검색해보니, 식물 꽃잎 전체를 이르는 말로 꽃받침과 함께 꽃술을 보호하는 곳이란다. 여기서 꽃이 달려 있는 구조가 또 궁금해 찾아보니 꽃대, 꽃줄기, 꽃가지, 꽃차례 등의 용어가 나오는데 돌이켜보니 지금까지 식물의 구조나 꽃의 구조를 정확히 모르고 느낌만 앞세워 문장을 만든 것에 창피함이 일었다.

경계 하나로 달라지는 삶

"범주화는 본능적으로 이루어지는데, 비트겐슈타인의 말처럼 세상의 존재하는 것들을 무리짓고 분류하고 이름을 붙이는 모든 과정에 관여한다. 라비만은 소리는 물리적으로 연속되어 있지만 우리는 음성음과 무성음을 나누어 지각하는 것과 같은 범주적 지각 경향을 가지고 있다고 하였는데, 이와 같은 범주적 지각 현상은 말소리뿐만 아니라 우리의 경험 전반에 걸쳐 일어난다."

《언어와 인지》에 나오는 글인데, 범주화 양상을 안개를 예로 들어 말한다.

"안개는 짙은 안개에서 흐릿하고 습기가 없는 안개까지 다양한 상태가 있으며, 안개의 정도는 경계가 없이 사실상 연속적이다. {영어 문화(fog, mist, haze), 네덜란드 문화(mist, nevel, waas), 독일 문화(Nebel, Dunst)} 위에서 보는 바와 같이 영국과 네덜란드는 독일과 달리 안개의 상태를 나타내는 데 있어 중간 단계의 단어를 더 가지고 있는데, 영국과 네덜란드는 해양성 기후 때문에 대륙성 기후의 독일보다 안개의 상태에 대해 더 세분화된 구분이 필요했을 것이라는 설명이다."

이 글에서 두 가지를 알 수 있다고 하는데, 물리적으로 연속된 대상에 선을 그어 이름을 붙이는 것이기 때문에 언어에 따라 그 경계가 다르게 나타날 수 있다는 점과 우리가 거의 모든 현상에 대해 어떤 방식으로든 경계선을 그어 범주화하고자 한다는 것이란다. 즉 우리는 이해를 명확히 하기 위해 쪼개고 또 쪼개진 것들에 대해 용어를 붙이고, 그것들을 묶어서 또 개념을 만드는데, 이에 대한 파악이 내게는 험난했고 나무 공부를 하면서 그 고개는 점점 더 높아만 갔다. 꽃잎 같은데 화피라고 하고 어디서 어디가 꽃대이고 꽃줄기인지 어떤 게 진짜 암술과 수술이고 어떤 게 퇴화한 암술과 수술인지 경계에 따른 명확한 용어 사용이 어렵고도 분명하지 않아 늘 곤혹스러웠다.

그럴 때마다 《원각경》에 나오는 "경계가 사랑하는 마음에 위배되면 미워하고 질투함을 내어서 갖가지 업을 지어 다시 지옥, 아귀에 떨어진다. 탐욕이 싫어해야 될 것인 줄 알고 업을 싫어하는 도를 사랑하여, 악을 버리고 선을 즐겨하면 다시 하늘이나 인간에 나타난다"라는 문장을 찾으며 경계 하나 사이로 달라지는 삶에 경각심을 갖고 통으로 생각하는 게 좋다고 여기지만, 나무 공부는 그걸 바라지 않기에 열심히 구조의 경계를 보곤 한다. 그 과정이 새로운 인식을 만들어주는 것 같아 버겁지만 해나가는 것이고, 그래서 주기적으로 숲을 찾아 경계와 비경계를 헤아려보는 것이다.

있는 듯 없는 듯한 경계
"절대 현혹되지 마라."

2016년 개봉했던 영화 〈곡성(哭聲)〉 포스터에 쓰여 있는 한 줄 문장이다. 그 무렵 무엇에 현혹되지 말라는 것인지 그 모호함 때문에 인상 깊게 보았고, 그래서 한 권의 책 기획서 쓰기 수업 시간에 제목 말고 자신의 책을 한 마디로 정리하는 한 줄 컨셉 쓰기 사례로 들곤 했다. 그러면서 곡성에 한 번 가야 한다는 의무감을 가지고 있었는데, 나무 공부가 나를 국립곡성치유의숲으로 이끌었다.

영화 〈곡성(哭聲)〉의 본래 제목은 지금의 곡성을 일컫는 곡성(谷城)이었는데, 무서운 영화라는 걸 알고는 군민들이 제목 변경을 요청했고 그래서 곡하는 소리라는 哭聲이 되었단다. 그런데 자료를 보니 이름 변천사가 있었는데, 신라시대 때는 곡성(曲城), 고려 때는 수많은 골짜기 때문에 장사꾼들이 교통이 불편하여 통곡한다고 하여 곡성(哭聲), 그러다가 께름칙해서 곡식 곡(穀) 자를 써서 곡성(穀城)으로 변경하니 조세가 많이 부과되어 '골짜기 곡'(谷) 자로 바꾸어 지금까지 내려오고 있단다.

이름에 부여된 의미만 보아도 우여곡절이 많은 곳 같아 상쾌하지는 않은데, 영화 이미지까지 겹쳐 있어 으스스한 기분으로 곡성역에 내려 택시를 잡았다. 국립곡성치유의숲에 가달라고 말하니, 60대로 보이는 기사님이 그런 데가 있나 하는 표정으로 우왕좌왕하며 내게 주소를 묻는다. 그래서 얼른 검색해 알려주니 내비게이션을 켜지 않고 일단 마구 달린다. 직선 도로를 달리는가 싶더니 그곳에서 방향을 틀어 논이 펼쳐진 작고도 굽은 길에 차를 세운다. 순간 음산함이 밀려와 더위가 싹 사라지는데 그제야 내비게이션에서 검색을 하고는 확실하지는 않으나 대략 알겠다는 듯한 얼굴을 보여준다. 그러고는 쌩하니 차는 앞으로 나아갔고 가는 동안 섬진강 안내판이 보여 아 저기가 섬진강인가 보다 하며 여기서 내가 무얼 해도 살기 어려울 것 같아 체념하듯 앉아 있는데 갑자기 중앙선을 넘어 산속 공사 구간을 터덜터덜 진입해 들어가는 것이었다. 긴장을 하고 차창 밖을 살피는데 오래된 나무에 흐릿해진 글씨로 국립곡성치유의숲이 쓰여 있어 안심한 것도 잠시 금방 누군가 뽑아서 던져버린 듯 삐딱하게 서 있어 심호흡은 거칠어지고 있었다. 그래서 얼른 내리겠다고 하니 기사님은 입구까지 가자며 앞으로 가는데 공포영화처럼 느닷없이 덤프트럭이 물웅덩이 빗물을 튀기며 다가왔고, 그제야 기사님은 택시를 길옆에 붙이고는 나를 내려주었다.

기사님에게 건넨 카드가 결제되는 걸 보고는 유령택시라는 기우는 사라졌지만, 검색을 통해서는 새로 단장한 곳 같았는데 멀리서 쿵쿵 소리만 들릴 뿐 길은 험악하기만 하니 뭔가 잘못되었다는 느낌이 들어 주변을 다시 찬찬히 살피자 정보를 제대로 파악하지 못한 내게 잘못이 있었다. 전화로는 입장 가능이라고 했는데, 알고 보니 국립곡성치유의숲은 운영을 하지만, 전남 지역 여름 최고 피서지인 청계동계곡은 수해를 입어 복구에 한창이었던 것이다.

영화 〈곡성〉처럼 내가 이상해질 염려가 사라지자 모기가 달려들든 말든 더위를 참기 어려워 바짓단을 무릎까지 올리고 나무를 보기 시작하는데, 경계 없이 엉켜 있는 각기 다른 푸른 이파리 위로 뾰족한 첨탑처럼 고개를 내밀고 있는 불그스름하면서도 자줏빛을 띤 꽃잎이 꽃줄기 아래에서부터 피어 올라가는 게 보여 얼른 다가갔다. 여름 숲에서 나무에 핀 꽃을 보기 힘들 무렵 화려하게

국립곡성치유의숲 칡꽃. 칡은 강인한 생명력을 상징하는 대표 식물이다.

피어나는 칡꽃이었는데, 꽃잎 안을 자세히 보니 나비 모양의 노란색 무늬가 물결지어 있었고, 그 아래에 바늘처럼 돋아난 암술과 수술도 언뜻 보이는 것 같았다.

콩과 덩굴식물인 칡은 길이가 10m까지 자란다고 하는데, 이 말은 그 이상은 잘 자라지 않는다는 뜻이다. 즉 숲의 무법자라는 인상을 주는 칡이 무한정 뻗어나가는 걸로 알고 있는데, 칡도 무한히 자라지 않는 특정 한계를 가지고 있는 식물이라는 것이다. 그래서 나무의 경계를 덮어버리며 천방지축 같은 생장을 한다는 말은 인식의 오류가 되는 셈이고, '흙 속의 진주'로 불리는 칡뿌리 등으로 우리 건강에 큰 도움을 주는 칡을 보며 느껴야 할 것은 햇빛을 많이 받기 위해 직립으로 자라는 식물처럼 되지 못한 운명임에도 최선을 다해 생장하며 술로도 담그는 그 아름다운 꽃을 피워내는 생명력이다. 마름모형과 심장형의 세 잎이 다닥다닥 늘어져 있어 나무와 나무의 경계를 무너뜨린 듯한 풍경 위로 꽃범의꼬리처럼 솟아오른 칡꽃은 칡이 존재하는 경계를 엄연히 보여주고 있어 호접몽 같은 분위기에 취해 있다가 그 사이에서 길쭉한 잎들이 손에 잡혀와 깜짝 놀라 뒤로 물러섰다. 개옻나무 같은데, 그럼 옻이 오르려나, 그러면서 나무와 나 사이에 더 넓은 경계 구역을 만들며 답사를 이어갔고, 여름 볕에 녹초가 되어 청계동계곡에 드리운 손바닥만 한 바위 그늘에 앉아 탁족을 시작했다.

명상 최고의 순간인 사물의 경계가 무너지는 느낌을 맛보고 있을 때 건장한 사내들이 처음에는 둘 다음에는 셋 그 다음에는 다섯 정도가 내 옆을 지나가는데, 맑은 계곡에 나뭇가지 하나 걸려 있지 않아 이기지도 못할 경계심을 풀고 넋 놓고 있다가 나도 모르게 슬그머니 자리에서 일어나 빠르게 그곳을 떠났다. 마치 영화 〈곡성〉의 아우라가 내게 재현되는 것 같아 몸은 다시 탱탱해지는데 산림청 산불감시 차량을 보고는 허탈했다. 타고 왔던 택시 기사님에게 다시 전화를 하는 나를 보면서 곡성 트라우마는 홀연히 사라졌고, "진작 청계동계곡이라고 하면 알아들었죠"라는 기사님의 말에 곡성(哭聲)은 이제 곡성(谷城)이 되었다.

곡성역으로 다시 돌아가는 길의 섬진강은 파닥파닥 생기가 돌았고, 강물과 경계를 이루면서도 경계를 무너뜨리는 숲들을 보며 또 살아갈 힘을 얻은 하루가 빛나기만 했다. 하루 경계 너머 또 올 하루도.

분투와
경기도 오산 물향기수목원
모감주나무

분투하는 식물에 대한 예의

우리 집 벽에는 백팔염주가 세 개 걸려 있다. 모두 내가 만든 것으로 하나는 조계사 신도교육에서 두 개는 템플스테이 결과물이다. 한 번 절하고 엎드려 하나 꿰고 한 번 절하고 엎드려 하나 꿰고, 이를 백팔 번 하면서 완성했는데, 그 뒤 절에 가지 않는 내가 그걸 늘 눈으로 보고 있는 건 뭘까?

우리 몸과 마음이 만드는 번뇌를 숫자화해서 탄생한 백팔염주, 이를 하나씩 손가락으로 당기면 평안을 얻을 수 있다는 마법의 도구, 이를 사용하지 않으면서도 작품처럼 들여다보는 것은 그때의 기억을 잃지 않기 위해서다. 그때 나는 뜻대로 되지 않는 삶이 괴물처럼 여겨져 숨통을 트일 탈출구를 찾고 있었다. 살아온 삶에서 방향을 틀어 새로운 인생 설계를 하기에는 기존 일도 못 했다는 자학이 상상 불허를 허락했고, 결국 급한 불을 끄려면 들끓는 화를 빠르게 삭이는 길밖에 없었다. 그래서 청소년 시절부터 관심을 두었던 불교를 찾았고, 경전이 주는 곤혹스런 사유의 기쁨이 아니라 몸 쓰기 싫어하고 만들기도 못 하는 내가 인내심을 발휘하며 매듭지은 백팔염주는 힘든 일이 불거질 때마다 골방에 틀어박힐 생각 따위는 접어두고 어디 산책이나 나가라는 주문을 하고 있었다. 그 명에 따라 움직이고 나면 고통스러운 언어들이 비워지면서 다시 살아갈 언어들이 배열되는 것 같아 버리지 않고 있다.

과학자들이 설명하는 진화사를 보면, 나무보다 수명도 짧고 키도 작고, 식물처럼 자기 치유 능력도 약하고 회복탄력성도 낮고, 그런데도 우리가 현재 지구 최상위 포식자 자리에 있는 것은 그저 우연일 뿐이라는데, 그 핵심이 커다란 뇌가 구조화시키는 언어의 외면화 인지 능력 덕분에 딱히 설명이 필요 없는 우주가 설명이 되고 있다는 것인데, 우리에게만 요구되는 그 스토리텔링의 시작이자 끝은 바로 본성을 알고 싶은 갈망이 아닐까 한다. 즉 우주는 왜 시공간을 만들고 있는지, 태양은 왜 뜨거워야 하는지, 지구에는 왜 생물이 살게 되었는지, 종(種)은 왜 최선을 다해 번식해야 하는지, 개체는 왜 죽음이라는 끝을 향해 달려가야 하는지 등등 막막하면서도 파란만장한 모습들이 왜 변주되는가에 대한 지독한 물음이다.

길가의 잡초에도 생김새에 따라 이름이 있어 막상 알려고 들면 왜 그리 헷갈리는지 갑갑하기만 한데, 폼 나는 인생을 살려고 장밋빛 계획을 세워 돌진하려 들면 헛발질만 하고 있어 답답하기만

한데, 도대체 왜 그렇게 움직여야 하는지 참으로 머리가 터질 때마다 되새겨보는 본성에 대한 답은, 성균관대 이기동 교수의 《대학·중용 강설》에 나오는 다음 문장이다.

"공자나 맹자의 설명에 따르면, 인간의 존재는 육체와 마음(정신)이라는 이중구조로 되어 있다. 이 가운데 육체보다 마음이 더 본질적인 것이라고 한다. 그리고 마음의 근원을 이루고 있는 것이 性이므로 결국 이 性이 인간존재의 본질이라는 것이다. 성이라는 글자의 모양은 마음(心)과 삶(生)이 결합된 형태로, '살려는 마음', '살려는 의지'로 풀이할 수 있다. 지금까지 나의 육체를 계속 살아오도록 유도한 근원적인 존재는 바로 이 '살려는 의지'이다."

사서삼경을 한 마디로 정리한 '살려는 의지', 나는 이 문구를 신조처럼 여겨오고 있는데, 살려는 의지를 이루는 본바탕인 물질도 항상성(恒常性)이라는 '살려는 의지'가 도도히 흐르기 때문에 이 우주는 그 시작과 끝에 대한 완벽한 설명이 없더라도 그저 '살려는 의지'로 생주이멸(生住異滅)한다는 게 현재의 내 생각이다.

살려는 의지가 분투로

"저 기억하시겠습니까? 몇 년 전 도서관 독서 모임에 나갔던 사람입니다. 그때 매주 한 권씩 책을 읽었던 게 습관이 되어 지금도 열심히 책을 읽고 있습니다."

핸드폰 너머로 들려오는 목소리가 바로 기억났다.

"제가 부서를 옮기게 되면서 거기에 참석 못 했는데요, 지금도 하고 있는지요?"

"저도 3년 전에 그만두어 모임이 있는지 잘 모르겠습니다. 그런데 무슨 일로?"

"제가 내년에 정년퇴직을 하는데요, 동네 도서관에서 독서 모임을 만들고 싶은데 조언을 구할까 싶어서요."

약속을 잡고 나서 벽을 보는데 노란 꽃무늬 리본이 장식되어 있는 '숲해설가 김서정샘《숲토리텔링 만들기》 대박!!!'이라는 사각형 종이가 눈에 들어왔다. 책 출간 뒤 가진 축하 모임에서 숲해설가 동기 분이 써준 게 고마워 계속 붙여놓고 있었고, 문구대로 대박 나기를 빌고 또 빌었지만 희망은 물 건너간 것 같다. 그 위로 강원도 양구 박수근미술관에서 가져온 입장권을 붙여놓았는데, 〈나무와 여인〉이라는 그림이 인쇄되어 있다. 양구에 데리고 가준 친구 덕분에 버킷리스트였던 박수근의 느릅나무를 보고 온 감동을 오랫동안 간직하고 싶기도 했지만 본심은 돌아가시고 나서 유명해진 박수근 화가처럼 되지 말고 살아서 잘되고 싶다는 소망을 붙잡고 있어서다. 하지만 이 역시 희박한 희망일 뿐이다.

서글퍼 고개를 돌려 주위를 보니 백팔염주가 힘을 내라고 응원하는 것 같았고, 그러면서 그때의 독서 모임이 아프면서도 장렬하게 떠올랐다. 오랜 외주 편집자 생활에 지쳐서《나를 표현하는 단숨에 글쓰기》책을 내고는 글쓰기 강사 문을 두드리고 다녔는데, 동네 도서관에서 마침 독서 모임을 만드는데 리더를 해줄 수 있겠느냐는 제의를 받았다. 그래서 2년간은 매주 두 개를, 마지막 1년간은 한 개를 꾸려갔고, 그 과정에서 글쓰기 강의도 하게 되었다. 각고의 고생 끝에 삶이 펴진 분들에 비하면 고생이랄 것도 없지만, 잘 되지는 않아도 그저 최선을 다하는 삶의 자세를 '살려는 의지'로 연결하면서도 거기에 나는 분투(奮鬪)라는 단어를 덧붙였다. 소박한 자원봉사비를 받으면서도 회원들이 요청한 책을 매주 두 권씩 읽는 것이 내게는 살겠다는 분투였고, 수없이 다양한 생각을 귀 기울여 듣고 난 뒤 어떻게든 정리 멘트를 해야 하는 자리도 우물 같은 비좁은 세계관에 갇혀 있던 내게는 분투였다. 그래도 편식하지 않는 독서를 알게 된 것에 감사하며 그때를 다시 떠올리는데, 묻혀 있던 상흔들도 마주해야 하는 만남이 다가오니 매번 내 딴의 분투를 하면서도 나아진 것이 없는 내 위치가 또다시 서글퍼 길을 나섰다. 늘 그렇듯이 늘 위안을 주는 나무를 보러 가기 위해서.

물향기에서 시궁창 냄새로

저녁 막걸리 맛이 좋으려면 땀을 많이 흘릴수록 농도가 진하겠지만, 여름 태양은 본성대로 뜨거운 열기를 내리누르고 있었다. 그래서 오산역에 내린 나는 오래 걷기는 바로 포기하고 천천히 걸어 경기도 오산 물향기수목원 안내판을 보고 있는데, 약속시간에 맞추려면 부지런히 걸어야 한다는 판단이 들었다. 본래 느린 걸음에 나무 공부를 하게 되면서 걸음이 더 느려졌는데, 그래도 나선 길 다 보고 가야 하지 않는가?

예로부터 맑은 물이 흐르는 곳이라 하여 붙은 수청동(水淸洞)

이란 지명에서 따온 물향기수목원은 산책길이 포장되어 있어서 걷기에 편했다. 그 길이 지겨울 때쯤이면 식물 사이로 들어가는 좁은 숲길이 있어 식물의 향기를 가득 맡을 수 있었고, 땀이 피부를 끈적이게 할 무렵이면 물가에 다다라 물과 식물이 어우러져 만들어내는 풍경의 향기에 취할 수 있었다.

보통 우리는 물에서 향기가 난다고 하지 않고 어떤 물질이 섞이느냐에 따라 냄새로 표현하는데, 수목원에서는 물향기라고 해도 맞춘 옷을 입은 듯 기분이 한결 좋아지고 있었고, 식물이 2차 대사물질인 향기를 뿜어내는 것은 번식 매개 동물을 끌어들이기 위한 것인데 거기에는 우리도 포함되어 있어 낮아진 온도처럼 상쾌해지고 있었는데, 마침 나무 공부를 하면서 염주나무라고 알게 된 모감주나무가 나타나 오늘도 길을 나서길 잘했다고 나를 칭찬했다.

모감주나무는 무환자나무과 낙엽 소교목으로 높이 3~6m까지 자라는데, 6~7월에 깊게 파인 작은 잎들이 다닥다닥 붙어 우거져 있는 표면 위로 원뿔 모양의 꽃차례에 노란색 꽃들이 빙그르르 돌아가며 피어난다. 꽃이 지고 나면 주머니 같은 열매가 만들어지고, 그 안에서 3개의 칸이 또 만들어지면서 각 칸마다 지름 7mm의 둥근 씨가 1개씩 만들어진다. 여름이 지나면 갈색으로 익기 시작하는데, 종이처럼 얇은 열매껍질이 3갈래로 갈라지고 거기엔 흑색 씨가 붙어 있다. 그 씨가 딱딱하게 굳어지면 염주를 만들었다고 하는데, 불교에서 깨달음의 세계를 묘각(妙覺)이라고 하

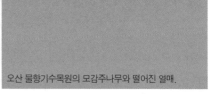
오산 물향기수목원의 모감주나무와 떨어진 열매.

고, 그 묘각에 구슬 주(珠) 자를 붙여 묘각주, 묘감주나무, 모감주나무가 되었다고 한다.

숲해설 주인공으로 등장했던 모감주나무라 반가움이 앞서 물향기 머금은 모감주나무는 어떨까 궁금해 하면서 요모조모 살피는데 떨어져 있는 녹색의 열매를 보았다. 그동안 검은 씨는 본 적이 있는데, 지금 저 안에 들어 있는 씨는 어떨까 갑갑증을 참지 못해 하나를 갈라보았다. 바깥 색처럼 녹색을 띠고 있었다. 나뭇가지에 붙어 있었으면 나무가 주는 양분을 온몸으로 받아 단단한 검은 씨가 되어 언젠가 염주가 되었을지도 모르는데, 이제 저 씨는 그 무엇도 되지 못하고 분해될 것이다. 아니면 바람에 날린 다음 바닷가로 흘러가 최대 3,500km를 분투해 새 영역을 만들어냈을 텐데 번식 흔적은 가뭇없어지게 되었다. 무언가 되려고 했으나 불가피한 자연 조건으로 무엇도 되지 못하고 잊힐 저 씨에 대한 설명, 그 설명으로 그 무엇이 되려고 분투하고 있지만 그저 분투일 뿐 누구 손에도 잘 들리지 않는 것을 남기는 나의 사유의 결과물들, 순간 시궁창 냄새가 훅 끼쳐오는 것 같아 서둘러 그곳을 떠났다.

《꽃의 제국》을 보면, "털이나 날개 달린 씨앗이 날아가는 거리는 물론 바람이 얼마나 세게 부느냐에 따라 다르지만 날개의 면적과 씨앗 무게의 비, 털과 날개의 모양에 따라서도 크게 달라진다"라는 글이 있다. 다 살려는 의지를 가지고 분투한 결과가 만들어낸 우연의 모습들인데, 나는 얼마만큼 날아가려고 살려는 의지에 분투를 덧칠했을까? 물향기도 시궁창 냄새도 진한 막걸리에 담아 마시겠다는 들뜬 마음으로 서둘러 전철을 타고 가다 들녘을 보는데, 적당히 마시고 얼른 집에 들어가 백팔염주에 묻은 먼지부터 닦아야 하지 않을까 하는 생각이 들었다. 그게 분투하는 식물들에 대한 예의 같기에.

숨결과
강원도 삼척 덕봉산
순비기나무

나무가 만들어주는 숨결의 은유들

"나무의 날숨에서 나오는 게 산소이지요. 우리의 들숨이 됩니다. 우리의 날숨이 이산화탄소이지요. 나무의 들숨이 됩니다. 우리는 숨을 멈추어도 나무는 숨을 쉴 수 있지만, 나무가 숨을 멈추면 우리는 숨을 쉴 수가 없습니다. 잠시 눈을 감고 서로의 숨결을 느끼는 시간을 가져보겠습니다."

숲해설할 때 시도해보았다. 명상 공지가 나간 산림치유 프로그램이었으면 호응도가 높았겠지만, 나무 이야기만 계속하다가 갑자기 모드를 전환하니 몸이 말을 안 들어서 그런지 반응이 미진했다. 그래서 서너 번 하다가 그만두었다.

숲해설에 날숨과 들숨 명상을 삽입해본 것은 둘의 관계가 매순간 벌어지고 있다는 사실을 깊이 생각하면서 받은 감동 때문이었다. 나무 공부를 하기 전에는 오로지 내 자신의 호흡에만 골몰했는데, 그게 그릇된 인식이라는 걸 깨닫게 된 계기는 반복하는 내 말이 지겨워 자꾸 의미를 부여하는 과정에서였다. 식물은 스스로 살 수 있는 독립영양체이고, 사람은 식물에 기대지 않고서는 살 수 없는 종속영양체라는 말에 움찔하는 분들이 많아 시들어지는 해설 분위기를 바꾸고 싶을 때 얼른 꺼내곤 했는데, 이 문장이 단순한 생산과 소비가 아니라 서로 다른 호흡 방식이 일체감을 줄 수도 있다고 여기게 되었다. 즉 처음에는 식물에 대한 고마움을 환기하면서 이에 관심이 없던 이들의 인식 오류를 바로 자리매김하려는 의도였는데, 시간이 흐를수록 사람이 너무 천박해지면서 비하의 대상이 되는 것 같아 우울감이 밀려왔고, 이를 탈피하려는 수순을 밟고 싶었다. 그러면서 내심 느끼게 된 게 사람도 살아 있는 지구에 숨결을 불어넣고 있는 소중한 구성요소라는 진단에 이르렀다.

밤낮으로 쉬는 숨이 만들어내는 숨결에 대해 관심을 두기 시작한 시점은 오래전에 하버드대학 졸업생 현각 스님을 텔레비전에서 본 뒤였다. 삶이 무엇이냐는 질문에 "삶과 죽음은 한 호흡 사이에 있습니다"라는 대답을 보았는데, 묵직하게 번지는 육성에서 목구멍으로만 내뱉었던 나의 비슷한 문장이 초라하다 못해 비참해지는 것 같았기 때문이었다. 그래서 삶이 답답해지면 가끔 숨을 멈추어 보는데, 1분을 제대로 넘기지 못하고 숨통을 틔우려는 몸부림을 보면서 내 자신을 비웃을 수밖에 없었다.

제목 자체가 삶과 죽음의 진실을 알려주는 것 같아 격하게 읽은 《숨결이 바람 될 때》를 보면, "여느 때처럼 나는 통증을 느끼며 깨어났고, 아침을 먹은 다음엔 할 일이 아무것도 없었다. '나는 계속 나아갈 수 없어.'라고 생각하는 순간, 그에 대한 응답이 떠올랐다. 그건 내가 오래전 학부 시절 배웠던 사뮈엘 베케트의 구절이기도 했다. '그래도 계속 나아갈 거야.' 나는 침대에서 나와 한 걸음 앞으로 내딛고는 그 구절을 몇 번이고 반복했다. '나는 계속 나아갈 수 없어, 그래도 계속 나아갈 거야(I can't go on, I'll go on)'"라는 글이 있는데, 서른여섯의 작가보다 나이도 많고 죽음 선고도 받지 않았고 죽을 것 같은 마음의 통증이 오면 바람처럼 어디든 갈 수 있는 나를 돌아보며 살아 있는 것에 감사한 적이 있었다. 그러면서 숨결과 바람에 대한 연결 사고를 놓지 않고 있었는데, 그 은유가 고귀한 표현이었다는 걸 나는 나만 보며 산행을 하지 않고 나무를 보며 나뭇잎이 보이지 않게 작동시키는 광합성과 호흡을 끌어안으며 미력하나마 자각하게 되었다. 나무 공부를 하지 않았다면 여전히 나는 숨통이 조일 때마다 찰나로 숨을 멈추는 비굴하면서도 가식적인 행동만 했을 것이다.

우리도 강장동물

나무를 통해 숨과 숨결에 대한 은유들이 나와 사람을 넘어 생태계와 그 구성요소들의 관계로 옮겨가던 중 철학자들의 식물 성찰을 담은 《식물의 사유》를 읽는데, "식물과 비슷하게 우리는 공기가 흐르는 관이 되어야 합니다. 우리는 일종의 자원으로서 공기와 관계를 맺기보다는 공기가 우리를 통해 움직이도록 해야 합니다. 나는 요가 선생님의 조언을 서구 사회의 잘못을 몽땅 고쳐줄 만병통 치약이 아니라 다른 출발점으로, 하이데거가 말한 다른 '시작'으로 받아들였습니다"라는 글을 보고는 이전과 다른 사유를 진전시켜 야 한다는 당위가 필요하다는 걸 받아들여야 했다. 즉 식물은 식 물의 구조로 숨결을 만들고 사람은 사람의 구조로 숨결을 만드는 게 아니라 사람도 식물처럼 호흡을 해야 한다는 것인데, 이는 구 조상 가능하다.

글쓰기 수업 시간에 "내면이 뭔지 궁금하시죠? 사람의 몸, 그 러니까 피부를 경계로 안은 내면이고 바깥은 외면입니다"라고 말 하자, 한 분이 "아닙니다. 우리는 강장동물이기에 몸 안은 바깥입 니다"라는 말을 했다. 강장동물은 초기 생물로 히드라, 말미잘, 해 파리 등이어서 잠시 고민하다 잘 모르겠다고 말을 했고, 나중에 관련 내용을 찾아보다가 포항공대 강병균 교수의 "식당에 가면 갑 자기, 인간이 강장동물이라는 사실이 상기된다. 입에서 항문까지 구멍이 뚫린 생물! 뷔페식당에 가면 더 잘 알게 된다. (산더미같이 음식을 쌓아놓고 어느 놈을 먼저 처치할까 노려본다. 그러다 필이 꽂히면 그놈 에게 금속막대기를 들이댄다.) … 곤충·어류·조류·포유류·영장류는 모두 입구에 파쇄기를 설치한 강장동물이다. 35억년 인류 진화의 역사는 파쇄기의 역사이다"라는 글을 보고는 그 수강생의 말에 수 긍했다. 그러니까 우리도 입과 항문이라는 하나의 관을 통해 늘 바깥 공기를 흘려보내고 있지만, 그래서 식물과 다름이 없지만, 분류를 통해 우위에 서려는 생존 전략 때문에 사실을 가급적 숨기고 있다는 오만에 이르자 숨통이 살짝 막혀 와 길을 나섰다.

바다의 숨비소리

숨통을 틔우기에 최고로 적합한 공간은 바다일 것이다. 힘겹게 오르는 산 정상도 막힌 가슴을 뻥 뚫곤 하지만 갈수록 저질 체력이 되는 내게 더운 여름날의 산행은 무리라고 판단해 청량리에서 KTX를 타고 동해로 내뺐다. 동해역에서 내린 나는 한바탕 폭우가 쏟아질 것 같은 하늘을 보고는 얼른 택시를 잡아타고 목적지인 삼척 덕봉산 해안생태탐방로로 달려갔다. 가는 동안 숨이 멎을 뻔했다. 예상대로 장대비가 쏟아지는데 도로는 금세 물로 가득 찼고, 반대편에서 오던 트럭 바퀴가 차대는 빗물이 택시 앞 유리를 파도처럼 철썩 때렸다. 진흙 같은 어둠이 덮쳐오자 기사님은 브레이크를 밟는 것 같았고, 나는 바다도 못 보고 사고를 당하면 어쩌나 하는 통증이 일었다. 하지만 잠시 뒤 하늘은 말끔히 개었고, 맹방해수욕장 입구에 내리니 그곳에는 비가 지나간 흔적조차 없었다.

마른 모래사장을 잠깐 걸은 뒤 바닷물이 흘러가는 외나무다리를 건너 덕봉산 해안생태탐방로를 걷기 시작했다. 이곳을 찾은 이유는 1968년 11월 울진·삼척지구 무장공비 침투 사건으로 53년 동안 일반인들의 출입이 통제되었다가 올해(2021년) 4월 개방했고, 모래사장에서 좀 떨어져 있는 53.9m의 산이라 그만큼 멋진 식물들을 볼 수 있을 것 같은 기대 때문이었다. 생각대로 숲은 곰솔·조릿대·댕댕이덩굴·개머루·명아주 등으로 푸르렀고, 높은

삼척 덕봉산 해안생태탐방로.

데크에서 바라보는 망망대해 동해의 숨결은 입으로 들어가 숨통을 타고 위와 장을 거쳐 조여 있는 항문을 통과해 나가 숲을 한 바퀴 휘몰아치는 것 같았다. 바다에서 시작한 생물들 덕분에 육상의 생물들이 만들어지는 기나긴 진화의 시간을 가늠하며 이 찰나의 숨이 그리 대단하지 않다는 특유의 자책이 썩은 숨결을 내보내려고 할 즈음 낮게 엎드려 자라는 식물이 눈에 들어왔다. 모래사장으로 혹은 바위로 덩굴처럼 뻗어나가는 것 같아 초본이라고 동정하면서도 고개를 숙이고 줄기를 보니 작아도 꼿꼿이 하늘을 향해 어여쁜 꽃을 활짝 피우고 있어 목본이라는 생각이 덮쳐와 머리만 지끈거렸다. 일단 사진으로 담아두었다가 숲해설가 동기 분에게 물으니 순비기나무라고 알려주었다.

　나무 동정 시간을 단축해주는 동기 분에게 감사를 드리니 얼마 전 그곳에 다녀갔단다. 그러면서 사진을 올려주었는데, BTS의 '퍼미션 투 댄스(Permission to dance)' 앨범 재킷 촬영지였던 맹방해

수욕장 쪽에서 찍은 거라고 했다. 바다를 품고 항해를 준비하는 듯한 순비기나무 모습이 장엄해 보였지만, 그곳까지 갈 엄두가 나지 않아 덕봉산 주위에 있는 순비기나무의 숨결만 호흡하려 애썼다.

순비기나무는 마편초과 관목으로 남부지방에서는 상록으로 늘 푸르고, 중부지방에서는 낙엽이 지는 특성이 있다. 순비기나무는 바닷가 모래땅이나 갯벌 등 소금기가 많은 땅에서 자라는 염생식물(鹽生植物) 가운데 하나다. 우리나라에는 통통마디·나문재·해홍나물·칠면초·갯방풍·방석나물 등 94종의 염생식물이 늘어나는 간척지와 개발지 속에서도 소금샘으로 소금기를 슬기롭게 조절하며 꿋꿋이 살아간다.

침투를 위해 낮은 포복으로 기듯이 뻗어 자라는 순비기나무 덕분에 모래가 바람에 날아가지 않는다고 하니 해수욕장 구성에 꼭 필요한 식물 같은데, 풀 같은 크기의 가지에서 나온 보랏빛 꽃들이 여름 정원 못지않은 운치까지 보여주고 있었다. 그러자 바닷가에서 곰솔이나 팽나무 같은 방풍림의 숨결만 맡으려 했던 지난 시간들이 허점투성이였던 것 같아 갓 잡힌 바닷물고기처럼 파닥거려야 했다.

제주도에서 순비기나무는 숨비기나무라고 하는데, 제주 해녀분들이 잠수를 끝내고 수면 위로 올라와 내쉬는 숨을 숨비소리 혹은 숨비기소리라고 하고, 순비기나무 열매를 만형자(蔓荊子)라고 하는데, 이 열매로 만든 약이 오랜 물질 끝에 오는 두통 해소에 큰 효과를 발휘해 그렇게 부른다고 한다. 다른 어원으로 순비기나무

줄기가 모래땅에 숨어서 뻗어나가 숨벋기나무에서 순비기나무가 되었다고도 하는데, 물속이건 땅속이건 숨이 막히더라도 어떻게든 '그래도 계속 나아갈 거야(I'll go on)'라는 강렬한 의지가 강한 바닷바람에도 불구하고 매혹적인 모습을 뿌리내리게 한 것 같다.

"시인의 눈꺼풀이 천천히 올라갔다. '내 말들 사이로 넘실거리는 배.' '바로 그래요.' '네가 뭘 만들었는지 아니, 마리오?' '무엇을 만들었죠?' '메타포.' '하지만 소용없어요. 순전히 우연히 튀어나왔을 뿐인걸요.' '우연이 아닌 이미지는 없어.'"

은유 공부 교과서 《네루다의 우편배달부》에 나오는 글이다. 답답하면 어디론가 떠나 낯선 식물을 잘 들여다보면 그와의 우연적인 만남에서 번쩍이는 은유가 나올 수 있을 것이고, 그러면 삶을 만드는 숨결이 더 고결해질 것 같다. 그렇게 떠난 바다에서 나는 이제 물과 모래와 순비기나무 숨결을 담았다. 이전과 차이 나는 숨결이 아득한 수평선에서 어떤 바람에 부수어질지는 모른다. 그래도 다음날 동그란 해가 동그란 덕봉산 순비기나무 위로 떠오르는 것처럼 막연히 부푼 무엇을 기대해본다. 무엇을 은유로 표현하는 것, 그게 나무의 숨결일까.

반복과
서울 종로구 백석동천
고마리

게으른 반복을 퇴고시키는 식물

"풀은 새로운 시대에 맞춰 진화한 식물이고 나무는 구시대 유형이다." 잡초 생태학을 다룬 《식물학 수업》에 나오는 글인데, 요즘 풀을 들여다보느라 욱신거리는 뇌에 며느리밑씻개 갈고리 가시라도 박히는 것 같은 통증을 잊게 해준 경구로 다가왔다. 분별도 헤매고 알려줘도 돌아서면 까먹는 현실에 서러운 헛웃음이 불거졌지만, 얄팍하게라도 숙지하려고 잡동사니를 쏟으며 깐죽거렸지만, 도무지 입에 달라붙지 않는 풀이름들이 원망스러워 괜한 노력에 종지부를 찍으려다가 본 새로운 발견의 내용이 지속의 삶을 또 만들어내고 있었기 때문이다.

도심 숲에서 해설을 하다 보니 문득 똑같은 나무들이 매번 등장한다는 걸 깨달았다. 공간별로 다른 나무들도 삼삼오오 모여 있지만, 5분가량 해설할 변별이 가래떡 뽑듯이 쏙 나오기가 어려웠다. 나무의 특징을 잡아내고 거기에서 삶과 연결되는 접점을 찾아 억지 춘향이 아닌 근원의 탐구심을 공유하려는 의도 때문인지 갈수록 질문만 늘어나 감당할 수가 없었다. 그래서 숲해설 초기 열심히 만들어냈던 스토리텔링으로 자꾸 돌아가려는 게으름이 결국 그때 그 나무에만 다가가게 만들었다.

언제 어떻게 될지 모르는 운명, 순간을 최선으로 살자고 하면서도 그저 시간만 때우려는 반복의 말들이 나를 질타하며 발전을 요구하는 시기가 있는데, 그것은 반복하는 내 자신에 염증이 일며 이렇게 살려면 차라리 해설을 하지 않는 게 남을 돕는 것이라는 생각에 다다르게 될 때이다. 그러면 곧바로 남 앞에 서지 않는 모습이 상상되고 그렇게 되면 늘 머릿속에 파고드는 삶의 이유에 대한 질문이 부엽토도 만들지 못하는 아스팔트 낙엽 신세가 되기에 살아갈 시스템이 삐걱거리게 된다. 해설을 통해 혼자의 사색과 연구가 연결과 관계의 우주를 이해하는 데 큰 도움이 되지 못한다는 걸 절감하고 있기 때문에 나는 살기 위해 다시 무언가를 만들어내고 싶어하고 그 과정에서 성취감을 느끼려면 모르는 분야에서 헤매는 것 자체를 즐겨야 한다. 즉 합리적인 공식이 인식되지 않아 용량 작은 뇌가 찢어질 것 같아도 그게 살아갈 에너지를 줄 수도 있는 긍정 마인드라고 바꿔 생각해보는 것이다.

나무 공부를 할 때 적어도 우리나라 자생 목본 700여 종을 접해보고 난 뒤, 자생 초본 3천여 종을 살펴보겠다고 했는데, 그런 게 어디 있느냐, 숲은 나무·풀·곤충·새·동물 등이 모여 있는 곳 아니냐는 주위 분들의 말을 인정하면서도 내가 세운 계획을 굽히지 않았던 것은 입력할 내용을 다 소화하지 못하는 능력 부족 때문이었다. 거기에 여전히 사물의 온전한 모습을 오래 들여다보지 않고 묘사에 주안점을 두어 관념으로 포장하려는 예술 부적합 습성도 껌딱지 같은 몫을 하고 있다.

풀보다 나무가 먼저

며느리밑씻개는 잎자루가 잎 끝에 붙어 나서 며느리밑씻개이고, 그것과 유사한 며느리배꼽은 잎자루가 사람으로 치면 허리 위 배꼽 정도에 있어서 그렇게 불리는데, 이처럼 엇비슷하면서도 분명 차이 나는 모습 때문에 다른 이름으로 식물도감에 올라간 풀들의 세계, 그 밟아보지 못한 땅을 디디다가 만난 《식물학 수업》에서 지각의 균열처럼 전율이 일어났던 내용은 풀보다 나무가 먼저 지구에 등장했다는 것이었다.

"공룡의 시대가 저물어갈 무렵 식물 세계는 상상할 수 없었던 놀라운 변혁이 일어났다. 바로 풀이 등장한 것이다. 풀은 높이 자라지 않고 지면에 바짝 붙어 피어났다. 클수록 유리하다는 이전의 가치관을 풀이라는 혁신적인 개체가 완전히 뒤집었다. 새로운 시대가 시작되었다."

나무에 관심이 폭발했던 건 나무가 사람 이전에 지구에 나타나 육지 동물이 살아갈 터전을 창조했다는 것이었는데, 그 나무가 생존하려는 마지막 진화의 모습이 풀이라는 글을 보고는 고생대를 보여주는 상상의 그림을 올바로 보지 못했다는 게 확인되어 부끄러웠다. 그러니까 겉씨식물과 속씨식물이 출현하기 이전에 지구를 뒤덮었던 이끼류와 양치류는 꽃을 피워 씨로 번식하는 초본이 아니라 홀씨로 무한정 세력을 넓히는 원시식물이었는데, 땅바닥이 무조건 푸른 책들을 보고는 다 풀이겠거니 판단했다는 것이다. 그래서 "진화라고 하면 단순한 것에서 복잡한 것으로 이동한다고 생각하기 쉽다. 실제로 단세포 생물이 다세포 생물로 세포 분열을 통한 진화가 이뤄지기도 했다. 그래서 식물도 단순한 구조를 띤 작은 풀보다는 복잡하게 가지를 뻗은 나무가 더 진화한 상태라고 오해받는다. 하지만 사실 그렇지 않다"라는 또 다른 문장을 포함해 책 전체의 서술들이 내 인식의 오류를 깨트려주고 있어 감사하면서도 소화 불량에 걸릴 것 같아 조바심을 내기도 했다. 그러면서 은근슬쩍 낱낱의 풀이름을 모르니 큰 그림으로 해설을 하면 변별력이 있을 것 같아 관념이 앞서는 나쁜 심성과 타협을 하려는데, 얼마 전 서울 종로구 부암동 백석동천과 그 주변을 함께 걸었던 분들이 생각나 멈칫했다.

아래만 보고 걸어야 해요
"저는 아래만 보고 걷기 때문에 키 작은 식물들을 남들보다 많이 알게 되었어요."
글쓰기 수업 때 만난 분인데, 이분의 페이스북을 보면 나는 정말 돌아서면 잊는 초본들의 이름을 식물 분류학자처럼 정확히 구분해 명기해놓는 것이었다. 그래서 언젠가 함께 숲을 찾으려고 생각하고 있었는데, 오래전 인생의 전환점이 되었다는 백석동천을 또 가고 싶다는 연락을 받게 되었다. 망설일 이유가 전혀 없어 약속 날짜에 경복궁역으로 갔다.

조금 늦을 것 같다는 문자를 받고 의자에 앉아 있는데, 한 여성분이 내 옆에 있는 사람에게 다가가서 "혹 김서정 선생님 아니신가요?"라고 물었다. 오늘 말씀하신 일행인가 보다 하며 얼른 다가가 내 신원을 밝히면서 졸지에 김서정이 된 분의 얼굴을 보았다. 네이버에 등록되어 있는 마른 모습과 비슷한 걸 확인하고는 술빵처럼 부어 있는 나를 까짓것 위안하고 있을 때 양손에 스틱을 들고 천천히 걸어오는 그분을 뵙고는 세월이 살을 부풀릴 수 있다는 팩트를 코로나19 탓으로 돌리며 화기애애하게 그때의 그 길을 걷기위해 출발점으로 갔다.

2015년 무렵에 글쓰기 수업을 시작했는데, 출판사의 지원을 받아 신촌의 카페에서 알음알음 수강생을 모아 경력을 쌓아나갔다. 초기라 5회를 했는데, 마지막에는 숲을 걷고 난 뒤 그 느낌을 그대로 살려 현장에서 단숨에 글쓰기를 하는 것이었다. 그 걷기코스는 문화해설을 하면서 오래 다녔던 길로 창의문에서 부암동을 거쳐 백석동천의 백사실계곡 그리고 상황에 따라 북악스카이웨이를 들른 다음 한양도성이 지나는 와룡공원까지 가는 것이었다. 두 시간 정도 소요되는 거리를 당시 우리는 배 이상 느리게 걸었다. 그것은 초본을 잘 아는 분의 걸음이 일반인처럼 속도를 내기 어려운 몸을 지니고 있었기 때문이다.

세월을 건너뛰어 창의문에 서 있는데 숲해설을 요청한 일행 분들이 문화해설도 잠깐 부탁을 해 빠르게 기억을 더듬어 개요를 설명했다. "한양도성은 백악산, 아차산, 남산, 인왕산을 경계로 쌓았습니다"라는 말이 튀어나오자 순간 서로가 개운하지 않아 얼른 안내판으로 뛰어갔는데도 확인이 어려워 일단 넘어가기로 했다. 수백 번은 반복했을 '백악산, 낙산, 남산, 인왕산'에 아차산이 끼어들었는데도, 그걸 인지해내지 못한 건 이제 문화해설은 관심 밖이라서 그럴지도 모른다고 하지만, 핵심은 나쁜 머리였다.

역시 수없이 걸었을 부암동을 지나 백석동천으로 접어드는데, 어릴 때부터 식물에 관심을 두었기에 나보다 훨씬 더 많은 지식을 갖고 계신 분과 걸으니 내 말 하나하나가 자신감이 없었다. 그래도 숲해설가라는 직함으로 초대를 받았기에 일행 분들에게 큰 그림으로 숲 이야기를 나누면서 한 발 한 발 나아가다 나무가 가득한 백석동천 흙길에 다다르니 동면에서 깨듯이 그분의 몸이 그렇게 된 연유를 들었던 백사실 연못 돌의자들이 언뜻 떠올랐다. 그래서 속도를 내어 가보니 다행스럽게도 그때 앉았던 그 돌의자들은 비어 있는 채로 우리를 기다리고 있었다.

자리를 잡고 일행을 기다리는데 물과 수초들이 가득 해야 할 연못은 진흙 바닥을 드러내고 있었고, 거기에는 고마리만이 미나리밭 같은 풍경을 보여주고 있었다. 연유를 캐들어 가면 여러 생태학적 요인이 있을 테지만 그렇게 다가오는 질문들을 감당할 능

백석동천 백사실 연못에는 고마리가 지천이다.

력이 안 되는 걸 각성하고 있던 나는 그 분들이 오기 전 마침 꽃을 피우고 있는 고마리를 사진에 담기 위해 연못으로 들어갔다.

고마리는 마디풀과 덩굴성 한해살이풀로 도랑이나 물가에 무리지어 살면서 물을 정화해주는 역할을 해서 '고맙다'라고 하다가 고마리가 되었다고 하고, 또 중세시대 방패 모양 같은 고만고만한 잎들이 줄기차게 피어나 이제 고만 피었으면 좋겠다고 해서 고마리가 되었다고도 한다.

고마리가 피우는 꽃은 꽃잎과 꽃받침을 딱히 구분하지 않는데 지름이 5~6mm로서 5개로 갈라지고 수술과 암술도 다 갖췄다. 작지만 허리 굽혀 자세히 보면 예쁘기만 한 이 지점이 "풀은 새로운 시대에 맞춰 진화한 식물이고 나무는 구시대 유형이다"를 증거해준다. 즉 환경 변화로 공룡 시대가 저물면서 식물들은 광합성을 많이 하려고 무조건 하늘 높이 자라는 것보다 짧은 시간에 빨리 자라 꽃을 피우고 씨를 만들어 번식하는 게 유리하다는 걸 알게 되었다는 것이다. 나무처럼 해마다 꽃을 피우며 조금씩 씨를 만드는 것보다 딱 한 번의 개화로 남들이 자랄 수 없는 틈새를 찾아 좋은 씨를 많이 퍼트려 사는 전략을 택했는데, 고마리는 폐쇄화(閉鎖花)

라고 해서 곤충이 매개하는 타가수분도 하고 땅속줄기에 꽃을 피워 자가수분으로 주위를 온통 차지하는 생활 방식도 마련했다.

똑같은 말을 반복해야 하는 지겨움을 극복해주는 새로운 공부에 감탄을 하는데, 그 감동의 여운이 지진처럼 전해오는 사진과 문구를 올리는 분과 일행들이 돌의자에 앉아 나도 연못에서 나와 함께 점심을 먹었다.

"저는 아래를 똑바로 보고 걸어야 넘어지지 않기 때문에 키 큰 나무는 잘 몰라요."

그래서 마련된 자리였지만, 고산이라도 오를 듯 큰 배낭에 무겁게 담아온 도시락을 그저 받아먹기만 하는 나는 키 큰 나무도 키 작은 풀도 잘 몰라 미안하기만 했지만, 내가 사는 과정에서 만들어졌던 시간이 그분에게 전환의 삶이 되는 계기라고 하면서 나를 또다시 찾아주니 정말 감사하기만 했다.

키케로의《수사학》을 보면, "명확성은 우리의 이해를 돕는 데 기여하지만, 선명성은 우리가 [마치 현장에서] 보고 있는 것처럼 만든다"라는 문장이 있는데, 명확한 식물 이해를 위해 최선을 다하시는 그분과의 하루가 나의 게으른 반복을 퇴고시켜 내 해설에 선명성을 심어줄 것 같아 다시 함께할 날을 약속했다. 그 인연의 매개는 이제 식물!

의심과
경북 안동 병산서원
배롱나무

속죄를 촉구한 맑은 나무

골방 체질로 담배 연기 자욱한 술집에 앉아 오르지 못할 인사들을
탁자에 올려놓고 잘근잘근 추잉 껌 씹듯이 뒷담화하기를 즐겨 했
던 내가 2005년부터 상상할 수 없던 일을 해나갔는데, 그것은 남
앞에서 해설을 하는 활동이었다. 청소년용 평화책 집필 의뢰를 받
았다가 책 출간은 중지되었지만, 그 과정에서 접하게 된 서대문형
무소 해설을 멈출 수 없었는데, 봉두난발 같은 말투보다 맥락을 잡
고 상대를 설득해나가는 스토리텔링 구성과 발현이 내 인생을 빛
나게 할 이정표로 다가왔기 때문이었다. 이전까지 남을 의심으로
뭉갠 것은 못나 보이는 나를 비참하게 인지하기 싫어 나타난 낮은
자존감의 치졸한 외화(外化)라는 자각이었다.

살려는 의지를 칡뿌리처럼 끈질기게 이어주는 해설이기에 주
어지는 일들을 마다하지 않는데, 최근 진행하고 있는 양천구 안양

천에서의 숲해설은 한두 주가 지나면서 나를 지치게 만들었다. 거의 가족 단위로 오시는 분들에게 "참여 동기가 어떻게 되시죠?"라고 물어보면 거의 "아이들을 위해서요"라는 답이 돌아온다. 그럴 때마다 나도 뒤늦게 알게 된 식물의 위대성을 어떻게 아이들과 나눌까 고민을 하면서 말을 풀어가는데, 가장 난감한 경우는 피치가 오르려는데 중간에 질문을 하거나 움직이는 생물이 보이면 그쪽으로 우르르 몰려갈 때다. 두려운 눈빛으로 우화하는 매미처럼 부모 옆에 달라붙어 얌전히 듣기만 하는 서대문형무소 방문 아이들과 사뭇 달라 내가 먼저 당황하는데, 그렇게 되면 흐름이 끊겨 피곤이 밀려온다. 그러면 시선을 어른들에게로 돌려 이야기를 이어가면서 호흡을 가다듬고 다시 에너지를 증폭해 아이들과 말을 주고받는다. 1시간 30여 분이 어떻게 지났는지 모르게 마무리된 뒤홀로 의자에 앉아 있으면 '이렇게까지 살아야 하나' 하는 생각이 급습한다.

하천 바닥에 붙박이는 듯한 존재감을 흘려보내기 위해 이어폰을 꽂고 라흐마니노프 피아노협주곡 2번을 듣는다. 그러고는 이따금 트로트를 울리며 안양천변을 달리는 자전거 행렬과 걷거나 뛰는 사람들을 보며 '자뻑'의 고급 사유를 진행한다. '환영(幻影)으로 머물다 스러질 인생의 참 의미는 무엇인가? 그것은 생물학적 즐거움보다 인식의 확대를 위해 끊임없이 의심의 사유를 행하는 것이다. 왜 이 현상들이 일어나고 있을까? 지금까지의 설명은 모두 부서질 것이다. 의심을 멈추지 말자.'

가을 뙤약볕을 버드나무가 가리고 있는 그늘 아래에서 다시 골 방 체질이 된 나는 오후 숲해설이 다가오는 현실에 정신을 차리면 서 빵을 움켜잡아 입 속으로 우겨넣었다. 목이 콱 막혀 텀블러에 담긴 물을 쏟아 넣으니 지금의 나는 무엇인지 의심의 여지없는 팩 트가 몸을 일으킨다. '주접 그만 떨고 부족한 내용 확인하고 오후 에도 최선을 다한 뒤 시원하게 막걸리나 마시자.' 그러면서 버릇 처럼 드라마 〈나의 아저씨〉 명대사 "난 아무것도 아니야"를 추어 올리며 길을 걷다가 화들짝 놀란다. 미국쑥부쟁이 앞에서 난 왜 개망초를 언급했을까? '난 아무것도 아닌 게 아니라 한심한 놈이 야'라는 자책을 하며 마음을 다잡는다. 안도현 시인은 쑥부쟁이와 구절초를 구별 못하는 자를 '무식한 놈'이라고 읊었는데, 그래서 그것만은 제대로 알려주려고 노력했는데, 무한의 식물 동정 앞에 서 여전히 무식이 넘치는 내게 무슨 고급스러운 사유가 있을까?

바람이 불잖아요
"거리를 걸어가다가 나는 느닷없이 부끄러웠다. (방법이 없는 부끄 러움은 물론 의심할 만하다.) 나는 하여간 부끄러워서 고개를 들 수가 없었다. 나의 눈물의 양만큼 부끄러웠을 것이다. 나의 사랑의 양 만큼 부끄러웠을 것이고 나의 파멸의 양만큼 부끄러웠을 것이다. (이에 대해 질문하는 사람은 나보다 더 부끄러워해야 할 사람이다.)"
　　정현종의 〈자기 자신의 노래 1〉이다. 내가 누구인지 알고 싶어 찾아서 읽었던 시였는데, 만남의 장소로 가는 동안 눈물도 흘리지 않고 사랑도 하지 않고 주접으로 파멸만 찬양하는 나의 부끄러움은 처리 곤란한 오래전 천변의 똥물처럼 여겨졌다. 그래도 나시 자존감을 높여 열심히 해내자 다짐하고 여러 가족들 앞에 섰는데, 그분들이 전해주는 뜨거운 열기에 내가 데일 뻔했다. 하나라도 더 많이 들려주면 좋겠다는 눈가의 웃음이 수증기처럼 피어오르는 것 같았는데, 해설이 진행되면서 나의 질문에 적극적으로 응하는 것은 물론 내 설명에 감탄의 눈빛을 보내는 것도 같아 행복감을 맛보며 말을 이어가다 배롱나무 앞에 섰다.

"어린이 여러분들은 이리로 와서 팔을 뻗어요. 옆 사람 팔을 살살 긁어요. 간지럽지 않나요?" 그러고는 배롱나무 주위에 모이게 한 다음 손으로 껍질을 만지면서 위를 보라고 했다. "나뭇가지가 흔들리죠. 간지러워서 그런 거 아닐까요?" "바람이 불잖아요." 아이들의 말에 부모들도 한바탕 웃는다. 덩달아 나도 웃은 뒤 모두의 시선을 붉은 꽃과 노란 수술로 옮겨 이야기를 덧붙이고는 다음 장소로 이동했다.

두 차례 일정을 마치고 난 뒤 역시 해설은 나를 성장시킨다며 흡족해 하면서 배롱나무 곁을 지나가는데, 몇 년 전 창경궁에서 배롱나무를 해설한 내용이 떠올랐다.

그때 나는 배롱나무 앞에서 홍성운의 〈배롱나무〉 시를 들려주고는 그 가운데 "조금은 엉큼하게 밑동 살살 긁어주면 까르륵 까르르륵 까무러칠 듯 몸을 떤다. 필시 바람 때문은 아닐 거다"를 다시 언급하면서, "이 시에서 '몸을 떤다. 필시 바람 때문은 아닐 거다'에 주목해보겠습니다. 맞을까요? 틀릴까요? 정말 우리가 배롱나무를 만지면 간지럼 타듯 흔들리고 있나요? 이 부분이 너무 궁금했습니다. 그래서 자료를 뒤적거려 보았는데 '진동에 의한 파동으로 흔들리는 것이 아닐까'라는 대목이 눈에 들어왔습니다. 즉 제가 이 나무에 가는 순간 공기 입자가 물결처럼 흘러갔을 것이고, 그 힘에 의해 나뭇가지가 흔들리는 것 아닐까요? 그러니까 굵은 줄기가 아니라 가느다란 줄기를 살살 긁어주면 여느 나무들도 흔들리지 않을까요?"라고 말했다. 수긍하는 분들도 계시고, 그래도 배롱나무 하면 간지럼나무인데 너무 삭막하지 않느냐는 피력도 있었다. 그러면 나는 "감정이입을 언어로 표현하는 시라고 하더라도 과학에 근거한 팩트 파악은 필요하다고 생각합니다. 나무는 사람처럼 신경계에 의해 움직이는 게 아니라 기관별로 분포하고 있는 호르몬으로 생리 작용을 할 뿐입니다"라고 말했는데, 이는 간지럼의 실체를 의심하지 않고 재미나게만 받아들이는 태도를 환기하기 위해서였다. 그 뒤로 배롱나무를 볼 때마다 그 말이 너무 걸렸다. 그래서 흔들림의 영향 인자가 파동이든 간지럼이든 그게 중요한 게 아니라 배롱나무와 연결되는 감정선 공유가 우선인 것 같아 건조한 과학 이야기는 꺼내지 않는다.

100일 동안 붉어요

"슈테판 클라인: '하지만 교수님이 명상 중에 다시 자기기만에 빠지지 않는다는 것을 어떻게 알 수 있나요?'

토마스 메칭서: '바로 그 점이 문제입니다. 데카르트는 우리가 모든 것을 의심할 수 있지만 자신의 생각하는 정신이 마주한 사실만큼은 의심할 수 없다고 가르쳤어요. 내가 무언가를 확실히 안다면, 그 무언가는 내가 지금 생각하는 바로 그것이라고요. 그런데 이건 데카르트의 근본적 오류입니다. 생각하는 정신이 정말로 나 자신의 정신일까요? 오늘날 우리는 우리가 자신의 의식에 대해서 언제든 부지불식간에 기만에 빠질 수 있음을 압니다. 20세기 신경 심리학에서 밝혀진 사실이에요.'"

리처드 도킨스, 제인 구달, 피터 싱어 등 세계적인 과학자 11인과의 인터뷰집인 《우리는 모두 불멸할 수 있는 존재입니다》에 나오는 글인데, 본래 의심이 많던 내게 의심의 지속성을 굳혀준 문장이다. 그런데 배롱나무는 여기서 제외되는데, 배롱나무에 담긴 선비정신, 해탈정신 등에 무례를 범한 호르몬 이야기 때문이다. 과학자들이 연구한 내용을 내 인식에 잠시 담아 해설할 뿐 지나고 나면 까마득히 잊는 내가 잘할 수 있는 것은 조상들의 아름다운 사유를 뭉개지 말고 잘 전달해야 한다는 것이었고, 그 반성의 횟수가 거듭될수록 병산서원의 오래된 배롱나무를 배알해야 한다는 생각을 끊을 수 없었다.

청량리역에서 출발해 2시간여 만에 안동역에 내린 나는 평소 좋아하던 진성의 〈안동역에서〉가 흘러나와 기분이 고조되었다. 또 마침 하루에 두 번 다닌다는 병산서원행 버스를 탈 수 있어 배롱나무가 나를 용서하나 보다 여기면서 고즈넉한 안동 들녘을 마음 편하게 보고 있었는데, 병산서원 3km를 남겨두고 버스는 회차했다. 도로공사 때문에 더는 들어갈 수 없다는 것이었는데 배롱나무를 예찬한 선비들이 나를 용서하지 않았다는 생각에 침통해 하며 무겁게 걸을 때 1톤 트럭이 내 옆에 끼익 서며 나를 태워주었다. 역시 나는 행운아라며 자연에 건축물이 들어섰는지 건축물에 자연이 들어섰는지 가늠키 어려운 지고의 공간에 들어가 수령이 380년 되었다는 배롱나무를 마주했다.

배롱나무는 중국 원산으로 부처꽃과에 속하고, 높이 3∼8m까지 자라는 낙엽소교목이다. 7월에 피기 시작해 가을까지 약 100일 동안 꽃이 핀다고 해서 백일홍 혹은 목백일홍으로 부르기도 하는데, 초본 백일홍과 구분하기 위해 백일홍나무라고 했다가 배롱나무가 되었다고 한다.

본래 남부지방에서 잘 자라는 배롱나무를 중부지방에서도 조경수로 많이 심어 쉽게 볼 수가 있는데, 작고 여린 배롱나무만 보다가 키 8m, 나무둘레는 85cm가 된다는 아름드리 배롱나무를 흠모하듯 응시하고 있으니 더운 여름날 선비들이 왜 이 나무에 마음을 두었는지 살짝 감정이입이 되는 것 같았다. 학문 연마보다 낙동강 물에 발을 담그는 게 좋을 듯한 계절, 화무십일홍이 아니라 오랜 날들 붉디붉게 피어 있는 열정을 보고 있으면 게으름 따위는 떼어버릴 수밖에 없었을 것이다.

아리스토텔레스는《수사학 2》에서 "그들은 항상 '내 생각에는' 이라고 말하지, 결코 '내가 아는 것은'이라고는 말하지 않는다. 그

안동 병산서원의 배롱나무와 꽃. 키가 8m에 달하며 보호수로 지정되어 있다.

리고 의심을 품으면서 이렇게 덧붙이곤 한다. '아마도 가능할지도 모르지.' 그들은 항상 그런 식으로 말한다"라고 했는데, 그들은 어르신들을 일컫는다. 아무것도 온전히 설명되기 어렵다는 것을 알면서도 배롱나무 앞에서 꼰대처럼 굴었던 내가 배워야 할 미덕의 문장이다.

2019년 유네스코에 등재된 병산서원의 등재 이유 가운데 '탁월한 보편적 가치'를 보면 "그들은 성리학 경전과 연구를 수행하였고, 세계에 대한 이해와 이상적 인간형을 만들기 위해 노력하였다"라고 되어 있는데, 이에 크게 기여한 인식 대상이 배롱나무가 아닐까 추론해보며 나는 속죄한다. '턱없이 부족한 호르몬 지식으로 그대의 맑은 정신을 탁하게 해서 정말 미안했습니다.' 그때 꽃잎 하나 떨어지는 듯한 환영이 내 정신의 실체를 부끄럽게 한다. 적당히 의심하시오!

소설과
충북 제천 의림지
산초나무

상상력에 불을 지핀 나무 답사

"왜 하필 소설일까? 소설이란 본디 인간이 경험하는 일상의 지역성, '현실성', 현재성, 일상성과 떼려야 뗄 수 없는 예술이기 때문이다. 작가에게 상상력이 발동하면 그는 이야기에 이런 요소들을 어떻게 버무려 넣을까 생각한다."《유도라 웰티의 소설작법》에 나오는 글로 당분간 가슴에서 꿈틀거리게 해야 할 문장 같다. 다시 소설을 써보고 싶다는 불씨가 지펴지기 때문인데, 그 간절한 응어리가 쪼개지며 어두운 핏빛을 내보인 곳은 라디오 방송 준비를 위해 내려간 충북 제천 의림지였다.

계절에 맞는 개화 식물 위주로 청취자와 만나는 게 공유의 폭이 넓다고 여기며 매번 답사지를 물색하는데, 1년이 넘어가니 새롭게 나누어야 할 나무를 물망에 올리는 게 심사숙고해야 할 과제로 다가왔다. 물론 아직도 나를 기다리는 식물들이 부지기수지만 여전히 부족한 지식 때문에 나무 고르는 일이 지치면 가보지 않은 곳으로 여행을 간다는 기분으로 일단 길을 떠났다. 그러면서 이따금 해부해보고 싶은 아린 기억의 장소를 되밟겠다는 심정이 가시처럼 돋아나곤 했는데, 그곳은 중앙선을 타고 갈 때마다 지나는 제천역이었다.

아이엠에프 때 출판사에서 편집자 생활을 하고 있었는데, 광화문 사무실로 아침에 출근하니 경영자가 건너오라고 했고, 부자 동네 어귀에 있는 또 다른 사무실에서 여러 모로 어려우니 시대의 흐름에 따라 복종의 당연한 퇴사를 요구받았고, 나 역시 잘못한 게 없어도 떠나주는 게 당시를 사는 인간의 도리일 것 같아 무던히 슬프면서도 쑥정이처럼 흔들리는 다리에 힘을 주며 온종일 헤맸다. 그 뒤 잦은 폭음이 준 아픈 머리로 지내던 중 긴 세월 성심껏 해온 방앗간일이 힘에 겨워 접은 아버지가 선배 집에 기거하고 있던 내게 연락을 했다. "할아버지, 할머니 산소 벌초를 하러 가는데, 네가 좀 같이 가주어야겠다."

이른 아침 강변역 동서울터미널에서 아버지를 만난 나는 당신의 첫 물음에 긴장하고 있었다. 그것은 재취업에 대한 가능성 여부였는데, 아버지는 말없이 돈을 건네며 장평행 버스표를 끊으라고 했다. 그 뒤로도 침묵으로 버스에 몸을 맡긴 우리는 장평터미널에서 내려 할아버지 산소로 가기 위해 택시를 타고 10분 뒤 도롯가에 내렸다. "나도 방앗간 하느라 벌초를 남한테 맡겨 여기가 정말 오랜만이구나." 그러면서 죄인이 된 듯 어깨를 움츠리며 주위를 둘러보더니 이윽고 몇 걸음 걷자마자 "무슨 공장 같은 게 들어섰네. 저기가 네가 태어난 곳이다"라는 말을 낮게 흘리는 것이었다. 금의환향이라도 하는 상황이었으면 빛나 보였을 생가터가 번쩍이는 건물임에도 후줄근해 보여 나도 처음 마주하는 곳을 감격은커녕 슬그머니 외면했고, 아버지는 아버지대로 내가 태어난 것을 알지도 못하고 멀리 충남 논산 아마공장에서 일했던 기억이 아프게 찔러왔기에 베어낸 잡초 말라가는 듯한 목소리를 내었을 것이다.

돌이켜봐야 가슴만 찢어지는 회상을 재빠르게 접은 우리는 이제는 남의 밭이 된 한구석에서 불룩 솟은 무덤에 술을 올린 뒤 뒤덮인 풀들을 준비해간 낫으로 베어내기 시작했다. 늦더위가 땀을 마구 흘려대는 대낮에 벌어지는 풍경을 본 동네 어르신이 우리 곁에 다가오자 아버지가 반갑게 인사를 하고는 내 소개를 했다. "셋째입니다. 휴가를 내고 저와 함께 왔어요." 살짝 눈을 크게 뜨고 아래위로 내 몰골을 살펴본 어르신은 "차는 어디에 있어? 안 보이는데"라고 말했고, 내가 머리를 굴릴 겨를도 없이 아버지가 "정비소에 있어요. 그래도 오늘 꼭 와야 하기에…"라면서 대화를 중동무이해버렸다.

이래서 고향에 함부로 갈 일이 아니라는 생각도 잠시 우리는 할아버지 산소 벌초를 서둘러 끝내고, 낮은 구릉지를 넘어 외할머니의 아버지, 어머니 산소 벌초를 또 해야 했다. 하지만 그게 끝이 아니었다. 할머니 산소는 충남 논산에 있기에 그곳으로 또 이동해야 했다. 차가 있으면 부지런을 떨어 하루에 끝낼 수 있는 일이었지만, 대중교통으로 움직여야 하니 1박 2일 코스가 되었다.

급한 마음으로 장평터미널에 온 우리는 막국수에 옥수수막걸리로 허기를 달랜 뒤 영월행 버스를 탔고, 영월에서 다시 제천행 버스로 갈아탄 뒤 제천역에서 논산 가는 기차를 기다렸다. 느닷없는 강행군에 만사가 귀찮아지고 있는데, 아버지는 승차까지 1시간 남았고 조치원을 거쳐 가려면 논산에 밤늦게 도착하니 배가 고프지 않아도 간단히 무얼 먹자고 말씀하셨다. 그렇게 찾아간 곳은 비좁은 분식집이었고, 아버지는 튀김, 순대 등을 시키며 소주까지 주문했다.

중년의 여자 주인은 소주를 팔지 않는데도 우리 모습을 보고는 슈퍼에 가서 미지근한 소주를 사다주었다. 배불리 먹은 점심이 꺼지지 않았지만 점점 참담해지는 심정에 술이라도 벌컥 마셔야 할 것 같아 소주잔을 기울이고 있는데, 아버지 입에서 "장평에서 먹고살 게 없어 너 태어나기 전에 고향을 떠나 무작정 처음 온 곳이 제천이다. 여기 시멘트 공장에서 일했었지…"라는 독백이 불쑥 튀어나왔다. 순간 내 손에 들려 있던 잔이 깨질 것 같았다. 처음 알게 된 아버지 이력이었기 때문이다. 이곳에서 얼마나 많이 고생하셨으면 자식들에게 그 이야기만큼은 하지 않았을까? 그때 내 허접한 참담함의 실체라는 건 누구는 유명 작가가 되어 생가터 조성으로 가문을 빛내는데, 난생처음 생가터를 보았던 나의 현재는 무명의 실직 작가라는 사실이 쪼아대고 있는 졸렬한 생채기 같은 것이었다. 아버지 희망대로 경찰대를 갔거나 대기업에 취직을 하거나 하물며 선생이라도 했으면 얼핏 티 나는 거짓말을 하지 않게 했을 것이고, 세계 최고의 도로 점유율을 자랑하는 우리나라에서 편하게 벌초를 다녀오지 않았을까?

바보 같은 나의 눈물

세월이 흘러도 여전히 운전면허가 없는 나는 청량리역에서 기차를 타고 1시간 만에 제천역에 내렸다. 하지만 에스컬레이터로 내려가는 기차역 광장 앞에서 벌어지고 있는 공사 장면을 마주하니 그 무엇도 그때의 장소를 가늠할 수 없었다. 지금도 유명세와는 거리가 있는 삶을 살고 있지만, 그래도 수장고에 갇혀 있는 기억을 꺼내 과감히 메스라도 대면 무엇이 어떻게 달라져 있는지 그 얽힌 세계를 다시 보려 했는데, 이제 내가 갈 곳은 기름 냄새 배어 있던 그 분식집이 아니라 빗방울 뚝뚝 떨어지는 의림지인 것 같아 애면글면 버스에 올랐다.

새벽부터 내린 빗줄기는 장소를 옮겨도 점점 거세지고 있었다. 등산화는 젖어가다 못해 발등으로 시린 기운을 못 박는 것 같았고, 조금만 기울여도 한쪽 어깨가 축축해지는 우산 사이로 들이쳐대는 비들이 마음을 일그러지게 할 때마다 오래된 저수지 풍경을 돋보이게 하며 걷게끔 하는 소나무, 왕버들을 보면서 한두 시간이면 만끽할 장소를 느려터지게 천천히 걸었다. 감동의 눈물이 의림지 물만큼 터질 줄 알았던 이야기를 제천역에서 감흥해내지 못한

제천 의림지.

허탈함이 우중에도 계속 걷게 한 것 같았는데, 그건 그에 버금가는 스토리를 답사 현장에서 마련하라는 주문 같기도 했다. 그래서 용추폭포 수변데크 끝자락에서 산길로 접어들었고, 아버지와 함께 살았던 시골 고향의 나무를 두리번거렸지만 그 무엇도 눈에 잡히지 않았고 언젠가 소개해야 할 흔한 산초나무가 빗속에 구슬아이스크림만 한 열매를 보여주고 있었다.

　산초나무는 운향과 낙엽 관목으로 높이 1~3m 정도로 자라는데 이름과 관련해서는 후추 등 열매껍질에서 강한 향기가 나는 나무를 오래전부터 한자로 초(椒)라고 했고, 그중에서도 산에서도 잘 자라는 나무라 산초나무라고 했단다. 산초나무는 암수딴그루로 여름에 새 가지 끝에 우산 모양의 꽃차례에 연한 녹색의 꽃잎들이 5개씩 모여 달리는데 길이는 2mm로 아주 작고 향기가 없다. 수꽃은 수술이 5개이고 꽃밥은 노란색이다. 암꽃에 있는 1개의 암술은 3개의 골이 있고 암술머리도 3개로 갈라지는데, 꽃이 피었을 때 가까이 가서 보면 오밀조밀한 모습들이 앙증맞고 귀엽다. 9월이 되면 가지 끝에 길이 4~5mm의 작고 둥근 열매를 맺는데, 10월이 지나면 두세 가닥으로 갈라지면서 적색이 되고, 그 안에는 길이 3~4mm의 검은 씨가 있다. 약이 없던 시절 산초나무 열매로 짠 기름이 각 가정의 상비약이었다고 한다.

가을 보양식으로 먹는 추어탕에 넣는 향신료를 산초라고 하는데, 한국의 초피를 일본에서는 '산쇼(山椒)' 그러니까 산초라고 한단다. 즉 산초는 기름을 짜서 먹는 식물이고, 초피나무의 열매가 향신료로 쓰이는 것이니 엄밀히 말해 우리가 먹는 산초는 초피가 된다. 식물 이름은 늘 어렵다. 국가표준식물목록에 있는 이름만 알고 있으면 낭패다. 지역마다 다르고 나라마다 문화 차이가 있어 맥락 속에서 이해를 해나가야만 식물의 온전한 생태를 엿볼 수 있다.

빗속이라 아무도 오가지 않는 산길을 나와 문을 열지 않은 것 같은 가게 앞 의자에 앉아 지나온 의림지를 내려다본다. 그러고는 나무 이야기를 만들어본다. 올바른 정보와 사실로 엮여야 할 스토리텔링에 충실하면서 쭉쭉 만들어가는데 사라졌을 것 같은 분식집을 보지 못한 허탈함을 뚫고 나간 궁흉함이 나를 막막하게 한다. 세탁기에 들어간 듯한 젖은 몸인데도 건조한 사막처럼 도무지 감정이 일어나지 않는다. 상상력을 접붙여 소설을 썼을 때의 그 잊힌 희열이 나를 부추긴다. 하지만 나는 예술가의 재능이 없다는 걸 일찍 간파하지 않았던가? 그래도 불쑥불쑥 물고기처럼 고개를 내민다. 소설이 좋은데.

냉기 가득한 가슴이 바위에 으스러질 것 같아 이어폰을 꽂고 럼블피쉬의 〈비와 당신〉을 듣는다. 빗줄기보다 더 거세고 용추폭포보다 더 요란한 눈물이 흐른다. "이젠 괜찮은데 사랑 따윈 저버렸는데 바보 같은 난 눈물이 날까"를 반복해 듣는다. 나의 핏빛 눈물이 의림지를 채울 것 같다. 사랑했던 소설 쓰기를 버리고 산문을 쓰며 자기애로 살고 있는데, 난 아무것도 버리지 못한 바보이고, 난 지금도 눈물만 흘린다. 울컥 토하고 싶다.

부리나케 의림지를 떠나 제천역을 다시 둘러본다. 텅 빈 고요뿐이다. 시장 한복판에서 술추렴을 하는 분들이 서넛 있었지만, 모두가 적막하다. 한없이 떨어지는 나를 흔들기 위해 제천역이 보이는 국밥집에 앉아 상에 있는 향신료를 마구 넣어대며 홀로 술주정을 한다.

《유도라 웰티의 소설작법》을 보면, "글의 원천인 장소를 생각하자"와 "핵심은 소설의 생명력이 장소에 좌우된다는 사실이다"라는 문장이 나온다. 그랬던 것 같다. 나무를 찾아다니고, 가보지 않은 곳을 가보며 다시 부풀어 오르고 터지려고 한 것은 마른 현실을 뭉클하게 적시는 상상력을 확 뿌릴 수 있는 소설을 또 쓰려는 욕망 같다. 묻으려고 해도 묻히지 않는 아버지의 삶과 팍팍한 나의 삶을 베어내지 않고 이야기로 만들면 가식의 어둠이 걷히며 진정한 진실을 마주하게 될 것 같아서다. 그게 설령 감당하기 어려운 고통일지라도.

진심과
경기도 파주 율곡수목원
망초

진심을 파헤쳐줄 그릇된 패러다임

소설가라는 타이틀이 있지만 거미줄 걷히지 않은 세월 소설을 쓰지 않았던 내가 다시 소설을 써보고 싶은 이유는 그릇된 패러다임을 바꿀 수 있는 주제가 생겼기 때문이고, 거기에 씨줄과 날줄로 얽혀 있는 심적 모순을 꼭 허구가 틈입한 글로 들여다보아야만 진정한 참회의 눈물을 흘리며 나의 진심을 직면할 수 있지 않을까 하는 생각이 들어서다.

새로운 일을 해내려면 관련 책을 읽는 게 기초 공사가 되는 법, 먼저 '식물인간'을 키워드로 인터넷 서점에서 검색해보았고, 《아내가 식물인간이 된 날 기적이 내게로 왔다》라는 일본 에세이를 읽게 되었다. 치과의사이자 심리치료사인 저자는 아내가 운전하는 차를 함께 타고 가다가 교통사고를 당했고, 아내의 첫 수술 후 이런 말을 듣게 된다.

"부인의 의식이 언제 돌아올지는 모르겠습니다. 말씀드리기 어렵지만 잘해야 식물인간입니다."

앞부분에서 이 책을 끝까지 읽어야 할 의미가 부여된다. 내가 쓸 소설의 핵심 주제는 '식물인간'이란 단어를 언어세계에서 퇴출시키는 것이기 때문이다. 식물인간(植物人間, vegetative state)은 사전적 정의로 "의식이 없고 전신이 경직된 채로 대사라는 식물적 기능만을 하는 인간"인데, 이처럼 식물을 모욕하는 비유도 없다는 생각이 들었다. 식물은 식물호르몬으로 주변과 가장 알맞은 상호작용을 통해 우리보다 끈질긴 생명력을 보여주기 때문인데, 왜 고요하게 멈추어 있는 듯한 모습이라고 해서 움직일 수 없는 사람에게 식물이라는 딱지를 붙인다는 말인가?

일반인보다 사람 몸을 잘 아는 저자도 "하지만 식물인간이 될지 모른다는 말에도 저는 놀라지 않았습니다. 오히려 식물인간 상태라도 살아 있어 주기를 바랐습니다"라는 말로 '식물인간' 개념을 자연스레 받아들인다. 그런데 이 대목에서 내가 쓰고 싶은 또 하나의 이야기가 차가운 불꽃을 뿜어낸다.

오랫동안 누워서만 지내시던 엄마가 호흡 곤란으로 응급실을 통해 중환자실로 직행했을 때다. 곧 이별해야 할지도 모르는 상황에서 마주한 엄마의 흐릿한 눈을 보며 더 살아 계시는 것보다 이제 안녕을 고하는 게 당신에게도 편하지 않을까 하는 신호를 보냈다. 아들이 보낸 기가 막힌 눈빛에 화가 치밀었는지 엄마는 깨어났고 그 뒤 몇 년을 더 누워 사시다가 돌아가셨다.

식물인간으로 명명된 저자의 부인은 다시 살아나야 한다는 남편의 진심어린 바람으로 회복이 되었는데, 그가 서술한 평범한 다음 문장이 나를 아프게 했다. "진심에는 원하는 것을 끌어당기는 힘이 있습니다. 진심이 주변 사람을 움직입니다."

다시 집으로 돌아가 아버지의 보살핌을 받으며 사셨던 엄마에 대한 나의 진심이 무엇이었는지 그 모호한 실체가 어떻게 드러날지 나도 궁금해지는데, 그 이야기를 이끌 중심축이 식물인간에 대한 패러다임이다. 그러니까 식물인간 단어를 없애고자 한다는 것은 식물 외경심인데 왜 나는 식물처럼 움직이지 못하는 엄마에게서 조용한 사멸만 사유했을까?

"이야기를 통한 의미 탐색은 멀리 있지 않다. 저 사람들은 왜 저러는가, 지금 무슨 일이 벌어지고 있는가, 나는 이렇게 살아도 되나, 과연 무엇이 선하고 아름다운 것인가…."

《스토리텔링, 어떻게 할 것인가》에 나오는 문장인데, 아마 지금 구상하고 있는 소설을 본격적으로 쓰기 시작한다면 내 진심의 면면들이 분명 선보다는 악에 가깝게 기울어 있을 것으로 간주되지만, 모든 기억은 현재의 시점에서 재구성되는 법, 무엇이 어떻게 펼쳐질지 확신어린 진단은 없어 보인다.

율곡에서 이어지는 엄마

소설을 써야겠다는 간절한 희망이 폭발한 것은 제천 의림지에서였지만, 소설 가닥이 아버지에게서 엄마로 옮겨간 건 경기도 파주 율곡수목원 답사에서였다. 물론 엄마 이야기에 아버지가 당연히 맞물려가겠지만, 부모를 대하는 내 진심이 무엇이었는지에 대한 실태 파악은 엄마가 더 많은 걸 알려줄 것 같아서다.

라디오 방송 새 답사지로 율곡수목원을 선택한 것은 특별한 이유가 있어서는 아니다. 숲해설가 동기 분이 나무 동정에 어려움을 겪고 있는 내게 도움을 주고자《우리나무 비교도감》(박승천 글과 사진)을 저자로부터 직접 구입해 선물로 주겠다고 했고, 이 책을 받기 위해 동기 분 직장이 있는 파주에 가는 김에 들러보기로 한 것이다. 몇 년 전 글쓰기 수강생 분들과 현장 글쓰기를 위해 가본 적이 있는 곳이기도 하지만, 그때는 수목원 조성 초기였고, 딱히 나무에 큰 관심이 없었던 때라 그곳 전망대에서 임진강을 보았던 것 말고는 특별한 기억은 없었다.

동정이 어려운 나무가 있으면 늘 자세하게 알려주시는 동기 분이 파주역으로 차를 가지고 왔는데 내가 타자마자 "오는 길가에 싱아가 많이 피어 있습니다. 싱아부터 보실래요"라고 했는데, 목적지만 아른거리던 나는 "아닙니다. 일단 수목원으로 가시죠"라며 친절한 호의를 밀어냈다. 큰 목표를 위해 일관되게 질주하는 패턴의 삶을 사는 것도 아닌데 이상하게도 길만 나서면 목적지부터 찍어야 안정을 찾던 나는 습관대로 답사를 마친 뒤 늦은 점심을 먹자는 생각이었는데, 동기 분은 직장인답게 시간에 맞추어 추어탕 집에 차를 댔다. 그런데 점심시간 플러스 1시간 짬을 내었기에 빠르게 움직인 뒤 돌아가야 한다고 하면서도 동기 분은 식당 화단에 피어난 꽃에 스마트폰을 갖다 대며 식물 동정에 진심이었다. 나는 빨리 목적지에 가고 싶은 마음뿐이었지만, 동기 분은 추어탕을 보더니 차에 초피가루가 있다면서 또 움직이는 것이었다. 초피가루를 넣으니 맛은 끝내주었지만, 급한 마음은 누그러들지 않았다.

짧은 점심시간은 초조하게 지나가는데 율곡수목원으로 향하는 차는 아주 잠시 길을 잘못 들었고, 방향을 다시 잡아 주차장에 내렸는데, 동기 분은 주변에 심어져 있는 나무들을 또 한참 보는 것이었다. 나는 목적지, 목적지만 되뇌며 다급한 심정을 가득 누르고 있었는데, 수목원을 돌면서도 동기 분은 빨리 돌아가야 한다면서도 식물 하나하나를 진심으로 보았고, 결국 애초의 시간보다 길어지고 있었다. 급하게 서둘렀던 건 나였다. 그것은 율곡수목원 지형 파악이 어렵지 않았고, 라디오에서 해설할 식물도 동기 분 도움을 받아 금방 정할 수 있었기 때문이기도 한데, 진짜 이유는 지금까지 동기 분과 함께 나무 공부를 하면서 느꼈던 생각이 불현듯 떠올랐고, 그것이 나를 부끄럽게 해서다.

코로나19 이전 나는 고양시와 파주시에 살고 있는 숲해설가 동기 분들과 부지런히 나무 공부를 한 적이 있었다. 나는 그저 따라다니면서 나무 동정을 하는 동기 분들의 말을 들었는데, 그것만 해도 무척 큰 공부가 되었다. 식물도감을 읽는 것보다는 천만 배 실용적인 지식이 나의 뇌에 주입되었기 때문인데, 한번은 고양시 개명산에 간 적이 있었다. 오전에 만나 중간에 간단한 요기를 하면서 자연산 나무들을 보고는 어느덧 내려오게 되었는데, 서너 시간 걸려서 다녔던 길 하산 시간이 30분에 불과한 것이었다. 그러니까 한 나무에 오래 머물면서 그 나무의 모든 것을 보았던 것 같은데, 그것은 밤새 최고의 문장을 만들기 위해 각고의 노력을 했던 것보다 더 열중하는 시간이었다. 물론 그 시간을 만든 분들은 내가 아니라 동기 분들이었고, 다른 분들도 인정하지만 율곡수목원에 동행해준 동기 분의 나무 동정에 대한 열의만은 단연 본받아야 할 식물 탐구의 기본 자세였다. 그것은 식물과의 진심 어린 교감을 추구하기에 가능하다는 생각을 하게 되었는데, 코로나 이후 잠깐 나선 길이었지만 그 모습을 다시 보니 식물을 대하는 내 마음에는 식물을 알고 싶은 진심 따위는 임진강 너머 있는 철책선 같은 것이었다.

부모님을 진심으로 대했는지, 소설 쓰기에 진심이었는지, 지금 주어져 하고 있는 식물 공부에도 진심이 있는지, 갈피를 잡기 어려운 마음으로 후환만이 급습하고 있을 때 화려한 꽃들 사이에 불쑥 솟아오른 망초가 눈에 잡혔다.

망초와 개망초는 모두 국화과 풀로 꽃은 비슷하면서도 차이가 난다. 망초는 7~9월에 개화하는데 활짝 피려다 만 모습이고, 개망초는 6~7월로 조금 일찍 개화하는데 노란 대롱꽃 주위로 하얀 혀꽃을 활짝 피우고 있어 그 모습이 달걀프라이 같다고 해서 계란꽃으로도 불린다. 망초는 높이가 2m까지 자라고 잎 길이가 7~10cm, 너비 1~1.5cm로 양끝이 좁아지는 선형이고, 개망초는 높이 1m까지 자라는데 잎 길이가 4~15cm, 너비 1.5~3cm로 양면에 털이 있고 가장자리에 톱니가 드물게 있다.

파주 율곡수목원의 망초. 하필 망초가
내 눈을 사로잡은 이유는 무엇일까.

많은 분이 망초보다 예쁜 개망초에 왜 좀 못하다는 의미의 '개'
를 붙였냐며 아쉬워하는데, 식물의 최종 목적은 생존이다. 《식물
학 수업》을 보면, 망초는 가을에 싹을 내어 해를 넘기는 겨울형한
해살이풀인데, 교란이 큰 장소에서는 느긋하게 성장하며 꽃을 피
울 여유가 없어 봄부터 여름에 걸쳐 발아한 뒤 몇 주 만에 성장해
꽃을 피워 여름형한해살이풀로 산다고 한다. 이처럼 성장 패턴을
처한 환경과 조건에 따라 바꾸는데 이 모습이 개망초보다 뛰어나
망초는 망초로, 그와 비슷한 망초는 개망초로 부른다는 것이다. 망
초를 망국초라고도 하는데, 일본이 자원 수탈 등 여러 목적으로 우
리나라에 철도를 놓을 때 거기에 쓰인 침목에 북아메리카 원산 망
초 씨가 붙어와 철도를 놓을 때마다 망초가 피어나 그렇게 불렸다
고 한다.

망초가 눈을 확 사로잡은 건 내가 망할 놈의 인간이라서기도 했지만, 그 단초는 율곡수목원의 율곡이었고, 그 연결고리를 풀면 율곡에서 사단칠정(四端七情)이, 사단칠정에서 엄마가 이어졌기 때문이다. 밤에는 소설만 쓰고, 낮에는 도서관에 가서 책만 읽던 무렵, 엄마는 도서관에 가는 내 손길을 붙잡고 그 옆에 있는 뷔페로 들어갔다. 동네 분의 결혼식이었는데, 얇은 봉투 하나 건네주고 두 사람이 왔으니 민망하기는 했지만, 엄마는 나보고 많이 먹고 가라고 했다. 배부른 돼지가 되어 도서관에 앉아 소설에서는 감정 묘사가 중요하다면서 사단칠정 관련 책들을 보고 있던 내가 얼마나 한심스러웠는지 비애만 가득 흘러넘쳤다. 그래도 자존심을 세운다며 물질(氣)보다는 정신(理)이 우선이라며 보낸 세월, 그 철없던 어두운 내면을 나는 율곡을 마주할 때마다 떠올린다.

삶과 사물을 대하는 모순 가득한 나의 거짓 진심들이 조만간 써내려갈 소설에서 낱낱이 드러날 것 같지만, 그래도 진심을 보여주지 않을 거라고 의심되는 것은 바닥에 철석같이 붙박여 있는 위악 때문이다. 그 징글맞은 위선을 식물들이 꼭 벗겨주길 바라며 집으로 돌아와 《우리나무 비교도감》에 담긴 진심을 보고는 《그 많던 싱아는 누가 다 먹었을까》를 다시 읽는다. 식물 도감에서 식물 소설로 가는 건 진심일까.

기억과

충남 아산 신정호

탱자나무

존재감을 높게 만들어주는 나무

살다보면 부끄러운 과거를 지우고 싶기도 하고, 상처 짙은 일들을 말끔히 날려버리고 싶을 때가 있다. 그런데 여전히 내가 살아 있는 한 무의식에 잠겨 있는 상흔들이 불쑥불쑥 소용돌이로 솟아올라 뿌리까지 뽑을 듯 흔들리는 삶을 거꾸러뜨린다. 참혹하다. 그래서 어린 시절의 자아와 어른이 된 지금의 자아는 다르다는 사유를 굳히며 안온한 행복을 찾으려고 했다. 즉 노력이 동반되는 변화를 통해 내가 나를 온전히 받아들이는 상태가 될 수 있다는 믿음을 가지려고 애썼다. 거둬내어야 할 지난날들은 싹둑 도려낸다는 것이다.

하지만 무수하게 지나간 흔적들이 나를 만들고 있다는 팩트에 몸부림칠 무렵 읽게 된 《밀란다팡하》에서 죽기 직전까지 나는 나일 수밖에 없다는 사실을 알게 되었다. 그것은 그리스의 메난드로

스 왕과 나가세나 비구가 펼치는 불교에 대한 대론(對論), 그러니까 서로 대화를 나누며 진리를 탐구해가는 이 책의 다음 구절을 접하고 나서다.

"내 자신은 등에 업힌 연약한 갓난 아이 적의 나와 어른이 된 지금의 나와 같습니다. 모든 상태는 이 한 몸에 의하여 하나로 포괄(包括)되어 있기 때문입니다."

버리고 싶은 나도, 꼭 기억하고 싶은 나도 '포괄'이라는 단어로 정리된 순간, 나는 생물학적 내 몸이 있는 한 아무리 천지개벽할 인식 세계에 들어가도 결국 나일 수밖에 없다는 명백한 사실을 인정하며 무던하게 살기로 했다. "만일 그대가 그 어린애가 아니라면 그대는 어머니도 아버지도, 또 선생도 없었다는 것이 됩니다"라는 《밀란다팡하》의 문장을 부정하기가 어려웠다는 것이다.

살아온 모든 내가 포괄되어 있는 현재의 삶을 어떻게 하면 행복하게 살 수 있을까? 정말 떠올리기 싫은 포괄적 나의 한 모퉁이는 어떻게 안고 가야 할까? 《은유와 마음》을 보면, "'과거에 대한 기억'은 지금의 '나'에 의해 경험되는 것이다. 다시 말하면, 과거에 발생한 일을 지금 기억하는 것이 아니라 지금 내가 기억하고 있는 것이 나의 과거이다"라는 문장이 나오는데, 이는 과거의 내가 경험하고 행동한 결과로 현재의 내가 형성되는 것이 아니라, 현재 내가 기억하고 있는 것에 의해 나의 과거가 구성된다는 것이다. 이 말은 생물학적으로도 맞고 인식론적으로도 타당한 것 같다. 서울대 불문과 졸업, 동양미학 박사 그리고 현재는 스님인 명법 스님의 《은유와 마음》을 읽게 된 것은 변화되는 나를 응시하고 싶어서였는데, 그 원리는 이 책 소개를 보면 수긍이 갈 것이다.

"세상은 이야기로 이루어져 있기 때문에 이야기를 없애는 건 불가능하다. 하지만 이야기를 바꾸는 것은 가능하다."

무지몽매한 날들

나무 공부를 하기 전까지 글을 쓸 때 나무가 등장할 경우 피상적으로 썼다. 그 나무가 그 나무 같아 나무 동정이 어려웠기 때문이기도 하지만, 움직이지 못하는 나무를 배경으로만 삼을 뿐 그 위대한 생명력을 얕잡아 봤기 때문일 것이다.

아래 글은 글쓰기 수업을 효율적으로 하기 위해 내가 쓴 《쓰면 는다》에 나오는 내용이다.

"다음 글은 내가 쓴 《백수산행기》에 나오는 글입니다. '어찌 보면 당연한 일이었다. 언제나 그렇듯 눈으로 산을 훑으며 이 봉우리가 어느 봉우리인지 살피는 데에만 정신이 팔려서 산에 살고 있는 나무, 새, 꽃 들에 대해서는 무관심하기 짝이 없었기 때문이다. 나무는 그저 소나무·신갈나무·상수리나무·산벚나무, 그리고 새라면 비둘기·딱새·딱따구리, 꽃은 산수유·개나리·진달래·벚꽃 말고는 더 이상 아는 게 없었다. 문득 내가 산에 대해 뭘 알고 있나 하는 부끄러운 생각이 들었다.' 2009년에 쓴 글인데, 2018년 숲해설가가 되고 나서 다시 보니 이런 엉터리 글도 없다는 생각에 부끄러움을 넘어 자괴감이 깊숙이 치고 들어왔습니다. 꽃으로 분류한

'산수유·개나리·진달래·벚꽃' 가운데 '산수유·개나리·진달래'는 엄연히 나무이고, '벚꽃'은 벚나무에 피는 꽃입니다. 숲에 대한 무지몽매한 인식을 가지고 10년 넘게 산을 다니며 심기일전했다는 내 자신이 한심스럽기는 하지만 이제라도 아니 다행입니다."

부끄러운 고백을 신랄하게 한 것인데, 방대한 식물학 세계에 대한 이해는 아직도 무지몽매에 가깝다고 할 것이다. 그런데도 나무 공부를 지속하는 이유는 전과 다른 연결이 이루어지면서 그 안에 들어차고 있는 생각들이 나를 애틋하게 여기면서도 기쁜 연민을 안겨주는 것 같기 때문이다. 즉 사는 게 좋아지고 있다는 느낌이 든다는 것인데, 특히 가장 기특한 것은 나무를 통해 길어올려지는 과거의 기억이 수북한 고봉밥처럼 내 마음을 부풀게 할 때다. 그중에 한 나무가 탱자나무다.

숨이 멎을 뻔했던 탱자나무

숲해설가 교육을 받을 때 자주 바람 쐬러 갔던 곳이 국립고궁박물관이다. 그곳 뜰에는 많은 나무가 심겨 있는데, 그해 봄 탱자나무의 잎이 나기 전 가시가 있는 곳에 핀 하얀 꽃을 보고는 숨을 멈출 뻔했다. 어릴 때 고향집 울타리였던 탱자나무를 다시 보게 될 줄은 몰랐고, 그 가시 사이에 흐르는 어두운 색조가 탱자 하나 먹어보겠다고 손을 쭉 뻗다 긁힌 슬픈 장면을 아프게 하늘로 떠올리고 있었다. 나무 공부를 하지 않았으면 절대 지나지 않았을 길옆에서 마주한 탱자나무에 오래 머물며 '아, 나무가 나의 삶을 새롭게 직조하는구나' 하는 생각에 약한 오열이 이는 것에 깜짝 놀라기도 했다. 나무가 매개가 될 앞으로의 삶에 눅눅하고 흙바람 탁하게 일렁이는 기억들이 하얗게 빛날 것 같은 희망으로 온 몸이 가득해져 살아갈 용기를 한 움큼 얻은 기분이 들기도 했다.

그 뒤 그다지 빛나지 않았던 어린 시절을 다른 이야기로 만들고 싶을 때는 국립고궁박물관 탱자나무를 보러 가곤 했는데, 그래서일까, 충남 아산에 답사를 가기로 결정하는 순간부터 왠지 탱자나무만 아른거렸다. 그것은 내가 두 살 때부터 열 살 때까지 살았던 곳이 충남 논산이었기 때문이다. 같은 충남이니 혹 그래도 대량으로 탱자나무를 만날 수 있을 것 같았다.

온양온천역에 내린 나는 답사지로 물색한 아산 영인산수목원에 가기 위해 버스에 올랐다. 그런데 조금 가다 보니 반대방향으로 가는 것 같았는데, 빠르게 달리는 버스에서 운전석까지 다가가 물어보기가 난감해 멍하니 창밖만 보았다. 버스는 잠깐 사이에 종점에 도착했고, 그제야 기사님에게 다가가 물으니 이 버스는 2시간 뒤에나 출발한다고 한다. 치밀하지 못한 나를 탓하며 주위를 둘러보는데 도로 건너 커다란 저수지가 보였다. 그래서 일단 다가가보니 신정호라는 이름을 갖고 있었고, 잠시 검색해보니 아산에서 유명한 명소였다. 방송을 하는 데 적합할 것 같아 영인산수목원은 포기하고 넓은 신정호 수변산책길을 천천히 걸었다. 무슨 나무를 소개할까 염두에 두면서 풀과 나무들을 보아 가는데, 반갑게도 탱자나무가 울타리처럼 조성되어 있었다.

아산 신정호 정경과 탱자나무 열매. 늘 푸른 탱자나무 가 시처럼 나 또한 푸른 이야기로 살 수 있기를.

탱자나무는 운향과 낙엽관목으로 높이 1~8m까지 자라고, 가지에서 1~4cm의 굳센 가시가 난다. 끝이 바늘처럼 뾰족하고 단단해 깊게 찔리면 피가 날 정도로 아픈데, 관목 특성상 우거져 자라기 때문에 줄기와 가시가 덤불처럼 엉켜 있는 듯해 접근도 통과도 어려운 나무다. 그래서 울타리로 많이 심었는데, 가시가 있는 나무들은 액운을 물리친다고 해서 전염병이 돌 때 방문 앞에 걸어놓기도 했단다. 대표적인 게 음나무인데, 음나무를 걸면 저승사자도포가 가시에 걸려 못 들어오지만, 탱자나무는 아예 처음부터 들어오지 못한다고 한다.

삶의 터전을 지켜주는 최고의 울타리로 인정받았던 탱자나무 가운데 강화도에 천연기념물로 지정된 두 그루의 탱자나무가 있다. 400살로 추정되는 강화도 탱자나무는 고려 고종 때 몽고의 침입을 막기 위해 성 주변에 탱자나무를 많이 심었고, 그 후손들이 살아남아 현재까지 그 의미를 전해주고 있다.

충남 서산의 해미읍성도 조성 당시 성 둘레에 탱자나무를 많이 심어 탱지성으로도 불리는데, 나라를 지키고 나의 집을 지키는 탱자나무와 관련된 사자성어가 두 개 있다. 먼저 위리안치(圍籬安置)인데, 조선시대에 '안치(安置)'라는 형벌이 있었다. 안치에는 죄인을 고향에 두는 본향안치(本鄕安置), 먼 변방에 두는 극변안치(極邊安置), 먼 섬에 두는 절도안치(絶島安置) 그리고 더욱 엄격히 출입을 금하여 탱자 가시 울타리를 쳐서 두는 위리안치(圍籬安置)가 있는데, 위리안치는 대개 왕족이나 높은 벼슬아치의 죄, 그러니까 정치적 범죄에 가해지는 형벌이었다.

다음으로 귤화위지(橘化爲枳)다. 《조선왕조실록》〈세조실록〉을 보면, "강북(江北)에는 탱자[枳]가 있고 강남(江南)에는 귤(橘)이 있는데, 춘풍(春風)이 화창(和暢)하니, 영화를 베풀고 특수하게 기르는 것은 한가지이다"라는 임금의 말이 나오는데, 중국에서 전해진 이야기로 귤이 강북에서 자라면 탱자가 되고, 귤이 강남에서 자라면 귤이 된다는 것으로 사람은 환경에 따라 변한다는 의미다.

어릴 때 탱자나무를 먹다 신맛 때문에 뱉어낸 적이 많았는데, 도시로 이사가 처음 먹어본 귤이 그렇게 고급스러워 보일 수가 없었다. 그런데 알고 보니 귤, 천혜향, 레몬 등의 귤속 나무는 반드시 탱자나무를 밑나무 즉 대목으로 사용해야만 맛있는 과일을 만들 수 있다고 한다.

비록 경계의 울타리는 아니었지만 그래도 풋풋한 추억을 와락 쏟아주고 있는 탱자나무와 탱글탱글하게 익어가고 있는 노란 열매를 보니 과거의 나처럼 손을 쭉 뻗어보고 싶었다. 하지만 그렇게 하면 상처가 날 것 같아 멈칫하고는 탱자나무에 가득 번지고 있는 고향집과 마을 풍경을 내 한 몸에 가득 담아보는데, 근육질이 아닌 내 몸이 탱탱해지면서 존재감이 팽창하는 것 같은 희열을 순간 맛보았다.

《헤르만 헤세의 나무들》을 보면, "한 장소가 우리에게 남겨준 이미지에는 물과 암벽, 지붕과 광장 등 많은 것들이 들어간다. 내 경우엔 나무들이 가장 많이 담긴다. 나무들은 그 자체로 아름답고 사랑스러울 뿐만 아니라 건축물로 자신을 표현하는 인간에 맞서 자연의 무구함을 내세운다"라는 문장이 있다. 나무를 매개로 과거를 기억한다는 것, 그것은 헤세의 말대로 자연의 무구함이 시들어 가는 내 몸에 스미는 것이기에 늘 푸른 탱자나무 가시처럼 나 또한 푸른 이야기로 살 수 있을 것 같다. 그래서 나무에게 늘 말한다. 고마워요.

억지와
인천대공원
자귀나무

소화하기 어려운 칸트를 넘어 숲으로 나무로

독일 철학자 임마누엘 칸트를 처음 알게 된 건 국민윤리 시간이었
고, 칸트 저서를 읽게 된 건 아버지 실직 때문이었다. 자세한 회사
사정은 모르지만 중간 간부들이 경영자 몰래 자재를 빼돌리며 경
영난을 겪게 되었고, 그 후 노사갈등까지 겹쳐 공장이 문을 닫게
되면서 회사 내 물품 처리가 문제였나 보다. 그 가운데 아무도 가
져가지 않으려고 했던 게 빨간색 표지의 세계문학전집과 세계사
상전집이었던 것 같다. 그 외에도 《대망》 등 전집류가 마루 책장을
가득 채웠는데 정확한 제목들은 모두 기억나지 않고 다만 아버지
가 다녔던 회사 이름이 책배에 선명히 찍혀 있었는데, 어느 날부
터인가 아버지는 그 회사에서 가져온 듯한 회전의자에 앉아 책을
읽고 계셨다.

　그것도 잠시, 아버지는 가족 생계를 위해 연장도구 가득한 가

방을 메고 노가다를 다니기 시작했고, 고등학생이었던 나는 틈만 나면 ㄱ 의자에 앉아 책을 하나씩 꺼내서 읽기 시작했다. 그 무렵 서울대 철학과를 나왔다는 국민윤리 선생이 철학 사유라고는 할 줄도 모르는 듯한 우리를 무시하는 말들을 자주 하는 걸 보고는 화가 치밀어 투명한 유리 책장 안에 꽂혀 있는 칸트의 《순수이성비판》과 《실천이성비판》을 읽어보았다. 한마디로 거의 이해하지 못했고, 그게 부끄럽고 창피해 억지로 뭔가를 알아들은 듯 폼을 잡으며 친구들에게 칸트를 종알거렸다.

뭣도 모르면서 존재감 과시를 위해 행했던 잡설이 수치심을 불러일으켜 철학과에 가서 본격적으로 공부를 하고 싶었으나 여러 이유로 진로가 바뀌었고 칸트 자리에 마르크스가 들어오면서 순수 사유에 대한 열의는 무의식으로 잠수했다. 복잡하다 못해 상식의 논리로 접근하다 보면 안개 속에서 망치를 맞는 듯한 기분이 들어 칸트를 다시 들여다보지 않았는지 아니면 계급투쟁이란 명확한 구도에 매력을 느껴서인지 칸트를 잊고 지내던 세월, 갑자기 칸트가 다시 찾아온 건 처음부터 인간과 세상 그리고 우주에 대한 존재론적인 질문을 해봐야겠다는 생각이 들었을 때고, 그때는 제대로 되는 일이 없어 낙담하고 있던 40대였다.

그래서 나름 깊은 사유를 담았을 것 같은 책들을 탐독했는데, 《공부 도둑》 등 물리학자 장회익 교수의 저서들이 손에 잡혔고, 그 과정에서 칸트를 정독해나갔다는 장 교수의 말들이 내 심장을 흔들었다. 지금 사회에서 과학이든 인문학이든 칸트의 정신세계를 통과하지 않고서는 그 어떤 성과를 내기 어렵다는 인식에 다다른 순간 내 질문과 답들이 초라해 보이기만 했다. 그렇다고 다시 칸트를 정독하기에는 복잡한 사유를 올곧게 해나가지 못하는 아둔함이 마음 편하도록 포기를 종용했지만, 그래도 미련이 남아 칸트를 틈틈이 접하던 무렵 독일 카셀 대학 김덕영 교수의 다음 글을 읽고는 칸트가 정말로 위대한 사람이라는 걸 느끼게 되었다.

"칸트의 기념편액에는《실천이성비판》의 마지막 구절이 양각되어 있는 것으로 유명하다. '그것에 대해서 자주 그리고 계속 숙고할수록 점점 더 새롭고 큰 경탄과 외경으로 마음을 채우는 두 가지 것이 있다. 그것은 내 위의 별이 빛나는 하늘과 내 안의 도덕법칙이다.' (중략) 그런데 이 도덕법칙은 별이 빛나는 하늘로부터 주어진 것이 아니라 이성적인 존재인 내가 나에게 스스로 부과한 법칙이다. 그래서 별처럼 빛나는 하늘처럼 아름다운 것이다. 바로 이 자율성과 주체성이 칸트 윤리학의 요체이다."

그러니까 칸트는 인간이 스스로 강인하게 살아가는 방법에 대한 사유를 했던 것이지 남들이 도무지 알아들을 수 없는 자기만의 세계에 빠져 살지 않았다는 것이다. 이를 알게 된 뒤 나는 칸트의 사상을 잘 몰라도 좌절이 올 때 칸트처럼 열심히 사유하면서 의지를 다져야겠다는 생각을 하곤 했다.

다 큰 어린이 소주를 마시다

'숲으로 가는 길' 라디오 방송을 위해 답사지로 인천수목원을 정한 건 아버지를 뵌 지 꽤 된 것 같아서다. 그래서 나선 길의 종착지는 아버지라고 여기며 무작정 인천수목원에 갔는데, 코로나19로 잠시 문을 닫는다는 안내문을 읽었다. 코로나19 초기에 수목원을 갈 때는 미리 검색을 해보았는데, 가본 곳 그 어디도 실내를 제외하고는 문을 닫지 않아 모두가 그럴 거라는 생각이 낭패를 가져왔다. 그래서 곧바로 아버지한테 갈까 하다가 인천수목원이 있는 인천대공원을 넌지시 보는데 오래전 풍경이 눈시울을 붉게 적셔왔다.

아마 내가 이십대 후반이었고 출판사를 다닐 때였던 것 같은데, 1996년 공식 개원한 인천대공원이 이를 앞두고 조금씩 공원 모습을 가꾸어갔던 시기다. 아버지가 어디선가 인천대공원에서 큰 행사를 한다는 이야기를 들었던 것 같고, 그날이 마침 어린이날이라 나는 집에서 쉬고 있었다. 그런데 아버지와 엄마가 방에 누워 있는 나를 불러 함께 공원에 가자고 했고, 나는 딱히 거절할 이유가 없어 다 큰 어린이가 되어 소풍 가듯 길을 나섰다.

뚜렷한 기억은 가물거리지만, 오색 풍선들이 하늘을 뒤덮었던 것 같고, 오로지 어린이를 위한 프로그램들이 만연했던 것 같고, 오월은 어린이날 우리들 세상으로 아이들 웃음소리가 가득했던 것 같은데, 일찍 장가를 갔으면 아기라도 있었을 법한 나이에 애인조차 없는 신세로 연로하신 부모님과 어린이날을 보냈던 그 아린 추억이 깊게 드리운 인천대공원, 그냥 떠날 수 없어 나를 답사로 이끌었다. 그때 그 어디선가 우리도 자리를 깔고 있었던 것 같은데, 다 큰 어린이는 아버지가 주는 소주를 마셨고, 이따금 아기들에게 눈길을 주며 환한 미소를 지었던 엄마는 내게 안쓰러운 눈빛을 보내곤 했던 것 같은데, 그 잊히지 않는 삶의 흔적을 찾으려 두리번거려보았지만, 파편조차 주울 수 없었다.

그래서 본래 길을 나선 목적대로 나무 찾기에 신경을 모았는데, 방송에서 다루지 않은 나무를 찾는 것도 만만치 않았다. 또 계절별로 가장 두드러진 특징을 갖는 나무를 담는 게 금상첨화인데, 식물들이 겨울을 준비하는 시기에는 봄꽃처럼 화려한 모습들이 없어 눈길을 사로잡는 나무도 흔히지 않았다. 하지만 모든 나무는 매일매일 다른 모습을 보여주며 관심을 준 만큼 그 차이를 드러내는 법, 그래서 다시 열정을 갖고 발걸음을 떼는데 홀로 외롭게 서 있는 자귀나무가 나를 당겼다.

아름다운 부부, 아름다운 자귀나무

자귀나무는 콩과 낙엽 소교목 또는 교목으로 높이 4~10m까지 자라는데, 꽃도 잎도 열매도 고유 모습이 독특하다. 먼저 가을에 자귀나무라고 알 수 있는 건 콩과 식물이라 콩깍지처럼 꼬투리가 달리는데, 길이가 10~15cm 정도 되는 열매는 갈색을 띠고 있고 마치 마른 작두콩 열매처럼 보인다. 이 열매가 겨울까지 매달려 있으니 열매만 잘 기억해도 자귀나무라고 알 수 있다. 다음으로 잎이 달린 모양만 눈여겨봐도 자귀나무라고 동정할 수 있다.

자귀나무 잎은 2회깃꼴겹잎이라고 해서 가운데 하나의 잎자

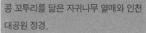
콩 꼬투리를 닮은 자귀나무 열매와 인천
대공원 정경.

루에 7~10쌍의 잎자루가 옆으로 붙어 있는 모습인데, 옆으로 자란 잎자루에는 1~2cm 정도 크기로 낫 모양을 하고 있는 작은 잎들이 짝수로 나 있다. 그러니까 잎들이 잎자루 양쪽으로 나란히 줄지어 붙어 있는 모습이 새의 깃털처럼 보인다고 해서 깃꼴겹잎이라고 하는데, 자귀나무는 이를 두 번 보여준다는 것이다.

그리고 여름이 되면 피는 자귀나무 꽃은 가지 끝에서 잎 위로 피어나는데, 한 나무에 수꽃과 양성화가 함께 피는 수꽃양성화한 그루로 꽃받침이 꽃잎 역할까지 한다. 그 안에서 연분홍색을 띤 실처럼 길게 뻗어 있는 수술이 25개씩 모여 나 참으로 아름다운데, 그러니까 꽃잎으로 보이는 모습이 실제로 꽃잎이 아닌 거다. 그래도 꽃잎으로 보여 이를 보고 공작 깃털 같다고 한다.

자귀나무의 가장 큰 특징은 밤이 되면 짝수 잎들이 서로 포개지는 것이다. 이 모습이 마치 잠을 자는 모습 같아 자귀나무로 불리는데, 이를 보고 자귀나무를 야합수(夜合樹), 합환수(合歡樹), 합혼수(合昏樹) 혹은 황혼나무라고도 부른다. 실제로 밤에 잎을 합하는 것은 광합성을 할 때를 제외하고는 수분 증발을 줄이겠다는 생존 전략인데, 이를 식물의 수면운동(睡眠運動)이라고 한다. 그러니까 식물이 잠을 잔다는 것은 식물은 햇빛이 없는 밤에는 광합성을 하지 않고 호흡만 한다는 것인데 이를 두고 잠을 잔다고 표현하는 것 같다.

여기까지가 자귀나무 정보인데, 이 나무에서 어떤 스토리텔링을 가저와야 할까, 고민이 되었다. 그리다가 자료를 보니 인천대공원이 2016년 네티즌들이 아름다운 숲길 1위로 뽑아 누리상을 받았다는 내용을 접했고, 주제를 아름다움으로 일단 정해보았다. 그리고 나서 책 필사를 해둔 내 파일을 뒤져보는데 몇 달 전 열심히 읽었던 칸트의 《판단력 비판》이 연결되었다. 그래서 방송에서 이렇게 말했다.

"좀 어려운 분이지만 인간의 본성에 대해 많은 사유를 하신 분이 독일 철학자 칸트인데요, 그의 저서 가운데 《판단력 비판》은 미학에 대한 글입니다. 이 책은 '인간이 희망할 수 있는 바는 이 세계가 아름답고 조화로운 합목적적인 질서를 가진 세계라는 것이다'라는 걸 말하고 있는데요, 우리는 같은 대상을 보고 사람에 따라 상쾌하다, 불쾌하다, 다른 인식을 갖는데요, 무심하게 대상을 보아도 모두가 아름답다고 여겨지는 게 숲이 아닐까 합니다. 칸트도 '미란 즉 아름다움이란 무관심하게 사람들을 즐겁게 하는 것이다'

라고 말했는데요, 평소 숲에 관심이 없어도 그저 보기만 해도 아름다움이 느껴지는 숲, 이 가을에 꼭 걸어보시면 어떨까 합니다."

문제는 이제부터였다. 그렇다면 칸트와 아름다움, 자귀나무를 어떻게 또 엮을 것인가?

"자귀나무를 애정목이라고도 부르는데요, 부부 금슬이 나빠지면 자귀나무를 일부러 앞마당에 심었다고 합니다. 이 나무껍질을 삶아서 같이 마시면 절대 이혼하지 않는다고도 하는데, 무심히 보기만 해도 부부 사이를 좋게 해준다는 나무, 그 자체가 아름다움이 아닐까 생각해보았습니다."

소화가 안 된 듯 명치에 걸린 문장이었지만 방송에서 말을 해버렸다. 역시 댓글이 달렸다. "억지 같아요." 진심이 담긴 이 문장을 되뇌며 반성을 깊게 해보았다. 칸트가 내 안에서 숙성되지 않아 벌어진 일, 이제 어떻게 해야 할까? 다시 칸트를 파고들어야 할까?

그것도 해나가면 좋지만, 보기만 해도 아름다운 나무와 숲을 보며, 펼쳐지는 내 삶을 아름답게 가꾸어보는 게 나을 것 같다. 그 안에 어린이 심성이 가득하면 더 좋을 것이고. 모든 게 아름다워지는 가을 단풍의 계절이다. 걷고 또 걷자.

장어와
전북 고창운곡람사르습지
청미래덩굴

회복탄력성의 롤 모델은 자연

비싼 장어를 돈 생각 않고 실컷 먹었던 적이 딱 한 번 있었는데, 사회 첫 직장에서 처음 나간 첫 취재 자리였다. 소설을 쓴다고 자비로 체험 여행을 다녔던 것에 비해 모든 게 공짜인 출장이 고맙기만 해서 풍경 하나 사람 하나 허투루 지나치지 않고 변산 앞바다에 노을이 질 때까지 선운산을 지극 정성으로 둘러본 뒤 그곳 자랑인 풍천장어를 담으러 갔다.

참숯 불판 위에서 장어 한 줄이 지글지글 구워질 때마다 역시 값비싼 복분자를 곁들여 토막 난 장어 한 점을 입에 넙죽넙죽 넣는데, 바람 펄럭이는 포장마차에서 비좁게 앉아 양념 범벅인 꼼장어를 먹었던 기억이 초라하다 못해 버려야 할 유산으로 여겨지는 느낌을 받았다. 급기야는 꼭 민중의 애환이 담긴 소설을 써야 한다며 하층민보다 더 가난한 주머니를 털어 홀로 여인숙에서 새우깡에 소주를 마시던 얼룩진 청춘을 박제화해 가두고는 이제부터는 월급 받는 글쟁이로 살겠다는 다짐까지 치솟는 것에 배바감이 들었지만, 고급 음식이 안겨주는 급상승의 존재감에 행복이 승천했고, 그것이 기력이 바닥을 칠 때마다 회복 탄력을 위해 가급적 먹어주어야 한다는 장어와의 첫 만남이었다.

하지만 장충동 족발 거리 가까운 곳에 있었던 그 사보편집대행 회사를 나는 몇 개월 만에 그만두었고, 그 뒤 프리랜서를 하기 전까지 다녔던 몇몇 회사에서는 장어를 내용에 담을 만한 소스가 없어 계급 위치를 일시적으로 올려준 기쁨이 일상에서 사라져버렸다. 기억을 더듬어보면, 어른들 생신에 끼어서 먹었던 적이 있었고, 아들에게 기운을 준다며 함께 보양을 한 적이 있었으며, 비싸서 혼자 먹기 어려우니 갹출로 하고 같이 가서 장어를 먹었으면 하는 출판사 편집자가 있어 함께 기본 양만 먹었던 적이 있었다.

나무보다 장어 생각만

라디오 방송 숲 답사지로 전북 고창운곡람사르습지를 정한 것은 올해 봄 경남 창녕우포늪을 다녀온 뒤다. 물에서 뭍으로 서식지를 옮겨간 식물의 역사에 흥미를 북돋아주는 것은 물론 태고 원시의 풍경에서 근원의 존재를 사유해볼 수 있는 습지에 매력을 느껴 자료를 찾던 중 운곡습지 다큐멘터리를 보았는데, 경작지에서 사람이 떠나면서 인간의 개입이 사라지자 습지로 자연스레 돌아갔다는 내용을 언젠가 꼭 확인하고 싶은 풍경으로 남겨두었다.

전북에 갈 때마다 도움을 주는 친구에게 연락을 취했고, 날짜를 맞추어 이른 아침 기차에 올랐다. 늘 만나는 익산역이 다가오고 있는데, 사전 검색으로 알아본 운곡습지의 나무들에 대한 탐구심은 중천으로 오르는 햇살에 흩어지는 안개처럼 가뭇없이 증발하고 오래전 폭풍으로 흡입했던 풍천장어만 아른거렸다. 그러면서 갑자기 체크카드 잔액을 확인하는 나를 마주하게 되었다. 대중교통으로는 접근할 엄두가 나지 않는 운곡습지인 만큼 택시를 탄 셈 치고 그 돈으로 함께 추억의 풍천장어를 먹어야겠다는 생각을 하다가도 분수에 넘치는 과도한 지출이라는 판단에 이르자 머릿속이 아찔해져왔다. 그래도 고생하는 친구를 위해, 넉넉하진 않지만 출연료가 있는 답사인 만큼, 이 모든 과정이 언젠가 내게 엄청난 존재 상승을 가져다줄 수 있는 기회인 만큼 풍성한 미래를 위해 일단 먹고 보자는 쪽으로 마음이 기울어갈 무렵 기차는 목적지에 다다랐다.

나를 태운 친구 차는 1시간을 달려 운곡습지 근처에 도착하고 있었는데 시간을 보니 점심을 먹고 답사를 하는 게 나을 것 같았다. 그래서 풍천장어집이 모여 있는 곳을 찾아보니 아주 가까운 곳에 있었다. 친구가 장어탕이나 한 그릇씩 먹고 나오자고 해서 들어가 보니 장어탕은 없고 구이만 있다고 했다. 때마침 친구 생일인 것을 알게 된 내가 "인생 뭐 있냐, 먹고 보는 거야"라고 말했으나 친구는 어제 장어를 먹었다며 주위에 풍천장어집 말고 다른 식당은 없으니 답사부터 마치자고 했다.

답사 때 나는 빵 두 개와 물 담은 텀블러 한 개를 가지고 다닌다. 산행할 때부터 생긴 버릇인데 가볍게 먹고 난 뒤 하산해서 막걸리를 마시면 그게 현실의 고단함을 잊게 하는 천국의 맛이었기 때문이다. 이는 숲 답사를 하면서도 이어갔는데, 이번에는 물조차 준비하지 않았다. 난감했지만 등산이 아니라 평길을 조금만 걸으면 될 것 같아 운곡습지로 향했고, 입구에서 전기열차를 타고는 답사 시작점인 운곡습지생태공원에 내렸다.

여느 공원과 변별성이 없는 모습에 무슨 나무를 담아가야 할지 뜨끔한 고민이 배고픔조차 못 느끼게 했다. 그래서 눈에 띄는 대로 조경용으로 가득 심어놓은 구절초와 죽어가고 있는 듯한 산사나무를 찍은 뒤 논밭에서 습지로 변모한 곳을 찾아 들어가며 주위 나무를 열심히 보았다. 하지만 사전 정보 탐색에서 본 닥나무는 안내소 직원 분의 말대로 찾을 수 없었다. 그 많던 싱아는 어디로 갔을까가 아니라, 닥나무로 생계를 꾸렸다는 운곡 주민 분들과 그 많던 닥나무는 50여 년의 세월 속에서 어디로 다 옮겨갔는지 조바심이 일었지만, 정작 보이는 나무는 소나무·참나무·은사시나무뿐이라 맥이 빠질 무렵 동정이 어려운 키 작은 나무를 휘감고 올라가는 청미래덩굴이 보였다.

남쪽 숲을 다녀보면 흔히 볼 수 있는 청미래덩굴이라 그동안 눈여겨보지 않았는데 그날따라 내 발걸음은 청미래덩굴로 접근하고 있었다. 이 나무라도 담아서 소개해야겠다는 생각이었는데 그러면서도 쭈뼛거리고 있었다. 청미래덩굴이 단순히 식물로만 다가오지 않았기 때문이었다.

출판사 기획자 시절 '밥상이 약상이다'라는 경구에 매혹되어 이를 현장에서 실천하고 있는 분을 접하게 되었고, 그 뒤 오랫동안 인연을 맺다 만나면 헤어지기도 하는 법, 지금은 연락을 하지 않고 산다. 그분을 통해서 먹거리에 대한 새로운 공식이 내게서 펼쳐졌는데, 그것은 썩어 자연으로 돌아갈 숙명을 가진 몸에 대한 애착보다 그 몸을 지니는 동안 어떤 정신세계를 만들지에 대한 관심이 가장 컸던 내게 '식약동원(食藥同原)', '약식동원(藥食同原)'으로 보는 세상은 존재 이해에 대한 인식을 넓혀주었다. 즉 물질과 정신이 분리된 이원론에서 물질과 정신이 하나인 일원론으로 정착해가는 분기점 같은 세월이었던 것이다.

그때 그분이 가장 좋아했던 식물이 청미래덩굴이었기 때문에 청미래덩굴만 보면 지난 일들이 밀려들어와 온전히 식물로만 볼 수 없었다. 그런데 왜 장어도 못 먹은 비애에 허기까지 겹쳐온 그 순간에 청미래덩굴을 사진으로 꾹꾹 담아내고 있었을까?

망개떡은 아시지요

청미래덩굴은 국가표준식물목록 사이트에서는 백합과로 일부 책에서는 청미래덩굴과로 되어 있는 낙엽 덩굴성 관목으로 길이 1~5m까지 자란다. 분포 지역은 넓지만 중부지방에서는 자주 보기 어렵다고 한다.

청미래덩굴의 특징은 잎에 있는데, 길이 3~12cm의 동그스

고창운곡람사르습지 청미래덩굴 열매.
잎도 반짝이고 열매도 반짝인다.

름한 잎은 가장자리가 밋밋하고 양면에 털이 없어 광택이 나 보이고 가죽질이다. 그리고 잎 모양을 유지해주는 것은 물론 물과 양분의 이동통로이기도 한 잎맥은 5~7개 되는데, 3주맥이 발달한 대추나무 잎맥처럼 아주 선명하다. 그래서 잎만 봐도 청미래덩굴이라고 알 수가 있는데, 요즘은 붉은색으로 익어가는 둥근 열매 또한 광택이 있어 열매만으로도 청미래덩굴이라는 걸 가늠할 수 있다.

청미래덩굴 이름과 관련된 이야기를 해본다면, 우리나라에서 식물 이름이 본격적으로 연구되기 시작한 시점은 1937년《조선식물향명집(朝鮮植物鄕名集)》이 발간된 때다. 이 책은 일제강점기에 국내 1,944종의 식물 종의 식물명을 우리말로 정리한 식물명 목록집인데, 이후 지금은 국가수목유전자원 목록심의회에서 대한민국 식물 이름의 통일화 및 표준화를 진행하고 있고, 여기서 결정된 이름이 국가표준식물목록 사이트에 올라 있다.

이 사이트를 보면 청미래덩굴의 비추천명으로 망개나무가 쓰여 있다. 그런데 이 사이트에 망개나무를 입력해보면 갈매나무과 낙엽활엽소교목으로 소개되어 있는 망개나무가 따로 나온다. 그러니까 청미래덩굴은 덩굴식물이고, 망개나무는 소교목이라 완전히 다른 나무인데, 우리에게는 망개가 익숙하다. 이는 망개떡 때문이다. 망개떡은 맵쌀가루를 쪄서 치대어 거피 팥소를 넣고, 반달이나 사각 모양으로 빚이 두 징의 청미래덩굴 잎 사이에 넣어 찐 경남지방의 떡을 말한다.

산림청 사이트를 보면, "청미래덩굴은 경기도에서 부르는 이름이고, 경상도에서는 망개나무, 전라도에서는 맹감나무 혹은 명감나무다. 가시가 만만치 않아 일본인들은 아예 '원숭이 잡는 덩굴'이라고 한다"라고 쓰여 있다. 경상도의 망개떡이 유명해 망개는 알아도 청미래덩굴은 언뜻 떠오르지 않는데, 청미래덩굴 잎을 이용해 떡을 하는 것은 떡이 잘 들러붙지 않고 쉽게 쉬거나 부패되지 않기 때문이라고 한다. 이는 떫은 성분인 탄닌이 떡을 상하지 않게 하는 것인데, 혹 망개떡을 직접 해먹고 싶어 청미래덩굴 잎을 딸 때는 가시가 있으니 찔리지 않도록 조심해야 한다.

답사를 마치고 친구와 나는 오래전 배불리 먹었던 장어집을 지나 산채비빔밥으로 늦은 점심을 먹었다. 상을 내온 주인아주머니는

밥까지 직접 흔들어주면서 길게 말을 이어갔다. 뒷산에서 따온 산국 무침, 얼마 전 만들었다는 원추리나물, 민들레 장아찌 등을 손으로 짚어가며 하나도 남김없이 다 넣어서 먹으라는 것이었다. 나는 그분이 빨리 식탁에서 떠나기를 바랐다. 나는 비빔밥을 시켜도 비비지 않고 밥 따로 나물 따로 먹는 식습관을 가지고 있었기 때문이다. 그것은 내가 자연식을 했던 분과 만나면서 얻게 된 것인데, 식물은 저마다 고유한 맛을 가지고 있어 양념으로 싹 버무리면 독특한 향을 맡을 수 없어서다.

방송 준비를 하는데 스토리텔링 주제로 회복탄력성이 불쑥 떠올랐다. 우리는 피폐한 정신을 끌어올리기 위해 부단한 노력을 해야 하지만, 자연은 우리의 노력이 없어야 회복되는 곳이다. 그러자 내가 먹는 게 나고, 먹는 음식으로 부(富)의 정도가 나뉘지만, 장어보다 싼 산채비빔밥을 먹더라도 지구 생명의 원천인 식물을 먹는다고 여기면 가난한 주머니가 늘 가난하지만은 않을 것 같다. 그게 식물이 주는 회복력 아닐까.

독립적 삶과
서울 영등포구 문래근린공원
살구나무

자기 치유로 고향을 사는 나무

"개별성의 환상은 설 자리가 없으며 홀로 존재하는 것은 불가능하다."《숲에서 우주를 보다》에 나오는 문장인데, 이 내용을 풀어서 숲해설을 한 적이 있었다. 보이는 것만 보아서는 안 되고 보이지 않는 것까지 봐야만 진화와 생태를 사고할 수 있다는 것인데, 보이는 것은 땅 위 개별의 나무와 그것이 모여 있는 숲이고 보이지 않는 것은 균근망으로 연결된 땅속뿌리들의 네트워크이다. 그런데 이 대목에서 선뜻 공감하기가 힘들어진다. 나무 아래 뻗어 있는 뿌리를 통째로 본 적이 없기 때문이다. 이는 나도 마찬가지인데, 간혹 이동을 위해 트럭에 실려 가는 나무의 뿌리를 본 적은 있다. 하지만 새끼줄에 감겨 있는 흙 속의 뿌리들은 그 나무뿌리의 일부분일 뿐 끝에 있는 생장점까지는 거둬가지 못하는 듯하다. 그래서 자신의 의사와 상관없이 터전을 옮겨야 하는 나무들은 낯선 토양과 기후에서 살아남느라 고군분투해야 하고, 이에 실패하면 다른 나무들로 대체된다.

"높이 40m인 나무의 경우 지상에 노출된 부분의 표면적은 1만 제곱미터를 넘어선다. 즉 5,260명의 육체 표면적을 합한 것과 같다. 이 표면적 조사에는 더 길어질 수 있는 나무의 뿌리와 균류의 균사조직을 취합한 표면은 포함하지 않았는데도 말이다. 그것들까지 함께 계산하면 분명 수만 명의 표면적과 비슷할 것이다."

《나무처럼 생각하기》에 나오는 글인데, 상상만으로도 아찔하다. 보이는 것만 보고 사유를 한 게 수치스럽다. 수많은 작품에서 때로는 주인공으로 때로는 매개로 때로는 배경으로 등장한 나무들에 대해 몰라도 너무 모르고 살았다. 오로지 내 중심적인 사고에 부차적 요소로 배열된 나무들에게 진정 사과하고 싶다.

문학 공부를 할 때 보이지 않는 세계를 보고 이를 표현할 수 있어야만 위대한 작품이 된다는 말이 늘 궁금해 항시 머릿속에 담아두고 다녔는데, 이외수의 《글쓰기의 공중부양》에서 "사안론(四眼論)은 아름다움을 보는 네 가지의 눈을 말한다. 육안(肉眼)은 얼굴에 붙어 있는 눈이고, 뇌안(腦眼)은 두뇌에 들어 있는 눈이며, 심안(心眼)은 마음 속에 간직되어 있는 눈이고, 영안(靈眼)은 영혼 속에 간직되어 있는 눈이다"라는 글을 보았다. 이 문장을 실마리로 보이지 않는 영역을 탐구해 들어가다가 《감정의 분자》라는 책에서 "원자 두 개가 모여도 의식이 만들어진다"는 말에 과학으로 이동을 해보았고, 우리가 만들어내는 감정, 의식, 상상의 세계는 결국 보이지 않는 피부 안의 분자들이 시시각각 자기만의 신호를 이합집산시키며 다량의 정보교환을 하기에 보통의 내공이 아니고서는 자각해내기 어렵다는 결론에 다다랐다.

그래도 몸이 의식을 만들어낸다는 공식에서 미련을 못 떼 의대 진학이라는 어이없는 상상에 이르기도 할 무렵, 나무 공부가 내게 다가왔고, 동물보다 먼저 지구에 등장한 식물 이해가 식물도 모르고 마구 써먹었던 토대 없는 사유를 보완하는 것은 물론 보이지 않는 동물의 마음에만 전력했던 반쪽의 사유를 흥건히 채워줄 것 같아 늦게라도 이를 깨달은 니에게 감사하며 지내고 있다.

내 독립적 삶의 실체

나무 공부를 하면서 모든 생명은 개별과 개체 즉 독립적 삶을 살 수 없고 네트워크라는 관계망 속에서만 일시적 생명 현상을 유지할 수 있다는 생각이 굳어지면서도 은근슬쩍 오랫동안 독립적 삶을 희구해왔던 내 인식을 바로 바꾸기는 어려웠다. 하지만 이마저 팩트에 어긋나는 오류라는 걸 최근에 인지해냈는데, 나는 지금까지 자취 한 번 해보지 않은 의지적(依支的) 사람이었다. 고고해 보이는 정신 영역으로만 독립적 삶에 매력을 느꼈을 뿐, 내 손으로 매끼 밥을 해먹고 내 손으로 공납금을 내는 생활을 하지 않았다. 즉 내 몸의 유지를 위한 실질적인 물리화학적 도움에 대한 파악은 그다지 중요하게 여기지 않았던 이기적 사고의 파렴치한이었던 것이다.

《식물의 잃어버린 언어》를 보면, "마굴리스는 서로 다른 생명체들 간의 공생 혹은 상호협조에서 진화상의 새로운 것들이 만들어짐을, 독립적이었던 유기체들의 혼합으로 인한 개체성의 출현이 곧 진화임을 발견했다. 그녀는 분류학의 모든 분류가 잘못된 것을 발견하고, '생명의 다섯 영역'(박테리아 - 원생생물 - 균류 / 식물 / 동물)을 만들어 이 오류를 수정했다. 그녀의 이런 분류는 기본적으로 박테리아가 지구상에 존재하는 모든 생명체의 토대임을 인정하는 것이다"라는 글이 있는데, 인식하기 어려운 이 기나긴 진화의 역사에서 해내는 존재론적 사유가 분명 빛날 것 같지만, 이보다 더 중요한 것은 주어진 일을 열심히 해내면서 그 사유를 진전시키는 게 맞는 것 같아 또 길을 찾아 나서기로 했다.

독립적 삶을 살지 않으면서도 독립적 사고가 나의 존재감을 강화해준다는 모순을 반성하며 답사지를 찾는데, '생명의숲' 사이트에서 다음의 글을 보게 되었다.

"도시의 기후위기 극복, 우리는 그 해답을 '도시숲'에서 찾습니다. 생명의숲은 홍콩상하이은행(HSBC)과 서울시와 함께 3년간 NBS(Nature-Based Solution) 개념을 담은 도시숲 조성 프로젝트를 진행합니다. 탄소를 흡수하고, 도시의 온도를 낮추고, 생물다양성 증진과 빗물순환에 기여하여 나아가서는 도시의 기후위기 대응과 적응에 기여할 수 있는 도시숲을 만듭니다. 다소 거창한 목표를 두고 그 첫 발을 서울시 영등포구 문래근린공원에서 떼기 시작했습니다."

나무가 우거진 깊은 숲은 아니어도 스토리텔링을 하기에는 부족함이 없기도 했지만, 멀리 차를 타고 가는 것보다 가까운 곳이라는 편안함이 나를 부추겨 망설임 없이 답사지로 정했다.

보이지 않는 뿌리가 삶을 이어가게

아침 6시 KBS 여의도 본관에 가서 잠시 대기하고 있다가 라디오 방송을 마친 뒤 부리나케 양천구 내 초등학교로 달려가 숲교육을 마치고 나니 빗줄기가 굵어지고 있었다. 애초의 마음과 달리 피곤이 밀려와 집으로 갈까 하다가 비 오는 날 순간을 열심히 살고 난 뒤 마시는 막걸리 꿀맛이 눈앞을 가려 문래역으로 향했다.

1번 출구로 나가 거리를 보니 오래된 키 큰 플라타너스 가로수들이 나를 사열해주듯 일렬로 강직하게 정렬해 있어 군기라도 잡힌 듯 힘을 내어 문래근린공원을 거닐었다. 그러면서 '생명의숲'에 쓰여 있는 "문래근린공원에는 156종의 식물과, 22종의 곤충, 6종의 새, 그리고 길고양이가 살고 있습니다. 토양조사에서 확인한 것은, 토양 경도(딱딱한 정도)가 31mm로, 답압이 매우 심각한 것으로 나타났습니다"라는 내용을 다시 읽고는 이 공원에서는 어떤 나무들이 살아가고 있는지 유심히 보는데, 도로 쪽 둔덕에 가지런히 자라고 있는 여러 그루의 살구나무가 눈에 들어왔고 다시 안쪽을 거니는데 나무 밑동 줄기가 검은빛으로 굵게 두드러진 살구나무가 또 눈을 찔렀다.

살구나무는 중국 원산으로 장미과에 속하며 높이 5~12m로 자라는 낙엽 소교목 또는 교목이다. 전국 어디서든 잘 자라는데, 봄이 되면 매화와 살구꽃 구분이 어려워 헷갈릴 때가 많다. 포인트는 꽃의 뒷모습이다. 매화는 꽃받침과 꽃잎이 밀착되어 있고, 살구나무는 꽃받침이 뒤집혀 있다. 이 둘은 열매도 엇비슷한데, 매실은 점핵성(粘核性)이라 과육과 씨가 잘 분리되지 않고, 살구는 이핵성(離核性)이라 깨끗하게 분리된다. 그러니까 까봐야 안다는 것인데, 매실과 살구로 생활을 꾸려나가는 분들은 한눈에 봐도 척 알 수 있을 것이다.

꽃도 열매도 없고 곧 단풍 들어 떨어질 나뭇잎만 빗줄기에 후들거리는 모습이 애처롭게 보였는데, 그것은 살구꽃 하면 고향, 고향 하면 살구꽃 이미지가 겹쳐지면서 고향을 떠나 나무가 자라기 어려운 이 딱딱한 땅에서 상처까지 입으며 견디는 처연한 그림 때문이었다. 급속한 산업화가 가져다준 반강제적 이농으로 고향을 떠나 낯설고 물선 도시의 퀴퀴한 자취방에서 독감이 걸려도 수건 한 장 올려주는 사람 없이 오로지 혼자의 힘으로 아침을 맞이해야 하는 고단한 서러움, 그 격한 감정이 우산 아래 빗물로 떨어지며 다시 붉거진 나무 밑동을 바라봤다.

《조경수 관리지식》을 보면, "줄기에 상처가 생기거나, 가지가 부러지거나, 전정을 하면 병균이나 해충이 침입하게 된다. 장수하는 수종들은 새살을 만들어 상처를 유합조직으로 감싸는 능력이 다른 수종들보다 더 크다. 일단 상처를 통해 들어간 부후 곰팡이는 줄기를 통해 사방으로 퍼져 나가는데, 이러한 곰팡이의 확산을

문래근린공원 살구나무의 불거진 밑동. 나무의 자기 치유 과정이다.

막기 위해 부패 부위를 가두어놓는 구획화(區劃化, CODIT) 능력이 다른 수종들보다 크다고 할 수 있다"라는 글이 있는데, 이 말은 나무가 상처 부위를 철저히 격리하기 위해 진화시킨 메커니즘으로 사람은 아프면 도움을 받아 치료를 하지만 나무들은 그렇지 않고 스스로를 치유하는 힘을 가졌다는 것이다. 그래서 나무줄기가 둥글지 않고 울퉁불퉁한 모습을 보일 때가 있는데 그 과정이 바로 자기 치유라는 것이다.

물리적으로도 정신적으로도 독립적 삶을 살 수밖에 없는 나무 같지만, 실제로는 그 옆의 나무가 뿌리를 통해 양분을 준다는 생각에 이르기도 하지만, 점점 굳어지는 땅, 점점 덮어지는 흙, 그 공간에서 살아가야 할 운명의 나무들은 독립 의지를 더 튼실하게 쟁여놓아야만 살 수 있다는 것, 그 느낌이 내 몸의 분자에서 어떻게 표현될지 예측은 어려웠다. 그래서 그친 비를 원망하며 동네로 돌아와 재난지원금 카드로 순대국에 막걸리를 비우다가 독립적 혼술을 하고 있다는 느낌만 새겨보았다.

동네 나무를 통해 고향 정서를 환기시켰던 시대가 궁금해 읽고 있는《혼불》을 보면, "문득 강모의 머리에는 살구나무 아래 차려 놓았던 밥상이 떠오른다. 봄철이면 그렇게도 하염없는 살구꽃 이파리가 눈발처럼 날리고 날리었지, 떨어진 꽃이파리는 꼬막 조가비에 소복하게 담아 꽃밥을 만들고, 꽃잎 지고 나면 흙밥을 먹었다"라는 문장이 있는데, 이 글이 오염도가 높다는 문래공원 살구나무를 다시 아프게 끄집어냈고, "눈에 보이는 잎사귀가 다 떨어져 버린 저 나무가 죽은 것같이 보여도, 뿌리는 죽지 않아서 이듬해 새잎이 돋아나지 않는가. 사람의 정신도 그와 같아서, 보이는 몸이 없어진 다음에도 정신은 남아 뿌리가 살아 있는 것이니, 그 부모의 정신을 잘 보존허고 흐트러지지 않게 거두어들이는 것이 아들 손자 며느리가 허는 일이야"라는 문장에서는 독립적 삶이 개별성의 환상일지도 모른다는 생각이 들면서도 그래도 도통 모르는 삶에서 우주가 주는 순환성을 가지려면 나무를 계속 들여다보아야 한다는 생각에 이르게 되었다. 그게 나무가 알려주는 보이지 않는 독립적 삶의 참 모습일까.

홍보와
국립청도숲체원
서어나무

이승의 구원을 도와줄 나무

"갈 곳이 없소." 영화 〈모가디슈〉에서 북한대사 역의 허준호가 남한대사 역의 김윤석에게 던진 체념 섞인 호소다. 굳게 닫힌 문이 열리는 순간 내 목구멍에서는 '구원'이라는 단어가 가시처럼 걸렸고, 한 바가지 쏟아질 눈물을 참으며 오래전 그 어느 역 광장에서 갈 곳을 정하지 못해 어두운 구석에 앉아 불빛 너머 별들을 헤아려 보던 때가 생각났다. 환하게 펴지지 않는 인생, 그래도 죽으면 찬란한 별이라도 되지 않을까 하는 간절한 바람이 겨울바람에 출렁거리며 오그라들고 있는데, 누군가 내 옆에 은근슬쩍 앉으며 말을 건네는 것이었다. 힘들어 보인다며, 성경 구절을 읽어주고는 전도를 시작하는데, 영원한 생명을 준다는 대목에서 느닷없이 울컥하며 이죽거리고 싶은 충동이 일었다. 그래서 "지금 말씀하신 문장에서 '초개 같이'라는 말이 있는데 '초개'가 뭔가요?"라고 물었고,

전도하는 이는 "금방 사라질 우리 목숨입니다"라는 대답을 한 것 같았는데, 나는 모르는 걸 알려주는 듯한 어조로 "초개는 지푸라기를 말합니다. 알고 계셨나요?"라면서 상대를 깔보는 듯한 태도를 보였다. 그러자 사십대 중반의 여성은 이십대 중반의 청년에게 모욕감을 느꼈는지 더는 전도를 이어가지 않고 자리를 떴다.

그 뒤 나는 성경을 볼 때마다 가장 먼저 '초개'를 떠올렸고, 언젠가부터 '초개'가 '마른 짚', '지푸라기', '짚', '겨', '검불' 등으로 번역된다는 걸 알게 되었다. 그러면서 이사야 47장의 "보라 그들은 초개 같아서 불에 타리니 그 불꽃의 세력에서 스스로 구원하지 못할 것이라"를 보게 되었는데, 하나님을 섬기지 않으면 구원 받을 수 없다는 교리에 선뜻 수긍하지 못하면서도 역설적으로 이승에서의 내 구원을 위해 내가 섬겨야 할 모습은 바로 기독교 전도 정신이라는 걸 체득하게 되었다.

죽어서 무엇이 될지, 아니 과연 어떤 형태가 존재할지, 그 아무것도 알 수 없다는 생각으로 아무런 믿음도 없는 내게 '구원'은 이승에서의 안온한 삶을 의미한다. 그것은 물질적 안락과 풍요로운 정신이 균형을 갖추어야 한다는 것인데, 이를 위해 프리랜서가 된 뒤로 전력을 쏟는 일이 홍보다. 서로 모셔가려는 유명인사 위상에 없는 만큼 내가 하는 일을 가까운 지인부터 알리지 않으면 그 어떤 일도 주어지지 않기에 안면 몰수하고 나를 알리고 있는데, 반응이 없을 경우 훅 끼쳐오는 자괴감에 모든 걸 접고 싶을 때도 많다. 그래도 살아가는 동안 갈 곳이 없는 처지는 되지 않아야 할 것이고,

그렇게 하려면 좋은 일이 생길 때까지 끊임없이 나를 확산시켜야 하는 프리랜서, 그 지칠 줄 모르는 홍보의 정신은 바로 기독교 구원이든 현재 삶의 구원이든 물질이든 정신이든 처지를 밝게 만드는 디딤돌이기에 강건하게 가져야 한다는 생각을 중단할 수가 없다. 그래도 얼굴에 생채기가 생기는 듯한 순간이 있는데, 그럴 때마다 "나는 이와 같이, 그리스도의 이름이 알려진 곳 말고, 알려지지 않은 곳에서 복음을 전하는 것을 명예로 삼았습니다. 나는 남이 닦아 놓은 터 위에다가 집을 짓지 않으려 하였습니다"(로마서 15장)라는 성경 구절을 거울삼아 내 홍보가 나를 살릴 수 있다는 믿음을 가지고 있다. 그래도 여전히 술기운을 빌리는 경우가 많은데, 그래서 다음날 수치심으로 하루 종일 자중하는데, 또 나를 알리려는 반복의 수작, 그게 나를 구원하는 길이라 여기며 조심스레 징검다리를 건너는 삶, 톱날이 다가오는 걸 느끼는 나무처럼 자주 두렵다.

나를 알려볼까

숲해설가 직무교육을 받기 위해 집에서 아주 먼 경상북도 국립청도숲체원을 선택한 것은 라디오 방송 답사가 주목적이었다. 그곳에 어떤 나무가 있을지는 늘 예견하지 않고 가지만 장소가 주는 무게만큼 좋은 나무들이 많을 것 같았고, 가장 큰 기대는 불빛에 가려 볼 수 없었던 별들을 눈이 부시도록 마주할 수 있을 것 같아 내심 들뜬 마음으로 기차에 올랐다. 행신역에서 출발한 기차가 서울역에 도착할 즈음 출입구를 바라보았는데, 옆자리는 아니지만 같은 칸에 탄 숲해설가 선생님의 승차 여부를 확인하기 위해서였다. 이른 아침이지만 그분이 무사히 탄 것을 본 나는 청도숲체원에서 보낸 '21년 산림복지전문가 교육 일정표'를 유심히 보았다. 그때 눈을 번쩍 뜨이게 하는 강의가 있었는데, 이튿날 진행되는 '해설적 글쓰기'였다. 그런데 강사 이름이 없어 가늠이 어려워 '해설적 글쓰기'로 검색해보았다. 공학적 글쓰기, 논술 등과 연관되어 있는 글들이 나왔는데, 숲과 어떤 공유점이 있는지 일말의 단서도 찾을 수 없어 생각을 접으려고 했다. 그러자마자 벼락처럼 작가이자 글쓰기 강사이자 숲해설가로 나를 알리고 있는 홍보 멘트가 머릿속을 가득 채웠고, 청도숲체원 담당자에게 나를 적극 어필해 새로운 일을 만들어보겠다는 욕심이 결기로 이어지고 있었다.

라디오 방송 준비에 나의 홍보라는 임무까지 부여해버린 나는 울산역에 내리자마자 거의 처음 대면하는 숲해설가부터 나의 존재를 인식시키겠다며 틈을 엿보고 있었지만, 낯선 곳이니 우선은 무사히 목적지에 도착하는 게 중요했다. 그래서 사적인 대화는 뒤로 미루고 교육 시간까지 5시간의 여유가 있어 버스를 검색하기 시작했다. 인터넷 지도에 따르면 언양으로 가서 다시 청도로 갈아타면 되는 것 같아 언양터미널에 내렸는데, 숲체원에 가는 버스는 3시간 뒤에 있다고 해서 택시로 이동했다.

답사를 자주 다녀 별 생각 없이 떠날 때가 많은데, 20여 분 가는 동안 주위 산을 보니 그곳이 영남알프스였고, 오래전 두 봉우리를 올랐던 기억이 떠올랐다. 하지만 이제는 숲을 품은 산보다 숲을 이루고 있는 나무에만 시선이 가는 시절, 남쪽 지방의 높은 산에는 어떤 나무들이 우거져 있는지 집중해 살피다 보니 청도숲체원 입구에 다다랐다. 택시에서 내려 시간을 보니 오전 9시 30분, 늦가을 바람이 차갑게 살갗을 파고들었다. 교육 장소에 미리 들어가 추위를 녹일까도 싶었지만, '어서 오세요. 마음누리숲 무장애 나눔길'이라는 안내판이 눈에 들어왔고 그 뒤로 전봇대만큼 키 큰 나무들이 줄지어 있어 자연스레 그곳을 걷기 시작했다.

여자 샘인 줄 알았어요

〈국가표준식물현황〉을 보면, 자생식물 187과 939속 3,899분류군, 외래식물 41과 184속 348분류군, 재배식물 234과 1,531속 10,378분류군 그래서 전체 14,625분류군의 식물이 있다고 한다. 이 말은 방송에 소개할 나무들이 아직도 줄지어 서 있다는 것이다. 하지만 여전히 나는 소개하지 않은 나무를 찾는 게 늘 곤혹이다. 그래서 답사를 갈 때마다 부족한 실력을 이겨내려고 나무를 열심히 보는데, 한눈에 봐도 금방 알아볼 수 있는 서어나무가 연달아 자라고 있어 얼른 사진에 담기 시작했다. 그러면서 서어나무 군락지로 유명한 곳 리스트는 금방 잊어버렸고, 행여나 초점이 맞지 않을까봐 얼른 장갑을 꺼내 끼고 아침이슬 마르지 않은 숲길을 신나게 걸었다.

서어나무는 자작나무과 낙엽 교목으로 높이 15m, 지름 1m까

국립청도숲체원의 서어나무. 서어나무 숲은 우리 숲이 보여주는 최후 모습이다.

지 자라는데, 본래 이름은 서목(西木)이었다고 한다. 서목에서 서
나무, 그러다가 소나무와 헷갈렸는지 아니면 발음이 부자연스러
웠는지, 서나무에서 서어나무가 되었다는데, 서어나무는 이름처
럼 서쪽에서 잘 자라는 나무라고 한다. 음양오행에서 해가 뜨는 동
쪽은 양의 기운이 많고, 해가 지는 서쪽은 음의 기운이 많은데, 그
래서 서쪽은 습기가 많은 계곡이 있거나, 안정된 숲이 있다고 한다.

　우리나라에서 안정된 숲을 극상림(極相林, climax forest)이라
고 하는데, "숲을 이루는 식물의 구성이 천이를 계속하다가 맨 마
지막 단계에 이르러 안정 상태로 지속되는 숲"을 말한다. 천이는
숲이 계속 변해간다는 것이고, 이 변화가 그곳의 기후와 환경에 맞

는 수종이 채워지면서 잠시 멈춘다는 것인데, 달리 말하면 기후와 환경이 변하거나 아니면 다른 이유 즉 사람이 개입하게 되면 다시 변화를 시작한다는 말과 같다.

그러니까 서어나무가 군락을 이루고 있는 숲은 우리 숲이 보여주는 최후의 모습이라는 것이다. 이 나무의 가장 큰 특징은 근육질의 모습을 한 나무껍질에 있으며, 머슬 트리(Muscle tree)라고도 불린다. 서어나무가 근육질의 모습을 하는 것은 어릴 때부터 햇빛을 받기 위해 햇빛 방향으로 심하게 줄기를 뒤틀며 자라기 때문이다. 대개 자연의 숲에서 이런 나무가 이른 나무로 자랄 확률은 극히 희박하다. 그것은 광합성에 필요한 햇빛을 넉넉히 받을 수 없어서다. 그래서 오래된 숲에는 내음성(耐陰性)이 강한 음수(陰樹)들이 많다. 내음성은 광합성에 필요한 햇빛이 적게 들어와도 죽지 않고 살아남는 생존력을 말하고, 서어나무가 대표적인 음수다.

어두운 곳에서도 오로지 살기 위해 몸부림을 치며 올라가는 서어나무, 그래서 서어나무의 나이테는 여느 나무들처럼 동심원 모양을 갖지 않고 양분을 많이 받은 부위는 넓고 적게 받은 부위는 좁은 형태를 띠고 있다. 이처럼 불규칙한 구조가 겉으로 드러나면서 울퉁불퉁한 근육질로 보이는 것이다.

마주하기만 해도 기운이 쏟아지는 서어나무를 하염없이 보고 난 뒤 교육 장소에 들어가 이름 소개를 하는데, "여자 샘인 줄 알았어요"라는 말이 들려오자마자 맥이 빠졌다. 라디오 방송을 1년 넘게 해도, 경상북도 유명 산림단체에서 글쓰기 강의를 했어도, 인터넷 검색을 하면 그 내용이 많아도, 나를 아는 사람은 없었다. 그래서 홍보를 포기하고 조용히 교육을 마치고는 집으로 돌아왔다.

다음 날 고양시 산림생태문화센터에서 진행하고 있는 숲해설 프로그램 홍보를 위해 〈고양신문〉 인터뷰에 응했고, 며칠 뒤 인쇄 전 인터넷판이 올라왔다. 내가 정리된 기사를 보면서 막걸리를 홀짝거렸고, 그 뒤 술기운을 빌려 마구 홍보를 하기 시작했다. 물론 청도숲체원에서 함께 보낸 선생님들에게도 링크를 걸었는데, 잠깐 본 사이에도 따뜻한 응원의 글이 전해져와 뭉클했다. 그래도 누군가는 외면을 하고 누군가는 SNS폭력이라고 여길 텐데, 그래도 살기 위해 홍보를 한다면 언젠가 서어나무처럼 한눈에 알아볼 수 있지 않을까. 그러려면 좀더 좋은 내용으로 채워야 하고 그러면 천국의 구원은 아니어도 지금의 구원은 점칠 수 있지 않을까. 그래, 나무가 또 도와줄 거야! 감사하게도!

변화와
경기도 고양시 영글이누리길
뚱딴지

작용과 실체의 변화를 인식시켜주는 식물이여, 감사!

"공 사상이란 작용은 있지만 실체가 없다는 철학이다. '나는 시간의 흐름 속에서 끊임없이 변화하는 상태로써 존재할 뿐'이다. 즉불변하는 것이 아니라, '변화를 통해서 존재하는 그것이 바로 나일 뿐'이라는 말이다. 이것이 그 어디에도 '불변하는 실체가 존재하지 않는다.'는 공 사상이다."《세상에서 가장 쉬운 불교》에서 본구절이다. 오래전《중론송》을 공부하면서 공(空) 개념을 이해하는데 무지 애를 먹었는데, 아니 사실 거의 머리가 텅 비며 모두 잊고지냈는데, 공 사상을 쉬운 문장으로 정리한 걸 접하고는 확철대오라도 한 착각이 일어 순간 황홀했다. 역시 공부라는 건 어렵게 하다 보면 언젠가 간편하면서도 깔끔하게 서술될 수 있다는 선인들의 말에 깊이 수긍을 했다. 하지만 이 글을 쓰기 위해 "작용이 없으니 실체가 없다"라는 첫 문장을 써놓고는 한참 들여다보는데, 나무 동정보다 쉬운 있는 그대로의 문장을 잘못 외우고는 거기서 빚어질 거짓 이야기에 몰입하고 있는, 정말 변하지 않는 나의 실체를 보았다.

왜 이런 오독이 있을까 궁금해《중론송》파일을 다시 열어보니 먼저 "실로 모든 존재의 자성은 연(緣) 속에는 없다. 자성이 없으므로 그 밖의 성질도 없다"라는 문구와 "가는 자는 가지 않는다, 가지 않는 자도 가지 않는다. 가는 자와 가지 않는 자를 떠나서 그 밖의 어떠한 제3자가 갈 것인가"가 눈에 들어왔다. 역시 난감한 이해만 기다리고 있어 해제 부분을 보니 "거자(去者, 가는 주체)가 있으므로 거(去, 가는 운동)가 있고 거가 있으므로 거자가 있다. 거자와 거는 모두 자성(自性)이 없으며, 서로 인대함으로써 그렇게 있을 뿐이다. 거(去)와 거시(去時)는 서로 다르지만 거자(去者)를 통하여 그것들은 하나가 된다. 즉 이이일(異而一)의 관계가 성립된다"라는 해설이 유독 끌렸다. 그러고는 다시 파일을 쭉쭉 내려서 훑어보니 문장은 제대로 들어오지 않고 그저 '없다'는 단어만이 느낌 충만으로 화면을 물들이는 것 같았다.

왜 나는 유독 '없다'는 '공(空)' 사상에 집착하고 있을까? 본질적으로 텅 빈 우주라고 하더라도 현재의 나는 작용을 통해 유한의 삶을 헤쳐 나가고 있는데, 그 과정에서 하루에도 숱한 감정의 변화를 가져오며 번뇌의 시간을 보내고 있는데, 그러면서 실은 거의 변하지 않는 이성과 감성으로 불변 인식 속에서 허우적거리고 있는데, 왜《신유식학》에서 언급한 "모든 사물은 진공의 일시적인 국면이다"라는 말까지 껴안으며 아픈 모순 속에서 살고 있을까? 그 답을 얻기 위해 살고 있다면 답이 될 수도 있을지 모르지만, 현상적으로는 우주의 원자와 분자로 뭉친 내가 만들어가는 인식 작용일 것이고, 본질적으로는 내 인식으로는 아무런 답을 구할 수 없다는 두려움과 초라함이 나를 늘 비극의 존재로 던져버리는 것 같다.

그나마 모두가 삶의 목적이라고 여기는 행복감을 지금 나 또한 느끼는 것은 나무 공부 때문인데, 그래서 정말 뒤늦게 다가온 나무 중심의 인식 활동에 감사할 따름이다.

식물은 생명이 아니다

사람은 아무리 노력해도 쉽게 변하지 않는다는 말은 상당 부분 수긍이 간다. 많은 노력을 통해 말과 태도가 바뀌었다고 하더라도 유전자 구성은 인공물이 들어가지 않은 이상 재배열되기 어려울 것이기에 극도의 상황에서 표출되는 모습을 보면 사라진 듯한 이전의 환영들이 현실로 나타나곤 한다. 이른바 어떻게 생각을 바꾸게 되었는지는 본인만이 알겠지만, 이쪽에서 저쪽으로 쉽게 오가는 사람들을 보면, 본래 그런 사람이었다는 판단을 하게 된다는 것이다. 이 모든 게 다 사람을 슬프게 하는데, 불교에서는 그것이 식(識)의 작용 때문이라고 하는 것 같다. 식(識)에 대한 불교 이야기를 떠나 내가 인식한 바로는, 사람이라는 생명체가 죽고 나서도 없어지지 않는, 원자보다 작은 그 어떤 공간에 담긴 마음이라는 것이 다른 생명체로 태어날 때도 고스란히 전이된다는 것 같고, 이 과정을 끊어내는 것이 윤회에서 벗어난다는 말 같다. 그래서 김성철 교수가 〈불교평론〉에 쓴 "'전생에 죽는 순간의 마지막 식(識)'이 새로운 수정란에 반영되어 다음 생이 시작된다는 것이다"라는 말이 이해되는 것 같은데, 이 글에서 식물에 관한 구절을 보고는 내가 왜 식물과 교감하면서 새로운 인식 세계를 열어가고 있는지, 안개 속 같지만 가늠은 해볼 수 있었다.

"불교에서는 우리에게 목격되는 생물 가운데 인간을 포함한 짐승, 즉 동물만을 생명체로 간주한다. 식물은 불교적 의미의 '중생'이 아니다. 생명체가 윤회하는 현장인 육도 중에도 식물의 세계는 포함되지 않는다. 식물 역시 동물과 마찬가지로 생로병사하지만, 생명체의 본질인 '식(識)'을 갖지 않기 때문이다."

모든 생명에게 불성이 있다는 걸 나는 정말 모든 생명으로 생각하고 있었던 것 같은데, 그것은 오로지 인간에게만 해당할 뿐 인간을 먹여 살리는 뭇 생명에게는 미치지 않는다는 말처럼 여겨져 꽤 긴 시간 멍했다. 왜냐하면 지금의 나를 평화와 안식으로 이끄는 생명체는 인간 중심의 사상이 만들어놓은 생태계 피라미드 가장 아래에 있는 식물들이기 때문이었다. 더군다나 만물은 끊임없이 변화한다는 말이 실은 수억 년의 시간 속에서 등장한 문장이라 체감이 어려웠지만, 그나마 식물을 보면서 어렴풋이 인지해나가고 있는데, 식물은 단지 식(識)을 갖고 있지 않기 때문에 생명체라고 보지 않는다는 것, 이 말이 섭섭해 식물을 중심으로 새롭게 지평을

여는 인식 체계 마련에 도전하고픈 마음이 일어나게 되었다. 그 출발은 최근 내가 사는 고양시에서 진행하고 있는 숲해설이었다.

꽃이 공(空)이 되고 열매가 색(色)이 되고

숲해설가 동기 분의 도움으로 고양시 녹지과와 고양시 산림조합이 마련한 숲해설을 산림조합이 시민들을 위해 조성한 산림생태문화센터에서 '내 안에 나무 있다'라는 주제로 진행하게 되었는데, 주말 빼고 3주를 계속 나가면서 가장 크게 놀랐던 건 그동안 나는 나무 중심의 공부가 아니라 나 중심의 공부를 했다는 것, 즉 나도 인간 중심에서 절대 벗어나지 못한 보편적인 인간에 불과했다는 것이다. 그러니까 나무 답사를 가게 되면 딱 그 순간의 나무 모습을 보면서 이후의 변화 과정은 식물도감에서 찾곤 했는데, 같은 나무를 연일 자세히 보고 다니니 그 미세한 변화에 감동이 일었고, 여태껏 그렇게 하지 못했으면서도 나무의 순환하는 삶을 알고, 그 변화의 삶에서 지혜를 얻어 자연에 순응하는 삶을 살아야 한다고 던져버린 말들이 모순의 창이 되어 나를 찔렀던 것이다. 그래서 나는 참회의 심정으로 라디오 방송에서 이렇게 말했다.

"영글이누리길 시작점에서 희끗희끗 바늘잎 사이로 언젠가부터 누렇게 색이 바뀌어가는 잎들이 보이는 잣나무, 그 아래에서 작년의 검은 열매와 조금씩 빨간색이 짙어지는 산수유 열매가 동시에 달려 있는 이색적인 모습, 누린내를 풍기는 누리장나무에 고혹스럽게 피어 있는 꽃 같은 꽃받침과 청자색 열매가 쭈글쭈글해지는 모습, 둥근 꽃눈 안에서 보여준 푸른 모습이 노랗게 변신해 가는 생강나무, 바닥이 드러난 흙길이 하루하루 참나무 잎들로 양탄자를 만드는 풍경 등을 관찰하게 되어 너무 좋았습니다."

그러자 '오늘아침1라디오' 진행자인 김재홍 아나운서가 "묘사가 참 좋습니다"라고 말해 나는 계속 읽어야 할 대본을 멈추고 "감사합니다"라고 말했다. 그것은 칭찬에 대한 답이기도 했지만, 한 번 보고 마련한 대본에서는 잘 하지 않았던 변화의 모습을 언급하게 해준 나무들에 대한 감사이기도 했고, 그 결과 역시 좋은 말을 듣게 해준 나무들에 대한 감사이기도 했던 것이다.

평소 방송에서는 나무 두 종(種)만 해설을 하는데, 이날 짧지만 아니 전에 방송에서 하기도 했지만 그래도 꼭 변화의 모습을 담아내고 싶었던 건 세상을 보는 눈이 여전히 변하지 않는 나에 대한 질책성 주문이기도 했다. 그것은 《중론송》을 필사하면서 공부한 파일에서 다시 확인할 수 있었는데, 그때 나는 이렇게 글을 썼다.

"나의 사고는 항시 진행되고 있다. 본문을 볼 때도, 해제를 볼 때도, 관련 것들을 볼 때도, 내 생각을 할 때도, 항시 진행되고 있다. 분리 사고가 잘못되었다는 것이다. 이게 있고 저게 있는 게 아니라, 서로 인대(因待) 즉 맞물리고 의존하면서 현재의 내가 동시적으로 존재한다는 것이다. 나는 이 말을 이해하고 있을까? 느끼고 있을까? 일단 잘 모르겠다."

그렇다. 아직도 나는 존재 양식들의 관계 형태를 모르고 있지만 더 중요한 것은 분리 사고를 좁히려는 생각만 할 뿐 전혀 이행

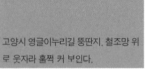
고양시 영글이누리길 뚱딴지. 철조망 위
로 웃자라 훌쩍 커 보인다.

되지 않고 있다는 것이다. 머릿속으로는 '작용이 없으니 실체도
없다'고 여기지만, 실제로는 '작용도 있고 실체도 있다'는 현상 앞
에서 늘 굴복하며 지내고 있다는 것이다. 그래서 마음의 부침이 극
심하지만, 그래서인지 이날 방송에서는 식사동 영글이누리길에서
본 나무가 아니라 입구 길가에서 철조망 위로 웃자란 뚱딴지를 소
개했는지도 모르겠다.

돼지감자로 친숙한 뚱딴지는 북아메리카 원산으로 국화과 해
바라기속 여러해살이풀이다. 높이 1.5~3m까지 자라는 키 큰 풀
이라 눈에 잘 띄는데, 빈터 어느 곳에서나 야생으로 잘 자라는 생
명력 강한 식물이다. 그래서 우리 주변에서 자주 볼 수 있는데, 털

이 있는 잎이 줄기에서 나는 모양이 특이하다. 밑부분의 잎은 마주나기를 하고 윗부분의 잎은 어긋나기를 한다. 잎 모양은 긴 타원형으로 길이 15cm 내외인데, 끝이 뾰족하고 가장자리에 톱니가 있으며, 잎자루에 날개가 있다.

가을에 노랗게 피는 꽃은 머리모양꽃차례로 달리는데, 지름이 8cm 정도 되는 꽃 바깥에 달린 10개 이상의 꽃은 혀꽃이라 불리는 가짜 꽃이고, 그 안에 수십 개의 진짜 꽃이 통으로 아름답게 피어 있다. 뚱딴지라는 이름은 이 식물의 꽃과 잎은 감자 같이 생기지 않았는데 땅속을 보면 감자 같은 덩이뿌리가 달려 있어서다. 그러니까 땅 위 모습과 땅속 모습이 잘 연결되지 않아 뚱딴지라는 이름이 붙은 것 같다고 한다.

3주 연속 진행된 숲해설이 2주간 멈춘 뒤 재개되어 뚱딴지를 또다시 보게 되었는데, 해바라기처럼 활짝 펴 있던 꽃들은 세상과의 작용으로 공(空) 즉 실체가 없게 되었고, 그 자리에는 뚱딴지 열매들이 또 다른 작용으로 색(色)이 되어 실체가 있게 되었다. 내가 변하는 모습을 가장 확실히 알 수 있는 건 죽은 나의 모습일 뿐일 텐데 생물학적으로 불가능한 것, 그래, 생명에서 배제되었다는 식물이 보여주는 변화를 읽어가는 삶, 그게 내게 변화를 인식하게 해주는 아름다운 생명일 것이다. 그래서 오늘도 식물에 감사할 뿐이다.

목숨과

경복궁 향원정

화살나무

슬픈 삶과 억울한 죽음을 다시 보게 하는 나무

나는 두 번 죽을 뻔했다. 1986년 10월의 마지막 날 아침, 경찰은 건국대 사회과학관에 갇혀 있는 학생들을 강제 연행하기 위해 진입을 시도했다. 우리는 계단에 책상과 의자 그리고 소파로 바리케이드를 쳐놓았는데, 밑에서 경찰들이 갈고리로 하나씩 뜯어내는 소리가 들렸고, 그때 어디선가 불길이 솟으며 검은 화염이 뜨거운 열기를 내뿜었고, 곧바로 실내를 암흑천지로 만들었다. 매캐한 연기가 목을 조여와 가쁘게 캑캑거리는데도 피신할 곳조차 보이지 않아 손에 만져지는 벽에 기대어 눈을 감았다. 그러면서 마음의 준비를 했다. 스무 살 청춘이 억울했지만, 호흡 한 번 더 하기 힘들어지자 신기하게도 아무 생각이 들지 않고 편안한 상태가 되면서 잠을 청하는 것 같은 느낌이 들었다. 그때 옥상 밖에서 누군가 창문을 깼고, 그 사이로 새까만 불기운이 빠져나가면서 숨통이 트였고, 나는 살았다.

또 다른 경험은 북한산 산행 중에 있었다. 곧 오십을 앞둔 나이이지만 제대로 일군 게 없어 도대체 무엇이 문제일까라는 생각을 하던 때라 홀로 조용히 산을 다니고 있었는데, 하산을 하려던 능선에서 와자지껄한 일행이 눈에 들어왔다. 그래서 그들보다 먼저 내려가려고 평소보다 좀 빠르게 걷다가 몸이 공중으로 붕 뜨고 말았다. 배낭이 바닥에 닿으면서 쿠션을 주는 것 같아 다행이라는 생각도 잠시 왼쪽 다리가 내가 밟은 낙엽 아래의 딱딱한 바위에 부딪히는 느낌이 들었다. 스틱에 힘을 주고 일어서려고 하는데 허리를 펴는 순간 풀썩 주저앉고 말았다. 근육 경련 혹은 인대에 문제가 생겼을 거라 짐작하며 다시 걷기를 시도하는데 더는 한 걸음도 앞으로 나아갈 수가 없었다. 주머니를 뒤져 핸드폰을 보니 배터리가 없었다.

그때부터 내가 할 수 있는 일은 살려달라고 소리를 지르는 것뿐이었다. 그러면서 좀 전의 그 일행이 내려오기를 빌고 또 빌었지만, 숲속에는 11월의 차가운 바람 소리만 깔리는 어둠을 음산하게 헤집고 다닐 뿐이었다. 이제 사람이 나타나지 않으면 저체온증으로 죽을 수도 있다는 절망이 식어가는 땀처럼 끈덕지게 나를 침입하자 검은 연기를 흠뻑 마셨던 이십대 때와 달리 아들과 아내 때문이라도 반드시 살아야겠다는 의지가 나를 움직이게 했다.

나는 산천초목이 흔들릴 듯 계속 고함을 질렀고, 그러면서 몸을 기어 마른 낙엽이 수북한 곳으로 조금씩 옮겨갔다. 우선 문제가 발생한 것 같은 다리부터 낙엽으로 덮어가고 있는데, 이는 시간을 조금 벌 뿐 내일 아침을 맞이하기 어렵다는 서러움이 밀려들자 기이하게도 이십대 그때처럼 또 마음이 편안해졌다. 어린 아들이 펑펑 울 모습에 가시 박힌 듯 아리기도 했지만, 히말라야를 열심히 다니면 히말라야에 묻히듯이 북한산을 뒷산처럼 다녔으니 북한산에서 생을 마치는 것도 그리 몹쓸 삶은 아닌 것 같았다. 덧붙여 여기서 살아나가 더 이어질 삶, 그 종착지는 죽음이기에 갑자기 도인이라도 된 듯 무념무상에 접어들 무렵, 조금씩 산행 높이를 올려가고 있다는 부부의 그날 도진 목표가 내가 죽음을 기다리고 있던 곳이라 나는 살아날 수 있었다.

향원정에 간 이유

"죽음에 대해 너무 많이 생각할 필요는 없다. 살면서 죽음을 기억하면 된다. 그렇게 하면 삶은 진지하고 즐거우리라."

레프 톨스토이의 《살아갈 날들을 위한 공부》에 나오는 글이다. 하지만 나는 북한산에서 소방 구조대원들이 손에 든 들것에 실려 내려와 두 달 동안 깁스를 하고 지내면서 죽음을 진지하게 탐구하기 시작했고, 많은 사람이 내뱉곤 하는 지금 이 순간 죽어도 괜찮다는 말을 심각한 모순이라고 여기곤 했다. 죽음을 선택한다는 건 스스로 목숨을 끊는 행위 말고는 없을 것 같고, 대부분은 자신이 언제 죽을지 예측할 수 없다는 것 때문이다. 그래서 욥기 12장 10절의 "모든 생물의 생명과 모든 사람의 육신의 목숨이 다 그의 손에 있느니라"를 곰곰이 곱씹어보기도 했지만, 죽음이라는 생명체의 소멸은 두렵다기보다 어울함에 방점을 두곤 했다. 그럴 때마다 나는 조수미가 부른 〈나 가거든〉을 듣는데, 특히 "난 왜 살고 있는지 / 나 슬퍼도 살아야 하네 / 나 슬퍼서 살아야 하네 / 이 삶이 다 하고 나야 알 텐데 / 내가 이 세상을 다녀간 그 이유" 부분에서는 사는 이유를 알지도 못하고 죽어갈 나도 엿보여 간혹 눈물을 흘리기도 했다.

그래서일까, 뉴스에서 경복궁 향원정이 개방되었다는 소식을 접하고는 얼른 달려가고 싶었는데, 그것은 나무 공부를 위해 경복궁에 갈 때마다 답답하게 시야를 가린 울타리 너머의 풍경이 궁금하기도 했고, 더 나아가 순환하는 나무의 삶에서 좋은 것만 취하는 것 같았는데 향원정 뒤 건청궁에서 생을 마감한 명성황후를 떠올리면 어떤 향기의 느낌이 스멀스멀 올라올지도 은근슬쩍 경험해보고 싶었다. 처참하면서도 분노 서린 비극의 죽음을 맞이한 명성황후이기에 살아생전 행적에 대한 공과 사가 묻히는 대표적인 인물이기도 하고, 나 또한 그의 죽음에는 애도를 표하지만 역사 평가에서는 부정의 견해를 갖고 있는데, 이 양날의 생각들이 나무를 중심에 놓고 진행해보면 어떤 변화가 있을지, 슬픈 삶과 억울한 죽음이 섞여갈 때마다 들었던 그 노래는 또 어떤 울림으로 다가올지, 여러 상념이 중첩으로 다가와 무겁게 그곳으로 향했다.

안다는 것과 모른다는 것

경복궁 무인매표소에서 카드로 표를 끊은 뒤 홍례문을 통과해 영제교 주위 잎 떨어진 앵두나무와 살구나무 그리고 매화나무를 훑듯이 보고는 근정문을 들어가자마자 오른쪽 융문루로 나가 빠른 속도로 향원정으로 걸었다. 가는 길에 작년에도 피어 있었던 것 같은 노란 개나리꽃이 보여도 궁시렁대지 않고 쏜살같이 지나 맑은 물결이 적막하게 흐르는 연못 곁에 섰다. 그러고는 천천히 주위 나무를 둘러보는데, 라디오 방송에서 이미 다뤘던 느릅나무·느티나무·비드나무·싱수리나무·오리나무 들만이 시야에 잡혀 난감해하던 때 함화당 앞에 군락을 이룬 듯 화살나무들이 잔뜩 심겨 있는 게 보였다. 문득 떠올려보니 청남대에서 회잎나무를 소개했고, 그 과정에서 회잎나무와 비교되는 화살나무를 잠깐 언급했지만 화살나무를 주인공으로 삼은 적은 없어 화살나무를 유심히 보기 시작했다.

화살나무는 노박덩굴과 낙엽 관목으로 높이 1~4m까지 자라는데, 전국 산지 어디서든 흔하게 잘 자라고, 생울타리로도 많이 심어 주위에서 자주 만나는 나무다. 화살나무는 한눈에도 화살나무라는 걸 알 수가 있는데, 이 나무의 나뭇가지를 보면 화살깃을 닮은 회갈색의 코르크 날개가 달려 있기 때문이다. 실제 화살은 주로 대나무를 이용해서 만들었다고 하는데, 화살 구조를 보면 앞부분에 화살촉이 있고 뒷부분에 새의 깃털 등으로 만든 날개가 있다. 이를 화살깃이라고 하는데, 화살깃의 역할은 진동하는 화살을 화살깃으로 조절하면서 명중률을 높이는 것이다.

화살나무가 줄기 주위에 2~4개의 코르크 날개를 발달시킨 것은 초식동물이 자기들을 갉아먹지 말라는 보호 장치다. 이 코르크의 주요 성분은 수베린(Suberin)이라는 지방산인데 실제로는 초식동물이 좋아하는 당분은 전혀 없다고 한다.

수베린 성분이 가지는 의미는 물에서 육상으로 올라온 나무들이 살아남기 위해 수중식물과 다른 화학물질을 스스로 만들어냈다는 것이

경복궁 향원정의 화살나무. 화살깃 모양의 코르크 날개는 수베린 성분으로 자기 방어를 위한 것이다.

다. 《꽃의 제국》을 보면, "균류와 공생함으로써 식물이 수분과 무기물 흡수에 도움을 받았다고 해도 육상은 여전히 너무나 건조한 환경이었고 자외선도 줄기는 했지만 여전히 위협적이었다. 일단 물가의 축축한 물에 진출한 식물은 아주 초기에 이런 환경에 대처하기 위해 여러 화학물질을 만들어냈다. 온몸의 표면을 양초와 같은 큐티클층으로 덮어 수분 손실을 줄이고 자외선을 차단하였으며, 수베린으로 흙 속을 뻗어나가는 상처 조직을 보호하였다"라는 글이 있다. 또 "큐티클, 수베린, 리그닌, 플라보노이드가 없는 갈색말, 붉은말, 녹색말이 아직도 물 속에 살고 있다는 사실은 이들

물질의 합성이 식물의 육상 진출에 결정적이었음을 말해준다"라는 글도 있는데, 생존을 위해 새로운 물질을 만들어냈다는 게 경이로울 따름이다.

하지만 화살나무에 오래 머물렀던 건 화살나무에서 진짜 화살이 연상되었고, 그 과녁이 향원정 건너 옥호루에 있던 명성황후라는 오래전 일이 현실처럼 다가왔고, 아직 떨어지지 않은 붉은 단풍잎과 가종피(假種皮)에 둘러싸인 붉디붉은 씨를 보면서 명성황후가 흥건히 흘렸을 피까지 가상으로 떠안고 있어서 그랬는지도 몰랐다. 감정이입이 과하나 싶어 사람은 사람, 나무는 나무라는 느낌으로 되돌아와 갓 조성한 연못이기에 수초가 무성하지 않은 물길을 에둘러 걸으며 건청궁으로 들어갔다. 그런데 거기 화단에도 화살나무가 붉은 기운을 내뿜고 있어 향원정 물결에 쓸려간 분리의 응어리가 다시 내 가슴에 하나로 번져나가는 것 같았고, 그러자 명성황후를 향한 연민은 총칼을 들고 마구 날뛰었을 일본 자객들에 대한 극심한 분노로 이어지면서 예고 없는 죽음과 함께 '사는 이유'를 확실히 알기 어려운 이 난해한 삶이 억울하다는 심판에 이르러버렸다.

"우리는 그대 미겔 세르베투스에게 다음 판결을 내린다. 쇠사슬로 묶어 샹펠 광장으로 끌고 가 산 채로 화형에 처한다. 그와 더불어 그대의 몸이 재가 될 때까지, 그대가 쓴 책의 원본과 인쇄된 책도 함께 불태운다. 그와 같은 범죄를 저지르고자 하는 모든 사람에게 경고하는 본보기를 남기도록. 그대는 이렇게 삶의 시간을 끝내야 한다."

슈테판 츠바이크의 《다른 의견을 가질 권리》에 나오는 글이다. 이처럼 재판관의 판결문을 듣고 '삶의 시간을 끝내는' 게 덜 억울할지, 난데없는 질주에 목숨을 빼앗기는 게 두려운 시간이 줄어 덜 억울할지, 그 복잡한 감정은 당사자만이 알 것이다.

삶에 좋은 에너지만을 준다고 여긴 나무 답사에서 이토록 목숨이 끊어지는 죽음이 목도되는 게 버거워 봄꽃들이 만발할 계절을 억지로 떠올리며 경회루를 지나 내 삶에 즐거움을 주었던 체부동 국수집에 가 막걸리나 한 잔 걸칠 생각으로 영추문으로 향하는데, 향원정 주위에서 본 모든 화살나무를 합쳐놓은 듯한 커다란 화살나무가 아무것도 잊지 말라는 듯 떡하니 보이는 것이었다. 지금껏 보아온 화살나무 가운데 가장 큰 것 같아 주위를 돌고 또 도는데, 《훔볼트의 언어철학》에서 "신은 정신 속에서 나타나는 것이 아니라, 자연 속에서 영원히 말을 하고 있는 것이다"라는 문장이 떠올랐다. 그래 사는 이유를 몰라 죽음이 억울한 것 같아도, 이제부터라도 자연의 나무가 들려주는 말에 깊숙이 귀를 기울이면 새로운 해답을 얻으리라. 그러면 좀 밝아지겠지.

스타와
경기도 연천 나룻배마을
대추나무

별은 나무처럼 스스로 빛난다

프리랜서는 스타가 되어야 한다. 얼굴과 실력이 널리 알려져야 바쁜 스케줄이 나오게 되고, 그것이 곧 수입을 의미하기에 영역 불문으로 프리랜서는 하늘의 별 같은 존재가 되기를 희망한다. 나는 그를 몰라도 그는 나를 알아보는 관계 말이다.

스타가 되는 방법은 여러 갈래가 있을 텐데, 가장 본받고 싶은 건 상대의 이름을 먼저 불러주는 친근한 능력이다. 특히 한두 번 마주한 사이인데도 또박또박 그의 얼굴인 이름을 부르며 대면했던 때와 장소 그리고 짧게라도 나누었던 이야기를 펼치면 상대는 깊은 관심에 감화를 입은 듯 경청하게 된다. 그러고는 능력자가 하는 일에 적극적으로 협조하면서 어느덧 조직의 구성원이 되거나 든든한 지원자가 된다. 세(勢)를 확장하는 최고의 툴(tool)로 불리는 지점이다.

나도 스타 프리랜서가 되고 싶어 종합 예술 같은 이 능력을 확보해보려고 노력한 적이 있었다. 그 출발은 내 이름이었다. 사람들이 먼저 여자인지 남자인지 성별 의미를 부여하기에 서정(抒情)과 서정(瑞正)을 오가며 풀이를 하는데, 글쓰기 수업 때마다 이를 하고 보니 내 이름은 오래 기억될 것 같아 필수불가결한 나의 멘트가 되었다. 그래서 수강생의 이름도 직접 불러주면 분위기가 부드러울 것 같아 시도를 했는데, 쉽지 않았다.

수업에 필요한 제출 과제에 쓰인 이름을 외우고 있다가 상대를 본 순간 이름을 입 밖으로 내는데, 전혀 다른 분의 이름이 툭 나온 경우가 있었다. 얼굴이 붉어지는 민망함을 넘어 강사 자격이 없다는 것에 심히 낙담하며 그 뒤로는 접으려고 했다. 그래도 이름을 잘 기억해 영역을 넓힌 사례가 많다는 걸 알고 있기에 수강생 저조라는 난관에 맞닥뜨릴 때마다 부재의 능력을 가져보려고 애를 쓰는데, 이름은 둘째 치고 얼굴도 기억을 못 해내는 깜냥에 통탄만 박힐 뿐이었다.

"선생님 숲해설 들으려고 연천에서 1박 2일로 왔어요. 저 선생님 팬이에요."

고양시 산림생태문화센터에서 12월까지 연장된 숲해설을 하는데, 한 여성 참가자가 건넨 말이다. 그래서 마스크를 썼지만 얼굴을 찬찬히 보려고 잠시 내 시선이 머무는데, "종로의 아름다운 나무를 찾아서 할 때 열심히 왔었잖아요"라면서 섭섭한 느낌을 보내는 것 같았다. 그래도 도무지 기억이 나지 않아 "근데, 뭐 타고 오셨어요"라는 생뚱맞은 질문을 던지고는 그때 본 숱한 사람들을 빠르게 넘겨보는데 "제 차로 왔어요"라는 말이 돌아왔다. "그럼 1박할 필요가 없을 텐데…"라며 말끝을 흐렸고, 그분은 웃는 얼굴로 "서울에 있는 언니도 보려고요"라는 말로 상황은 끝났다.

고양시 시목인 어린 녹색 줄기의 백송 앞에서 숲해설을 마무리하는데, 그분이 "역시 좋았습니다. 건강하시고요, 내년에 또 봬요"라고 말했다. 그래서 "난 스타도 아닌데, 이렇게 와주셔서 감사드리고요, 내년에 또 봬요"라는 말로 내 무능을 모면하려고 했는데, "아녜요. 선생님은 스타예요"라는 메아리로 올려와 한마디면 주저앉을 뻔했다.

일정이 끝나고 홀로 회덮밥에 소주 한 잔을 하며 페이스북을 보고 있는데, 그제야 그분이 누군지 떠올랐다. 내가 올린 내용에 항상 '좋아요'를 눌렀고, 가끔은 공유까지 한 분이었다. 그러면서 종로를 다녔던 길에서 그분이 집중해 경청하며 따뜻한 시선을 보낸 게 술잔에 아른거리는 것이었다. 하지만 이미 늦었다. 나는 팬한 분을 무심히 대한 게 아팠는지, 영역 확장에 늘 실패하는 내가 사납게 미운지 술잔만 기울였다.

대추나무 사랑 걸렸네

한 분 한 분의 팬심을 얻어야만 스타가 될 수 있을 텐데, 팬이라고 한 분조차 떠올리지 못하는 정신을 가지고 스타를 꿈꾸는 발악은 악전고투만 불러올 것 같아 침잠하는 사이, 11월에 다녀왔던 연천 풍경이 그곳 하늘을 날고 있던 두루미 날개 아래에서 파드득 깨어나는 것 같았다. 나는 그분에게 얼마 전 연천 나룻배마을을 다녀왔다고 말했던 것 같았고, 그 말에 그분은 눈을 크게 뜨고는 그곳 근처에 사신다고 대답했던 것 같았다. 그때라도 꼬리를 물고 연천 다녀온 이야기를 나누었으면 좋았으련만 나는 관계를 돈독하게 할 말을 이어가지 못했다. 한 분의 팬이 또 다른 팬을 모셔온다고 하는데, 도무지 스타와는 거리가 먼 자세를 가지고 있는 내게 격분이 일어나자마자 또 하나의 낭패가 나를 무너지게 하는 것 같았다.

내 이름을 걸고 하는 숲해설 참가자 확보가 어려워 바짝 신경을 곤두세우고 있었는데, 그 동네에서 영향력이 있는 분이 곧 올 거라는 정보를 얻게 되었다. 그래서 사전 검색을 통해 준비하고 있던 무렵 진짜로 그분이 오셨다. 그래서 가득 친근감을 갖고는 "〈대추나무 사랑 걸렸네〉 정말 열심히 봤습니다. 특히 나중에 스타가 된 고현정 씨 나올 때 꾸준히 봤는데요, 거기가 김포였나요, 방앗간이 나와서요, 그런데 양근승이라는 한 작가 분이 그렇게 쭉 쓰신 게 대단한 것 같습니다"라는 말을 건넸고, "김포에서 시작해, 강화, 마지막 진천이었습니다. 돌아가신 분도 계시고, 고현정 씨는 그때가 처음이었고요"라는 대답이 돌아오자마자 나는 '역시 나란 놈은 정말 안 되는 놈이야'라는 생각을 할 수밖에 없었다. 그곳에 오신 분은 양근승 작가가 아니라 염현섭 피디였기 때문이었다. 사실 그 순간 피디 이름을 말하고 싶었지만, 작가 외우는 게 익숙한 나는 피디 이름을 떠올리지 못했던 것이다. 그래서일까, 연천 나룻배마을에서 진행된 조합원 중심의 김장체험에 내가 함께한 이유도 내 이름을 알려 숲해설 참가율을 높이려고 한 것이었는데, 정작 내 소개를 할 때 나는 손사래를 치며 목 인사만 하고는 털썩 자리에 앉아버렸다.

벼락이라도 내려주소서

스타가 될 운명이 아니면서도 스타를 꿈꾸는 헛된 바람에 미련을 버릴 수 없었는지 아니면 그 피디 분에게 미안한 감정이 남아 있었는지 연천 나룻배마을 주변을 도는데 유독 집집마다 심겨 있는 대추나무에만 눈길이 갔다. 그러면서 자료를 찾아보았다. '대추나무 사랑 걸렸네'가 무슨 의미를 담고 있는지.

가장 먼저 떠오르는 문장은 우리 속담인 "대추나무에 연 걸리듯 한다"이다. 어딘가에 무언가가 걸려 있다는 것인데, 실제 뜻은 "가지가 많고 가시가 있는 대추나무에 연이 잘 걸리듯이 여러 사람에게 많은 빚을 진 사람을 이르는 말로 쓰이며 불행이 연속해서 닥칠 때도 사용한다"라고 한다. 더 추론해보면 우리 조상들은 생활에 여러모로 도움을 주는 대추나무를 많이 심었고, 연 날리기도 많이 했기에 이런 풍경이 만들어졌을 것이다. 하지만 여기서 대추나무 사랑 걸렸네가 연상될 수는 없었다.

《궁궐의 우리 나무》에 나오는 글을 보자.

"이처럼(폐백 때 대추 던지는 것) 혼례 때 한 자리를 차지하는 대추나무인데, 아예 스스로 시집을 가기도 한다. 대추가 많이 달리기를 비는 사람들이 흔히 말해 '나무 시집 보내기'를 한 것이다. 설날이나 단오에 과일나무의 Y자로 벌어진 가지 틈에 남근을 상징하는 돌을 끼워두면 그해에 과일이 많이 열린다는 것인데, 이 행위에 일리가 있다. 굵은 돌을 끼워두면 줄기의 나무껍질이 눌려 잎에서 광합성에 의해 만들어진 영양분이 줄기나 뿌리로 가기 어려워진다. 그 영양분이 결국 열매 맺는 데로 가게 되니 더 굵고 더 많은 열매가 달리는 것은 당연하다."

이 내용에서 혹 대추나무 사랑 걸렸네가 나오지 않았을까 상상할 수도 있지만 조심스럽다. 양성평등 사회를 만들어야 하는 이 시대에 여차하면 인상을 찌푸리게 만들 수 있는 대목이기 때문이다.

한국임업진흥원 자료를 보면, "대추나무는 갈매나무과 대추나무속에 속하는 목본식물로서 열대, 아열대 및 온대지방에 약 40종이 분포하고 있다. 대표적인 종으로는 중국계 대추와 인도계 대추로 생태형이 전혀 다른 2종이 있는데, 우리나라에서 자라는 대추나무는 중국계 대추로 경북 경산, 경남 밀양, 충북 보은 등이 주산지이다. 대추 열매 표면은 적갈색으로 윤기가 있다. 대추나무 꽃은 자웅동주이며 5~6월에 개화하여 9~10월이 되면 과실이 성숙해진다"라는 대추나무 소개 글이 있다. 요즘은 조경수로도 많이 심는 대추나무, 좀 들여다보면 이처럼 복잡한데, 이 나무의 가장 큰 특징은 가시에 있다. 이는 대추나무 이름에서도 나타나는데,

연천 나룻배마을의 대추나무. 흔한 나무
이지만 예수에게까지 소급되는, 가벼이
넘길 수 없는 나무다.

대추나무는 한자로 대조나무였다고 한다. 큰 대(大)에 대추나무
조(棗)인데, 대추나무를 뜻하는 한자 조(棗)를 보면, 가시 자(朿) 자
를 두 개 쌓은 모양이다. 그러니까 대추나무에는 가시가 많다는 뜻
인데, 이 가시는 탁엽(托葉)이 변해서 된 것이다.

그래서 대추 열매를 딸 때는 가시에 찔릴 수 있으니 조심해야
하는데, 탁엽은 잎과 줄기를 연결해주는 잎자루 끝부분에 있는 한
쌍의 작은 잎을 말한다. 탁엽이 가시가 된 것은, 대추나무의 곁눈
은 가지 끝 또는 가지 측면에 원형태로 울퉁불퉁하게 생겼는데,
바로 이 주위에 2개의 가시가 달려 있다. 이 가시의 역할은 눈이
발아되어 싹이 나오면 동물 또는 곤충으로부터 보호해주기 위한

것인데, 아까시나무도 탁엽이 변한 가시를 가지고 있다.

"많은 성서 연구자들은 그리스도의 면류관을 만든 가시나무는 가시대추(*Zizyphus spina-christ* L.)라는 데 동의하고 있다. 식물학자 칼 폰 린네 역시 이 나무로 예수님의 가시 면류관을 만들었다고 믿고, 가시대추의 종소명을 붙인 것으로 보인다.

이 나무는 갈매나무과에 속하는 가시가 있는 대추나무로 묏대추나무와 비슷하다. 히브리어 이름은 아타드(atad) 또는 나아쭈쯔(naatsuts)이고, 영어 이름은 크라이스트 쏜(Christ thorn), 즉 '그리스도의 가시'라는 뜻이다."

《성경 속 나무 스토리텔링》에 나오는 글인데, 나는 가시대추와 묏대추나무를 본 적이 없다. 우리가 흔히 만나는 대추나무는 국가표준식물목록을 보면 재배식물로 분류가 되어 있고 학명은 '*Ziziphus jujuba* var. *inermis* (Bunge) Rehder'이고, 묏대추나무는 자생식물이고 학명은 '*Ziziphus jujuba* Mill. var. *spinosa* (Bunge) Hu & C.H.Chow'이다. 또 《한국의 나무》를 보면, 묏대추나무, 갯대추만 나오고 대추나무는 없다. 즉 재배 목적으로 키우는 과실수이기 때문이다.

나무 공부를 하기 전부터 대추나무는 알아보는 나무였는데, 뚜껑을 열고 들여다보니 스타가 될 생각이 없었어도 지구인 누구나 알고 있는 별보다 위대한 존재가 된 그리스도까지 연결이 되어 놀란다. 그래, 나무 공부나 열심히 하자, 그러면 혹… 아, 어쩔 수 없는 이 소인배에게 벼락이라도 내려주소서.

독림가와
대전 장태산자연휴양림
메타세쿼이아

내가 나무이고 나무가 나일 수 있을까

공부는 낯선 언어와 끊임없이 만나는 접점에서 좌절하지 않고 그 의미를 깊게 파고들어가 다음 질문이 들어설 때까지 진행해야 발전이 있는 것 같다. 그렇지 않고 일단 암기부터 하고 보면 증발 속도가 빠른 것은 물론 단계를 넘어서는 궁금증이 발생하지 않아 그 탐구는 커피 끓이는 물의 수증기만도 못하게 된다. 우리의 인식 활동은 언어에서 시작되어 언어로 마무리 짓고 또다시 언어로 이어지는데, 거시에서 미시로의 발견이 계속 이루어지고 전에 없던 활동과 제품들이 탄생하면서 등장한 새로운 언어들이 이로 인해 복잡해지는 사회관계에서 더 치밀한 사유를 요구하기 때문이다. 즉 특정 단어에 대한 충분한 이해가 느낌으로 스며 있지 않으면 그 문장은 사막에 물 한 잔 붓는 공허한 격이 된다는 것이다.

 "숙정문을 거쳐 성북동을 굽어보고는 탐방 안내소를 지나 현신규 박사가 개량한 은수원사시나무 앞에 선다. 거기서 현신규 박사, 박정희 대통령, 임종국 독립가, 김이만 나무할아버지, 민병갈 천리포수목원장, 최종현 SK회장을 언급한다. 국립수목원 '숲의 명예전당'에 오른 사람들이다. 이유는 우리나라 숲을 푸르게 한 공로 때문이다."

2019년 숲해설할 때 내용인데, 북악산에 있는 은수원사시나무를 해설해보려고 공부를 하는데 세상에 없던 이 나무의 육종 이야기가 좀 복잡해 고민을 하다가 산림녹화에 최선을 다한 분들의 이름을 언급하는 걸로 대체했다. 그때 한 참가자가 내 말을 흘려 듣지 않고 질문했다.

"독림가가 뭔가요?"

"열심히 나무를 심으신 분들인데요, 말이 생소해 저도 좀 어렵네요."

얼렁뚱땅 넘어갔지만 실제로 나는 독림가에 대해 깊게 생각하지 않았다. 이 느낌을 잘 살리려면, 적어도 내가 말한 분들에 대한 자료를 충분히 봐야 했지만, 더 나아가 나무를 심고 가꾸는 게 어떤 상황인지 작은 체험이라도 해야 했지만, 어릴 적 식목일을 맞이하여 지시에 따라 나무를 심었던 기억 말고는 아무것도 없는 내게 독림가는 의미를 탐색할 언어가 되지 못했던 것 같다.

그런데 어르신들이 많이 오셨던 숲해설을 하면서 독림가에 대한 언어를 제대로 바라볼 필요가 생겨났다. 1960년대 황폐한 산을 자료로 보여준 뒤 2천년대 울창한 산림을 펼쳐보이고는 어르신들을 보는데, 뭉클해져오는 눈빛을 느낄 수 있었다. 얼굴에 미세한 경련이 일며 눈을 지그시 감는 분들도 있었고, 격한 노동이 생각났는지 깊은 숨을 내쉬는 분들도 있었다. 그래서 그분들보다 나이가 적은 분들이 함께 있으면 독립가 같은 분들에게 박수를 보내드리자고 말하곤 했다. 자의든 타의든 시간을 내어 조림의 역사를 만들어낸 분들이 있기에 지금 우리는 풍요로운 숲에서 힐링의 시간을 보낼 수 있기 때문이다.

벌목이 아니라 식목을 한다는 것

"숲은 드문드문 있고 산은 모두 민둥산이어서 습기가 만연(蔓衍) 되어 있고 흙은 모두 모래가 되어 있는 탓으로, 비가 오거나 바람이 부는 것은 혹 갑작스러우나 급하게 닥쳐오면 높은 곳은 무너져 내릴 형세가 있고 낮은 곳은 끊어져 터질 걱정이 있어, 그로 인한 재해가 누차 발생하고 있는데, 민물(民物)이 손상을 받은 것은 금년 가을에 이르러 극도에 달하였습니다. 이는 오로지 나무를 기르는 정사를 엄히 신명(申明)하지 않은 데 연유된 것으로, 한결같이 비와 바람의 재해로만 돌려서는 안 되는 것입니다. 진실로 원하건대, 도신(道臣)에게 신칙시켜 여러 고을에 효유(曉諭)하여 벌목(伐木)을 금하고 식목(植木)을 많이 하여 민둥산이 되는 씻겨 내려가는 걱정이 없게 하고 시내에 제방을 쌓고 터진 곳을 막아서 견고하고 완벽하게 하는 방책을 더욱 힘써서 한번의 노고로 영원한 평안을 누리는 효험이 있게 하소서."

1781년, 사간원 헌납(獻納) 권엄(權𧩂)이 정조에게 올린 상소인데, 이 내용을 서두로 꺼낸 위영의 〈산림녹화(山林綠化), 그 간의 이야기〉를 보면 이런 글이 이어진다.

"자연재해로 막대한 인명과 재산피해가 났는데, 그 근본방책이 바로 벌목을 금하고 식목하는 것에 있다는 내용이다. 이 상소의 내용과 유사한 방안들이 이후로 계속해서 강조되어 왔지만, 실질적 성과는 한참이 지난 후였다. 시대가 바뀌어 1960년대부터 국토의 대부분을 차지했던 붉은 민둥산이 없어지기 시작한 것이다. 권엄 상소 이후 무려 180여 년이나 흘렀다."

1960년대라면 지금부터 60여 년 전이다. 4억여 년의 역사를 가지고 있는 육지 식물이 우리 곁에서 계절별로 무한의 아름다움을 준 시기가 그리 오래되지 않았다는 것이다. 이처럼 짧은 시기에 산림녹화를 이룬 분들 가운데 그 공적이 높은 분들을 독림가라고 한다. 임업진흥촉진법 시행규칙 2조에 따르면, 독림가는 산림의 경영주체, 규모, 형태 및 실적 등에 따라 개인독림가와 법인독림가로 구분하고, 개인독림가는 다시 모범독림가, 우수독림가, 자영독림가로 세분한단다.

그런데 독림가라는 단어가 왜 어렵게 다가왔을까? 임업(林業), 임업가(林業家)라면 나무 종사자로 연결이 되는데, 독림가(篤林家)는 '篤' 한자가 생소해서 그랬던 것 같다. 한자사전을 보면, "篤자는 '도탑다'나 '진심이 깃들어 있다'라는 뜻을 가진 글자이다. 篤자는 竹(대나무 죽) 자와 馬(말 마) 자가 결합한 모습이다. 말이 천천히 걷거나 안정적으로 걸을 때 나는 말발굽 소리가 마치 대나무밭에서 나는 소리처럼 부드럽다 하여 후에 '진심되다'나 '견실하다'라는 뜻을 갖게 되었다"라고 나와 있다. 이 외에도 '전일하다', '순일하다', '단단하다', '살피다', '고생하다' 등의 뜻도 있는데, 처음 이 단어를 접했을 때 어느 '篤' 자를 선택한 것인지 정확히 알 수가 없어 의미 탐색을 멈추었던 것 같았다. 영어사전에 독림가를 넣어 보면, 'sincere forest manager'라고 나온다. 그래서 '진실된', '진심의'라는 뜻을 가지고 있는 'sincere'와 연결하면 독림가가 '진심을 가지고 나무를 심는 사람'이라는 의미를 갖게 되는데, 여전히 다음 궁금증이 생겨나기 힘든 단어였던 것 같다.

나무 속의 내가 나인지 아닌지

"장태산 휴양림을 창립한 임창봉 선생: 한평생 나무를 사랑한 독림가 송파 임창봉 선생은 1972년부터 이곳 장태산 24만여 평에 20만 그루의 나무를 심고 정성을 다해 가꾸었으며 1991년 전국 최초 민간휴양림으로 한반도에서 가장 아름다운 메타세쿼이아 수림을 조성하여 대전 8경의 하나인 경승지로 만들었다. 선생은 1922년 논산 향안리에서 출생하였으며 광복 후에는 건국청년단 논산 지역 대장으로 한국전쟁 시에는 육군 소대장으로 참전하여 국가에 크게 공헌하였으며 또한 건설업에 투신하여 지역사회발전에 기여하였을 뿐만 아니라 1992년부터 장태산휴양림을 공익사업으로 관리 운영하였다. 2002년 우리 시에서 장태산휴양림을 인수

장태산자연휴양림은 메타세쿼이아 단일종으로 구성되었으며, 하늘다리에서 나무를 관찰하기 좋다.

하여 새롭게 단장하고 다시 개장에 즈음하여 2002년 타계한 임창봉 선생의 흉상을 화석나무인 메타세쿼이아 숲속에 세워 창립자의 높은 뜻을 계승하고 숭고한 업적을 기록하여 영원토록 기리고자 한다. 2006년 4월 25일 대전광역시장."

　　우리나라에서 유일하게 메타세쿼이아 단일종으로 자연휴양림이 된 장태산자연휴양림 입구에 들어서면 만날 수 있는 흉상의 주인공 독림가 임창봉 선생을 알려주는 글이다. 장태산자연휴양림의 메타세쿼이아는 1973년부터 심어진 나무들이라고 하는데, 가슴 높이 정도의 지름이 최대 79cm가 되는 나무도 있고, 높이는 최대 38m에 이르기도 한다. 이 나무들이 6,300여 그루 정도 있어 그곳에 들어서자마자 하늘에 닿은 듯한 메타세쿼이아 숲에 경이로

움을 갖는데, 잠시 독립가 임창봉 선생을 마주했다.

"세상의 거짓과 위선이 미웠습니다. 또 뭔가 필생의 사업이면서 남에게 도움도 주는 일을 하고 싶었습니다. 한국 땅 한 뼘이라도 아름답게 가꾸어 보자고 생각했습니다. 산에 들어오니 마음이 정말 편했습니다."

나무를 심고 가꾸며 진실하고 정직하게 자연의 섭리를 배우며 살아가겠다는 임창봉 선생이 한 말이란다. 나무가 말은 못 해도 사람의 말은 알아듣는다며 정성을 다해 숲을 일구었지만, 아이엠에프는 그분에게도 시련을 주었고, 결국 나라의 도움을 받아야 했단다.

독립 혹은 임업은 부자의 길과는 거리가 멀다는 생각이 순간 들었는데, 그런데도 온 세월을 나무에 던진 마음에 경의를 표하며 발걸음을 조금 옮겨 메타세쿼이아 이야기 안내판을 훑었다. 요약하면, 메타세쿼이아는 '뒤', '나중'을 뜻하는 메타(Meta)와 북미 캘리포니아 주 인근에 서식하는 세계에서 제일 큰 나무 중 하나인 세쿼이아(Sequoia)의 합성어이고, 세쿼이아는 인디언 체로아키족으로 문자를 만든 세쿼이아라는 현자를 가리키는 말이며, 화석으로만 존재했다고 알려진 나무가 1941년 중국에서 발견되어 '살아 있는 화석'으로 불리기 시작했고, 경상북도 포항 근처에서 메타세쿼이아와 비슷한 화석식물인 메타세쿼이아 옥시덴탈리스가 발견되었다는 내용 등이다.

메타세쿼이아 앞에서 나도 이 정도 말밖에는 못 한다. 문득 건

조해지는 부끄러움이 들어 출렁다리로 올라가 메타세쿼이아를 내려다보기도 하고 올려다보기도 하고 친구처럼 어깨를 나란히 하고 걷는다. 푹신푹신한 나무껍질을 만지며 고개를 쳐들고 보았던 느낌과는 엄연히 다른 공중부양의 판타지에서 적갈색 단풍으로 떨어지고 있는 납작한 바늘잎 가지 끝에 작은 벼이삭 같은 수꽃눈들이 겨울을 나려고 견고하게 붙어 있다. 손을 뻗어 당겨 더 가까이 보고 싶었지만 자칫 애썼다간 지상으로 추락할 것 같아 눈만 부라린다.

하늘의 나무 사이를 사부작사부작 가는 바람에 춤을 추듯 흔들거리고 난 뒤 땅을 밟으니 내가 나무인 듯 나무가 나인 듯한 혼몽이 화들짝 깨지면서 1950년대 미국에서 메타세쿼이아를 들여와 우리에게 우아하면서도 솟구치는 아름다움을 준 독림가 현신규 박사의 말이 떠오른다.

"평생을 나무하고만 살아왔다. 그러다 보니 나무는 내 삶의 큰 부분을 차지하게 됐고 내가 나무 속에 있는지 나무가 내 속에 있는지조차 모를 느낌이 들 때가 많다."

나무 하나 제대로 심고 가꾸어보지 못한 이 우둔한 자의 사유가 늘 사기성 짙은 미망임을 깨우치게 해준다. 그곳을 떠나는 등 뒤로 독림가 임창봉 선생이 그래도 나무를 가까이 하라고 독려하는 것 같다. 나무에서 나만 보지 말고 독림가들의 진한 나무 사랑도 보려고 노력해보자. 그게 늘 푸를 것 같은 독림가에 대한 예의이기에.

부루 라이또와
인천 부평 신트리공원
히말라야시다

가로등 불빛에 가로수가 보여요

밤거리를 거닐며 그윽한 야경을 보면 일본말도 모르면서 흥얼거리는 노래가 있다. 1968년 발표된 엔카 '블루 라이트 요코하마'인데, 나는 이시다 아유미처럼 '부루 라이또 요코하마'라고 흉내를 내면서 이 구절만 반복하곤 한다. 시절에 따라 부침이 있었던 이 노래를 왜 부르는지 딱히 이유를 파고들면 나도 모른다. 그저 어릴 때 귓가에 들려온 단순하면서도 운치 있는 멜로디가 내 피에 흘러들어간 것 같다.

하지만 이 노래를 좋아한다고 겉으로 크게 내색할 수 없었던 것은 일본 문화에 대한 저항감 때문이었을 텐데, 오래전 여럿이 만난 자리에서 한국사를 공부하기 위해 유학을 온 일본인 학생에게 이 노래를 안다고 했다. 그러자 약간 눈살을 찌푸렸던 것 같은데, 진보 성향의 그 유학생은 주둔 미군과 연애를 상상하는 가사가 못마땅하다고 했다. 그 의미도 모른 채 멜로디 때문에 좋아한다고 기어들 듯 말하면서도 그때 내가 처음 안 것은 '부루 라이또'가 '블루 라이트'(Blue Light)라는 사실이었다. 세월이 흘러 유튜브가 대중화되면서 가사를 전부 알게 되었는데, 굳이 기억할 만한 내용은 아니어서 금방 잊었다.

그런데 기이하게도 그때부터 의미가 명확해진 '부루 라이또' 때문인지 가로등 불빛이 주황빛이고 푸른빛이고 흰빛이고 관계없이 아니 어느 때는 빗줄기에 산란하는 뿌연 밤의 광선들에 매료되면서 은근슬쩍 춤추며 노래하는 그 가수를 흉내 내며 '부루 라이또 요코하마'를 중얼거렸다. 그러고는 이따금 쏟아지는 불빛 위로 젖어가는 술기운을 증폭시키며 글쓰기 영감을 억지로 짜내곤 했던 것 같은데, 나무 공부를 하고 난 뒤부터는 방어막 없이 밤새도록 가로등을 쏘여야 하는 가로수에만 눈길을 주었다.

해마다 봄이 되면 하늘로 뻗어가던 가지들이 드르륵드르륵 톱날에 싹둑싹둑 잘려나가 기다란 통나무 같은 모습을 하고 있다가, 광합성을 하기 위해 열혈로 새 가지를 내고 잎을 펼쳐 무성하다가도 낙엽 만드는 가을을 지나 겨울을 겨우 나면 다시 찾아오는 살육의 봄이 두렵기만 할 텐데, 그래도 또다시 삶을 싹 틔우는 그 순환의 생명력에 연민을 품은 경의를 표하기 위해서다. 어둠 속에서 밤을 보내면 분명 생장에 도움이 될 것 같은데, 문명의 상징인 야경 경계에 들어와 있으니 아무래도 타격을 입을 것 같은데, 그래도 움직일 수 없어 온전한 감내만이 살 길인 그들의 쉽게 쓰러지지 않는 의연한 의지에 죄스러움을 담은 찬사를 보내기 위해서다.

육지의 최초 주인은 나무와 숲이었는데, 도시 면적이 늘어나면서 인간 삶에 꿰맞춰서 살아야 하는 가로수들, 그들을 볼 때마다 "문명 앞에 숲이 있고, 문명 뒤에 사막이 남는다"는 그 유명한 문장이 생각나는 건 무엇 때문일까? "낫 놓고 기역자도 모른다고 / 주인이 종을 깔보자 / 종이 주인의 모가지를 베어버리더라 / 바로 그 낫으로"라는 인간사의 위대한 투쟁정신이 자연에 가해지는 건 아닐까? 인간끼리의 일은 인간끼리 해결해야 하는데, 편리의 문명을 위해 너무 많은 낫으로 너무 많은 숲을 황폐하게 하는 긴 아닐까? 이제부터라도 나무는 나무답게 생장하도록 상호작용하는 게 자유, 해방, 평등, 공존을 노래한 김남주 시인에 대한 예의는 아닐까?

가로수 역사

"우리나라 전국 가로수 조성 현황은 2019년 기준으로 전국에 총 823만 본이 식재되어 있다."

산림청이 발간한 '2020 가로수 조성·관리 지침서'에 나오는 내용인데, 수종별로는 벚나무류, 은행나무, 이팝나무, 느티나무, 무궁화 순으로 식재되어 있단다. 여기서 우리나라 가로수 역사를 잠깐 들여다보자.

"의정부에서 아뢰기를, '주(周)나라 제도에 나무를 세워서 도로를 표시하였다는 글이 있습니다. 그러므로 지난번에 경외(京外)

의 도로 옆에 잡목(雜木)을 많이 심었는데, 근래에는 잇달아서 나무를 심지 아니하고, 전에 심은 것도 잘라 내어서 남은 것이 없으니, 옛 제도에 어긋남이 있습니다. 청컨대, 오는 봄부터 경외의 큰 길 좌우에 흙의 알맞은 데에 따라서 소나무·잣나무·배나무·밤나무·느티나무·버드나무 등의 나무를 많이 심고서 그것을 벌목(伐木)하는 것을 금지하소서.' 하니, 그대로 따랐다."

〈단종실록〉에 나오는 글인데, 길이라는 걸 알리기 위해 일정 간격을 두고 나무를 심었다는 공식 기록이다. 또 〈고종실록〉을 보면, 내무아문(內務衙門)에서 각도(各道)에 훈시(訓示)한 내용 가운데 제49조가 "도로(道路)의 좌우에 나무를 심어 가꾸는 것을 장려하고 집집마다 울타리 안과 빈 땅에 과일 나무며 뽕나무를 각별히 심도록 할 것"이다. 당시만 해도 주요 연료는 나무였을 텐데, 그래서 나무가 늘 부족했을 텐데 이처럼 도로임을 알리기 위해 심은 가로수의 기원에 대해 역사학자 전우용은 "고대 로마인들은 행군하는 병사들에게 그늘을 제공하기 위해 로마와 변방을 잇는 큰길 좌우에 소나무를 심었다"라고 말하고 있고, 이러한 가로수가 보편화한 것은 각 도시들의 도로가 차도와 보도로 분리된 뒤라고 한다.

그리고 우리나라에 본격적인 가로수가 처음 등장한 것은 1897년 명성황후 국장 직전이라고 하면서 "혜화동 사람 홍태윤이 사비를 들여 동대문 밖에서 홍릉에 이르는 연도에 수백 그루의 백양나무를 심었는데, 그는 이 공로로 홍릉감독 벼슬을 얻었다"라고 한다. 덧붙여 "이 가로수는 홍릉 위병들이 극진히 관리한 덕에 무척 잘 자라 1930년께에는 동대문에서 청량리에 이르는 도로가 전국 최고의 가로수길로 명성을 날렸다"라고 한다.

지금은 전국적으로 유명한 가로수길이 많은데, 조경학자들에 따르면 가로수가 정책적으로 식재되기 시작한 건 일제강점기부터라고 한다. 당시 가장 인기 수종은 수양버들이었는데 이후로도 많은 사랑을 받아 1975년 서울 가로수 가운데 38%나 차지했다고 한다. 하지만 수양버들이 날리는 하얀 솜털 같은 수꽃가루가 알레르기 원인으로 지목되면서 서서히 사라졌고, 공해에 강한 플라타너스가 등장했다. 그러나 넓은 잎사귀가 간판을 가린다며 원망 속에 김현승 시인의 〈플라타너스〉 향수만 남기며 줄어들어 갔고, 그 자리에 은행나무, 이팝나무, 벚나무, 느티나무 들이 자리를 차지했다. 지금은 회화나무, 소나무 등 다양한 나무들이 지역 특성과 정책에 따라 새롭게 거리를 꾸미고 있다.

숲을 떠나 산다는 것

"장엄함은 자연 속에서 너른 시각과 일체감을 깨닫게 되는 것을 의미한다. 우리가 개인의 삶보다 훨씬 큰 세계의 일부라는 자각이다."

《식물이 위로가 될 때》에서 '사람을 위로하는 자연의 네 가지 요소' 가운데 하나로 기술되는 문장인데, 이어지는 글은 "멋진 풍경 속을 거닐거나 폭우 속에 서 있는 것만으로도 이와 비슷한 감정

부평 신트리공원 히말라
야시다. 정식 식물명은 개
잎갈나무다.

을 불러일으킬 수 있다. 중요한 것은 이런 경험이 연결감도 자극
한다는 말"이다. 이 글에서 나는 '연결감'에 방점을 둔다. 나무와 숲
을 내 안에 들이며 살고부터는 일상 어디서든 만날 수 있는 나무가
장엄해 보이기만 한데, 인천 부평 신트리공원 옆에서 사시는 아버
지를 만나고 돌아올 때마다 마주하는 가로수 히말라야시다를 보
면 그 사이로 '부루 라이또 요코하마'가 비죽이 리듬을 탄다.

국가표준식물목록을 보면 개잎갈나무가 나오고 비추천명으로 히말라야시다가 쓰여 있다. 개잎갈나무로 불리는 건 같은 소나무과로 낙엽 교목인 잎갈나무와 비슷하지만 그보다 좀 못하다는 뜻의 '개'를 붙여 개잎갈나무라고 하고, 히말라야시다는 이 나무의 원산지가 히말라야 서남쪽이어서 그렇게 부른단다. 히말라야 하면 설산부터 떠올리니 춥다고 여겨지지만 히말라야시다가 사는 곳은 아열대에 가까운 지역이 많기 때문에 1930년대에 들여온 이 나무는 주로 충남 천안 아래에 식재했다.

그중에 대구 가로수가 유명한 것은 박정희 전 대통령이 이 나무를 좋아했다고 해서 특별히 가꾸었다는데, 이후 상황에 대해 박상진 교수는 "최근 나무가 크게 자라면서 바람에 잘 버티지 못하고 큰 덩치가 맥없이 넘어져 버리는 경우가 많아졌다. 가장 큰 원인은 천근성(淺根性) 나무로 뿌리가 옆으로만 뻗고 깊이 들어가지 않기 때문이다"라고 말했다. 그래서 히말라야시다 가로수가 점점 줄어들고 있다는데, 또 다른 원인으로 "원뿔형의 나무 모양은 무게중심이 거의 땅에 있어서 뿌리가 얕아도 별다른 문제가 없다. 하지만 동대구로처럼 가로수로 심은 히말라야시다는 통행하는 자동차나 사람에게 방해가 되지 않도록 아래쪽 가지를 자꾸 잘라버려 무게중심을 잡기 어렵"기 때문이란다. 이는 히말라야시다뿐만이 아니라 무리지어 살아야 할 숲의 나무들이 독립적으로 사는 운명에서 감수해야 할 단명의 숙명이다.

남쪽으로 가야 자주 만날 수 있는 이 나무를 중부지방인 인천 부평에서 조경수가 아닌 가로수로 볼 수 있다는 게 신기하기도 해서 그곳에 갈 때마다 이모저모 살펴보는데, 왜 느닷없이 '부루 라이또 요코하마'가 튀어나올까? 지방 어느 대학에서는 박정희 정권 시절 심었다는 히말라야시다가 친일 잔재라며 대거 베어버리기도 했다는데, 그래서일까? 그렇다면 독립군가를 불렀어야지 왜 '부루 라이또 요코하마'일까?

그것은 아마 여전히 박정희 향수를 잊지 못하는 아버지 세대에 대한 아들로서의 취기 가득한 예의일 것이며, 또 다른 면에서는 나무 앞에서는 정치색을 버리고 그저 나무가 주는 장엄함만 느끼는 게 올바른 교감일지도 모른다는 시선 때문이다. 더불어 과학으로는 야간 조명이 나무 생장에 큰 영향을 끼치지 않는다고 하지만 심적으로는 나무도 잘 때는 불을 꺼야 하는 게 맞다는 외침을 내보이고 싶었기 때문인지도 모른다.

그래도 왜 '부루 라이또 요코하마'일까? 심층생태학자 아르네 네스는 "모든 생각과 이미지는 당신 안에 있는 것만큼이나 저 바깥에도 있습니다"라고 말했다. 통상 우리의 인식은 주체와 객체 그리고 매개물이 구분되는데, 자연스러운 삶에서는 이런 구분이 명확해지면 안 된다는 말 같다. 그 구분의 무너짐이 밤거리 불빛에 신음하고 있을지도 모를 가로수에, 그저 멜로디에만 취해 흥얼거리는 그 노래라도 던지면, 부루 라이또이건 블루 라이트이건 순간 잊고 싶은 건 잊으면 마냥 내 삶이 흥겨워져서 그런 건 아닐까? 난감하지만, 밤빛이 들썩거린다.

자살과
서울 낙산공원
박태기나무

보기만 해도 위로가 되는 식물

살아야 할 에너지가 급작스레 낙하해 어찌할 바를 모르면 이따금 바늘 시계를 보며 우울한 계산을 한다. 40여 분이 지나면 생면부지의 타인에게 '삼가 고인의 명복을 빕니다'라고 조의를 표하기도 한다. 그러면서 생각에 잠긴다. 살아야 할까, 죽어야 할까?

2020년 통계를 보면, 한국의 자살률은 OECD(경제협력개발기구) 회원국 가운데 1위를 기록했단다. 이는 OECD 평균 2배를 넘는 악몽으로 하루 평균 36.1명이 스스로 목숨을 끊는 방식으로 생을 마감했다는 것이다. 한국인의 사망 원인 순서는 암, 심장 질환, 폐렴, 뇌혈관 질환인데 바로 5위가 자살이란다. 당뇨병이나 알츠하이머병, 간 질환 등으로 죽는 사람보다 많다는 건데, 여기에는 10대와 20대의 자살률이 늘어났기 때문으로 추측한다.

자살 원인으로는 정신건강 문제(34.7%), 경제생활 문제(26.7%),

육체적 질병 문제(18.8%), 가정 문제(8.0%), 직장이나 업무 문제 (4.5%) 등으로 나타났다고 하는데, 굶주림과 살인이라는 인류 최대의 고(苦)가 누그러들고 있는 지금 정신적 문제로 세상을 하직한다는 게 아이러니해 보일 수도 있다. 하지만 죽어본 사람이 죽음을 이야기한 적 없듯이 자살한 사람이 그 직전의 심정을 완벽히 털어놓지는 못했기에 추론만 할 뿐 감정의 공감대는 흐리기만 하다. "자살의 원인은 어디에서 찾아야 할까? 그것은 죽음이 아니라, 바로 '삶'에서 찾아야 한다. 행복한 삶은 자살과 연결되지 않는다. 자살률은 삶의 행복감과 직접적으로 연결되어 있다. OECD 데이터에 따르면 OECD 자살률 1위인 한국의 행복 지수는 37개국 중 35위이다."

〈현대불교〉에 실린 '문현공 교수의 죽음학과 불교'에 나오는 글인데, 우리는 '행복, 행복'을 열심히 추구하지만 사실은 행복 지수도 바닥이라는 것이다. 이런 통계를 볼 때마다 행복하고도 좋은 삶을 살라고 권하는 이들의 화법에 고개가 갸우뚱해지기도 하지만, 대안은 나도 정확히 내세우기 어렵다. 그저 《식물이 위로가 될 때》를 읽고는 일말의 희망을 찾아본다.

"스트레스를 생리적 상태로 이해하는 것이 중요한 이유는 현대인의 신체가 도시화와 인지적 사고로 점철된 삶에 잘 적응하지 못했다는 사실을 깨닫는 출발점이기 때문이다. 극심한 스트레스를 받으면 신체에서는 교감 신경계를 활성화시켜 아드레날린과 노르아드레날린과 같은 호르몬을 분비한다. 이는 '투쟁 도피 반응'

을 촉발한다.”

《식물이 위로가 될 때》에 나오는 글로, 스트레스는 감정 상태가 아니라 생리 상태에 가까운데 이를 심리적 요인으로만 취급한다는 것이다. 즉 맹수가 다가오는 것 같은 위협 요소가 있으면 몸은 자동적으로 그곳을 피하도록 되어 있고 그러면 몸과 마음이 금방 회복하게 되는데, 현대인은 닫힌 공간에서 그럴 수 없는 메커니즘에 놓여 있기 때문에 스트레스 누적이 불가피하다는 것이다.

나무민 봐도 긍정의 기운이

살면서 단 한 번도 자살을 꿈꾸지 않은 사람은 없을 것이다. 나도 이십대에 고층 아파트에서 선배와 술을 마시다가 술기운에 창문을 열고 몸을 밖으로 빼는데, 마침 어이없는 광경을 본 선배가 다리를 잡아당겨 살 수 있었다. 그 뒤로 미래가 깜깜할 때마다 손으로 목을 조르는 시늉을 하곤 했지만, 결정적 단계로는 가지 않았다. 그 실행의 판단력이 무엇인지에 대해서는 숱한 의견이 있겠지만, 자살자가 순간 밝힌 내용이 없어 무엇이라고 말할 수는 없을 것 같다.

“나뭇가지가 넓게 우거진 모양, 달팽이 껍질과 선인장이 나선형 형태로 자라는 모습처럼 프랙털 패턴은 자연 어디서나 찾아볼 수 있고, 그렇기 때문에 우리의 눈은 이런 형태를 쉽게 인식하도록 진화했다. 예측 가능성과 가변성이 절묘한 균형을 이룬 프랙털 패턴은 시선을 사로잡을 정도로 매력적인 동시에 무심하고도 편안하게 바라볼 수 있는 대상이 된다. 프랙털 패턴을 편안하게 인지할 때 마음이 안정되고 즉각적으로 스트레스가 낮아진다는 것이 몇몇 연구를 통해 밝혀졌다."

《식물이 위로가 될 때》에서 '사람을 위로하는 자연의 네 가지 요소' 가운데 하나로 기술된 문장인데, 유심히 나무를 보면서 내 정신건강에 긍정의 기운이 돋아나는 것 같은 그 진원지를 알게 되어 무척 반가웠다. 사는 게 힘들어 고개를 숙이고 아래만 보던 삶에서 매일 나무를 보는 삶이 이토록 과학의 원리로 나의 에너지를 생성해낸다는 게 신기했다. 그래서 길을 나섰다. 나무를 울창하게 심으면 안 되는 한양도성을 걸으면서 겨울나무를 보면 어떤 느낌이 전해질까?

오랫동안 한양도성 백악구간 문화해설을 했기에 익숙한 한양도성 가운데 낙산공원을 걷기로 했다. 그것은 2019년 가을 그곳에서 숲해설을 했기 때문인데, 그 나무들이 어떻게 겨울을 나는지 보고 싶기도 했고, 겨울 하면 '나목(裸木)', '나목' 하면 박완서 소설 그리고 박수근 화가가 꽃과 나비처럼 떠올라 창신동 박수근 집터부터 찾아갔다.

동묘역 6번 출구로 나가 거리를 보니 창신동 시절 박수근 그림에 등장하는 플라타너스가 눈에 들어왔지만 박수근 하면 바로 연상되는 느릅나무는 찾을 수 없었다. 그러고 보니 정원 조경수로 심은 느릅나무는 많이 보았지만 가로수 느릅나무는 도통 기억에 없어 강원도 양구의 그 오래된 박수근 느릅나무 기억을 꺼내며 조금 걸으니 순대국집이 나왔고, 그 옆 담벼락에 안내판만이 고목처럼 붙어 있었다.

누군가 쓱 기어들어와 담배라도 피울 것 같아 쭈뼛쭈뼛 머물며 박수근 화가에게 미안하다는 말을 전한다. 그분의 나무 그림을 볼 때마다 떼어지지 않는 욕심을 누그러뜨리며 벌거벗어도 아름답게 살아야 한다는 느낌을 전해 받곤 하는데, 그 진한 감동의 작품을 남기신 분 곁에 느릅나무 분재 하나 두고 갈 수 없는 환경에 온전히 나를 탓하며 슬그머니 좁은 골목길을 나와 낙산공원으로 향했다.

자연 환경이 만든 서로 다른 인식

동대문 한양도성박물관 옆 성곽길을 따라 낙산 정상으로 가는데, 오랫동안 보고 또 보았던 한양도성에는 그다지 눈길 한 번 제대로 주지 않고 느릅나무만 헤아려보는 나 자신에게 무덤덤해진다. 살다 보면 관심사가 이동하는 것이고, 그 이유는 다 살기 위한 선택이기에 지난 회고는 꿈틀거리지 않는데, 실제로는 오래전 해설한 한양도성 이야기가 선뜻선뜻 떠오르지 않기 때문일지도 모른다.

그것은 한양도성 답사시 목이 마를 때 하드를 사먹었던 슈퍼마켓 앞 뽕나무를 본 뒤 도성 바깥으로 나가는 암문을 지날 때 더 심했다. 그때는 이 암문이 언제 어떻게 생겼는지, 한양도성 전체에는 암문이 몇 개인지 깔끔하게 떠올랐는데, 이제는 나무 알아보기도 벅차 한양도성 이야기는 오이소박이 누름돌로 누르듯이 처리하고 나무들만 살펴본다.

암문을 나와 주택으로 이어지는 길가에 서니 누르스름한 꼬투리열매를 주렁주렁 달고 있는 박태기나무들이 한가득 눈에 들어온다. 이곳 박태기나무 꽃은 언제 볼까 하는 아쉬움이 들어 한참을 그곳에 머문다.

콩과 낙엽 관목인 박태기나무는 아까시나무·자귀나무·주엽나무·칡·싸리·등나무처럼 꼬투리열매를 다는 게 특징인데, 박태기

콩과 식물인 박태기나무는 꼬투리열매를 다는 게 특징이라 낙엽이 진 뒤에도 한눈에 알아볼 수 있다.

나무의 꼬투리열매는 껍질 안에 광택이 나면서도 둥글납작한 5~8개의 씨를 품고 겨우내 매달려 있어 꽃이 없어도 박태기나무라는 걸 알 수 있다.

박태기나무 이름은 밥과 관련이 있다. 원줄기에서 나비 모양으로 7~8개씩 모여 달리는 홍자색 꽃이 1cm 정도 되는데, 꽃이 피기 전 꽃봉오리들 모습이 마치 밥알이 덕지덕지 붙어 있는 모양 같다고 해서 박태기나무가 되었다고 한다. 그러니까 밥알을 일부 지방에서는 밥티기라고 한다는데, 밥티기나무라고 부르다가 부르기 편하게 박태기나무가 되었다는 것이다. 꽃자루 없이 바로 줄기에서 돋아난 꽃들을 보면 우리나라 꽃이 아닌 듯한 이국적인 느낌

이 들어 수입종인 줄 아는데, 박태기나무 원산지는 중국의 석회암 지대이고, 우리나라에는 아주 오래전에 들어와 선비들의 사랑을 받았다.

국가표준식물목록을 보면, 박태기나무는 학명이 'Cercis chinensis'로 'Cercis'는 '열매가 베틀북을 닮았다'는 의미이고, 'chinensis'는 중국을 말하는데, 여기에 '유다박태기나무'도 소개되어 있다. 이 나무의 학명은 'Cercis siliquastrum'인데, 'siliquastrum'은 '꼬투리열매가 달린다'는 뜻이다. 유다박태기나무 영어 이름이 'Judas tree', 또는 'Love tree'인데, 그래서 유다박태기나부는 가롯 유다가 예수를 배반하고 나서 목을 매 자살한 나무라는 이야기도 전해진다. 하지만 이와는 무관하게 유다박태기나무는 유다의 나무가 아니라 유대인이 사는 지역의 나무가 유다의 나무가 되었다고도 한다.

"중동으로 가면 상황이 아주 달라져요. 고조선-고구려문명의 테마가 '생(生)'(Creative Advance)이고, 인도문명의 테마가 '고(苦)'라고 한다면 중동문명에서 역시 가장 두드러지는 테마는 역시 '죄(罪)'(Sin)입니다."

김용옥의 《스무살, 반야심경에 미치다》에 나오는 글인데, 이어지는 글은 "사막에서의 삶은 공동체의 영역이 매우 좁으며, 대자연의 순환이라는 생생지도(生生之道)에서 단절되어 있습니다"이다. 그래서 "하늘은 수직적 관계 속에서 초월적 '존재'로서만 인식되고, 우주의 순환이라는 시공범주를 벗어나 버리죠. 그런데 사막의 사람들이 이 '하나님'이라는 존재자에 대하여 갖는 의식은 '죄'라고 하는 한계상황을 통해 매개됩니다"라고 말하는데, 결국 살아온 자연 환경이 삶과 죽음에 대한 다른 인식을 만들었다는 것 같다.

삶이 두려워 죽음을 선택하려는 이들에게 기독교에서는 "볼지어다 내가 문 밖에 서서 두드리노니 누구든지 내 음성을 듣고 문을 열면 내가 그에게로 들어가 그와 더불어 먹고 그는 나와 더불어 먹으리라"(요한계시록 3:20)를 들려주는 것 같다. 단절이 고립을 초래하고 그것이 하나뿐인 목숨을 끊게 하는 것 같기도 한데, 그래서 함께할 무언가가 필요한데, 거기에 《식물이 위로가 될 때》에 나오는 "잎사귀의 무늬나 자라는 형태가 프랙털을 띠는 식물을 두는 것만으로도 그런 환경을 충분히 조성할 수 있다. 긍정의 기운을 더해주는 자연의 요소들은 본질적으로 우리가 보호와 보살핌을 받고 있다는 느낌을 전해준다"라는 문장도 곁에 두면 어떨까? 우리 사는 한반도는 사계절 푸른 순환의 삶을 보여주는 나무들이 가득하기에. 그게 죄와 자살이 드리운 서양박태기가 아니라 우리의 박태기나무를 보는 생생한 시선 같기에.

신화와
강원도 원주 동화마을수목원
물푸레나무

살아가는 동안 열심히 살아!

사는 데 도움이 되는 것 같지도 않고, 황당무계해 상상력을 자극하는 것 같지도 않고, 장황하게 이야기하는 게 허세 작렬 같고, 변화무쌍한 표상들이 현실을 괴리시키는 것 같고, 무엇보다 이름 언급하는 게 난해해 멀리했던 신화가 숲해설을 하면서 찾아왔다. 끌어안지 않고 다른 콘텐츠로 대체하자니 참가자에 대한 이기적인 태도라는 자책이 들었다. 인류와 함께해온 나무를 온전히 이해한다는 건, 오래전 나무 인식이 어땠는지를 알아야만 한다는 논리를 부정할 수 없었다.

"로마의 건국 신화를 담은 장편 서사시 〈아이네이스〉를 쓴 로마 시인 베르길리우스는 '숲은 신령들과 요정들과 반신반인(半神半人, 부모의 한쪽이 신이고, 한쪽은 인간)들의 고향이었다'라고 말했습니다. 즉 우리의 고향은 숲입니다. 숲과 경계를 확연히 나누면 나눌수록 신화적 상상력은 떨어질 것이고, 이는 숲이 줄어드는 것처럼 사막한 삶을 살 수도 있습니다. 어느 여행지에 가든 숲과 나무를 보면서 거기에 얽힌 이야기들을 찾으면서 여행하는 것, 풍요로운 행복을 안겨줄 것 같습니다."

라디오 방송에서 참느릅나무 이야기를 하기 위해 신라의 탄강(誕降) 신화를 언급하고는 무언가 부족해 보여 그때 공부하고 있던 서양 신화를 접목해 준비한 내용이었고, 이를 공중파에서 내 것인 양 힘주어 말했다. 그러고는 속으로 뜨끔했다. 정말 내가 이렇게 여기고 있었던가?

처음 문학공부를 할 때 호메로스 작품을 읽었을 텐데 정서적으로 맞지 않아 공들여 읽은 것 같지 않고, 이후 신화 관련 무언가를 또 읽었을 텐데 마치 수학책을 보는 것처럼 잘 와닿지 않아 내면에 축적하지 못했던 것 같다. 그것은 아마 《만델브로트가 들려주는 프랙탈 이야기》 추천사에서 본 "학생들이 수학을 어려워하는 요인 중의 하나는 '추상성'이 강한 수학적 사고의 특성과 '구체성'을 선호하는 학생의 사고의 특성 사이의 괴리입니다"라는 문장에서 찾을 수 있는데, 추상 같은 구체가 만연한 신화에서 힘겨운 현실의 삶을 위로받지도 못했기 때문인 것 같다.

그런데 신화라는 이름을 달고 있는 하나의 책이 오랫동안 기억에 남아 있었는데, 알베르 카뮈의 《시지프 신화》다. 시지프 이름을 처음 접한 건 시지프스였던 것 같은데, 고등학교 시절 노트 표지에서 본 그림이었다. 바위를 밀어 올리는 모습이었는데, 그 전후의 사정을 알고는 마치 내 모습처럼 여겨졌다. 성적을 올리려고 안간힘을 썼지만, 수학도 생물도 화학도 어려워 도무지 제자리만 맴도는 내 삶과 닮아보였기 때문이다. 그러니까 카뮈의 깊은 뜻을 이해하지는 못해도 그 책의 첫 문장들, "정말로 진지한 철학적 문제는 오직 하나, 그것은 바로 자살이다. 인생이 굳이 살 만한 가치가 있는 것인지 아닌지를 판단하는 것, 그것은 철학의 근본적 질문에 대답하는 것이다. 그 외에 세계가 3차원인지 아닌지, 이성(理性)의 범주가 아홉 개인지 열두 개인지의 문제는 그다음이다. 이런 문제들은 장난이다. 우선적으로 답해야 할 문제가 아닌 것이다"라는 글에서 지식을 잘 습득하지 못해도 내가 살아야 할지 말아야 할지 그 문제를 파고드는 게 좋은 삶이라는 느낌을 주었기에 오랫동안 기억하고 있는 것인지도 모른다.

제우스와 오딘

"그리스 신화 최고의 신은 누구죠?"

"제우스요."

놀이가 없는 숲해설이 지루하기만 한 아이들의 눈이 내게로 모여든다.

"역시, 신화는 너희들이 제일 많이 아는 것 같아요. 그럼, 또 물을게요. 북유럽 신화의 최고 신은?"

잠시 머뭇거리는 사이 이따금 젊은 아버지들이 말하는 경우가 많다.

"오딘요."

"역시 게임을 좋아하는 분들이 오딘을 많이 알아요."

억울한 표정이 흘러나오기도 하지만, 씽긋 웃으며 말을 이어 간다.

"여기 느릅나무는 아니지만 참느릅나무와 물푸레나무가 서로 마주보고 있습니다. 오딘이 하나는 남자로, 하나는 여자로 만들었습니다. 누가 남자가 되고, 누가 여자가 되었을까요?"

고민하는 사이, 느릅나무는 춘궁기를 넘기게 해준 구황식물이었고, 물푸레나무는 도리깨, 회초리, 야구방망이로 쓰일 만큼 단단하다는 정보를 준다. 분분한 답들이 나오게 되면 "느릅나무는 여자, 물푸레나무는 남자가 되었습니다"라고 마무리한다.

하지만 여기에는 생략된 내용들이 많다. 길게 하면 현장에서 지루해하기 때문인데, 그래서 신화를 공부한 뒤 압축하고 압축해 나름 꾸며본 구성이다. 반응은 나쁘지 않았는데, 정작 해설이 끝나고 나면 내가 허탈했다. 현실 불가능하다고, 팩트가 아니라고, 그토록 멀리 했던 신화를 실제인 양 드라마틱하게 전달하고 있는 내 진심에 극심한 의혹이 파고들었기 때문이다. 그래서일까, 라디오 방송을 위해 강원도 원주 동화마을수목원에 갔는데, 동화와 관련된 나무에서 이야깃거리를 찾지 않고 계속 눈에 밟히는 물푸레나무에만 온통 신경이 갔다.

청량리에서 기차를 타고 서원주역에 내려 택시를 타고 동화마을수목원을 가는 동안 차창 밖 풍경은 고즈넉했다. 답사 뒤 밥 먹을 만한 곳조차 선뜻 들어오지 않자 곧바로 굶주린 배가 미리 힘겹게 하는 것 같았지만, '동화'를 키워드로 검색해 찾아낸 수목원인 만큼 2021년 큰 호응을 받았던 〈빨강 머리 앤〉처럼 나무 감수성을 더 진하게 담아오기로 한다. 물론 사전 정보로 그곳 동화는 '동화(童話)'가 아니라 동화산 아래에 있어 동화골로 불리는 동화(桐華)라는 걸 알고 가지만, 한글 동화만 생각하면 된다고 여기며 차에서 내렸다.

겨울바람이 쓸쓸하게 목도리를 휘젓는 것 같아 숨통을 조이듯 무장을 하고 걷는데, 기억나지 않는 동화 속 인형의 이름들 때문에 얼굴이 후끈 달아올랐다. 암갈색 겨울나무를 보러 왔으니 그에 집중해야 하지만, 그 앞에서 시선을 당기고 있는 동화 속 주인공 눈빛이 쏘여와 그리로 일단 쏠려가는 게 난감했다. 내, 너의 스토리가 쏙쏙 떠오르면 감정이입을 할 텐데, 언제 읽었는지조차 흐릿하기만 해 미안할 따름이다. 그때 회갈색 수피에 하얀 반점을 드러내고 있는 물푸레나무들이 줄 지어 있는 게 보였다. 반갑기 그지없었다. 겨울숲을 빛나게 해주는 신의 붓 터치 같았고, 가물거리는 동화보다 지금 관심을 두고 있는 신화와 접목해 생각하며 걷는 게 시린 삶에 도움이 될 것 같았다.

정말 멋진 날이야
물푸레나무는 가지를 꺾어서 물에 담그면 녹색 진이 우러나와 물이 푸른색을 띠어서 물푸레나무라고 한다는데, 낙엽 교목으로

원주 동화마을의 물푸레나무. 수피에 흰
반점이 환하다.

높이 15m, 지름 60cm까지 자라고, 전국 산 어디에서든 볼 수가
있다.

《북유럽 신화》를 보면, "거대한 물푸레나무 이그드라실(YGG-
DRASILL)은 북유럽 신화 속 아홉 개의 세상과 연결되어 있다. 세
개의 뿌리는 각각 다른 세계에 닿아 있다. 첫 번째 뿌리는 신들의
땅인 아스가르드로, 두 번째 뿌리는 인간과 난쟁이의 세상인 미드
가르드와 거인족이 사는 요툰헤임으로 뻗어 있다. 미드가르드는
요르문간드라는 거대한 뱀에 휘감겨 있으며 세 가닥으로 이뤄진
무지개다리인 비프로스트를 통해 아스가르드와 연결된다. 이그
드라실의 세 번째 뿌리는 저 아래, 죽은 자의 세상인 니플헤임으

로 이어진다"라는 글이 있다. 여기서 이그드라실은 세계수(世界樹)라고도 불리는데, "언제 씨앗이 뿌려지고 묘목이 생겨났는지 아는 자는 아무도 없다"라는 말로 신비감을 자아낸다.

우주를 감싸고 있는 물푸레나무에 깃들어 살고 있는 우주의 모든 것은 물푸레나무의 탄생 신화처럼 그 근원을 모르기에 신비할 따름이라는 이 이야기, 거기서 몽롱하면서도 삶의 욕구를 떨치지 못하게 하는 수많은 작품이 만들어지는 것 같다. 《이야기의 탄생》을 보면, "인간이 가진 근원적인 두려움에 대한 치료법이 이야기다. 뇌는 희망에 찬 목표로 삶을 가득 채우고 그 목표를 성취하게 만들어서 우리가 삶의 냉혹한 진실에 직면하지 않게 해준다. 이야기는 우리의 존재에 의미가 있다는 착각을 일으켜서 삶의 혹독한 진실을 외면하게도 해준다"라는 글이 있는데, 이는 그 어떤 이야기이든 비합리적으로 의미 없는 세상에 합리적 사유를 부여하며 창조적 인간으로 살아가야 한다는 부조리 철학을 담아낸다는 것과도 이어지는 것 같다. 과학 시대에 신화가 여전히 폐기되지 않는 이유, 거대한 바위가 여전히 오르락내리락 하는 의미를 가늠하기 어렵지만, 모든 게 다 우리가 살려는 의지를 만들어내는 본성의 메커니즘이 아닐까?

《북유럽 신화》를 또 보면, "최초의 신은 오딘과 그의 형제들인 빌리와 베였다. 어느 날, 세 형제가 물가를 걷다가 쓰러진 물푸레나무와 느릅나무를 보게 되었다. 오딘은 물에 젖은 두 나무를 들어 올려 생명을 불어넣었다. 그 다음에 빌리가 날카로운 지혜와 감정을, 베가 청력과 후각과 언어능력을 불어넣었다. 그러니까 미드가르드에 있는 모두는 저 세 신의 자손들이다"라는 글이 있는데, 나무가 사람이 되었다는 비현실성이 현실의 이야기로 박혀와 과감히 내 것처럼 발설하는 건 그 이야기가 강한 생명의 의지를 불어넣어주고 있어서 그런 건 아닐까? 아니 더 근원적인 관심은《길고 긴 나무의 삶》에 나오는 "예술가들은 우아한 물푸레나무에 매혹되곤 했다"라는 문장이 내게도 감화를 주어 다시 도달하지 못할 예술을 하고 싶은 시지프 신화의 주인공이라도 되려는 일말의 소망이 아닐까?

답사를 마치고 입구로 나오는 길가에서 겨울에 더욱 아름다운 자작나무가 나를 사열하는 것 같아 어깨에 힘이 들어갔다. 물푸레나무에 빚진 마음의 부채를 덜어낸 듯, 즉 내 가식을 가득 싼 껍질들이 제대로 벗겨져 본심이 드러난 듯, 그래서 살려는 힘이 솟구쳐 그런 것 같다. 그때 자작나무에 걸려 있는〈빨강 머리 앤〉주인공 그림과 거기에 적혀 있는 "정말 멋진 날이야, 살아 있다는 사실만으로도 행복해"라는 문구가 눈부시게 나를 부풀게 했고, 계곡에서 다시 마주한 물푸레나무들이 내게 이렇게 말하는 것 같았다. 살아가는 동안 열심히 살아! 오, 그저 고맙고 고맙다, 나무들이여!

《가짜 감정》, 김용태 저, 덴스토리(DENSTORY), 2014년.

《감정의 분자》, 캔더스 B. 퍼트 저, 김미선 역, 시스테마, 2009년.

《궁궐의 우리 나무》, 박상진 저, 눌와, 2014년.

《글쓰기의 공중부양》, 이외수 저, 해냄, 2007년.

《길고 긴 나무의 삶》, 피오나 스태퍼드 저, 강경이 역, 클, 2019년.

《깨달음과 역사》, 현응 저, 불광출판사, 2016년.

《꽃의 제국》, 강혜순 저, 다른세상, 2002년.

《꾸뻬 씨의 행복 여행》, 프랑수아 를로르 저, 오래된미래, 2004년.

《나무 다시 보기를 권함》, 페터 볼레벤 저, 강영옥 역, 더숲, 2019년.

《나무의 노래》, 데이비드 조지 해스컬 저, 노승영 역, 에이도스, 2018년.

《나무처럼 생각하기》, 자크 타상 저, 구영옥 역, 더숲, 2019년.

《나의 문화유산 답사기 1》, 유홍준 저, 창비, 2011년.

《네루다의 우편배달부》, 안토니오 스카르메타 저, 우석균 역, 민음사, 2004년.

《다른 의견을 가질 권리》, 슈테판 츠바이크 저, 안인희 역, 바오, 2009년.

《대학·중용 강설》, 이기동 역해, 성균관대학교출판부(SKKUP), 2003년.

《독일 이데올로기》, 마르크스, 프리드리히 엥겔스 저, 김대웅 역, 두레, 2015년.

《랩 걸》, 호프 자런 저, 신혜우 그림, 김희정 역, 알마, 2017년.

《레 미제라블》, 빅토르 위고 저, 민음사, 2012년.

《만델브로트가 들려주는 프랙탈 이야기》, 배수경 저, 자음과모음, 2008년.

《무한화서》, 이성복 저, 문학과지성사, 2015년.

《박문호 박사의 뇌과학 공부》, 박문호 저, 김영사, 2017년.

《북유럽 신화》, 케빈 크로슬리-홀런드 저, 서미석 역, 현대지성, 2016년.

《불멸에 관하여》, 스티븐 케이브 저, 박세연 역, 엘도라도, 2015년.

《살아갈 날들을 위한 공부》, 레프 톨스토이 저, 이상원 역, 조화로운삶, 2007년.

《색맹의 섬》, 올리버 색스 저, 이민아 역, 알마, 2018년.

《생명을 보는 마음》, 김성호 저, 풀빛, 2020년.

《성경 속 나무 스토리텔링》, 이광만, 소경자 저, 나무와문화, 2018년.

《세상에서 가장 쉬운 불교》, 자현 저, 담앤북스, 2021년.

《수사학》, 마르쿠스 툴리우스 키케로 저, 길, 2006년.

《수사학 2》, 아리스토텔레스 저, 천병희 역, 숲, 2017년,

《숨결이 바람 될 때》, 폴 칼라니티 저, 이종인 역, 흐름출판, 2016년.

《숲에서 우주를 보다》, 데이비드 조지 해스컬 저, 노승영 역, 에이도스, 2014년.

《숲은 고요하지 않다》, 마들렌 치게 저, 배명자 역, 흐름출판, 2021년.

《스무살, 반야심경에 미치다》, 김용옥 저, 통나무, 2019년.

《스토리텔링, 어떻게 할 것인가》, 최시한 저, 문학과지성사, 2015년.

《식물계통학》, MOCHAEL G. SIMPSON 저, 김영동 역저, 월드사이언스,
    2007년.

《식물의 사유》, 루스 이리가레, 마이클 마더 저, 이명호, 김지은 역, 알렙, 2020
    년.

《식물의 잃어버린 언어》, 박윤정 역, 나무심는사람, 2005년.

《식물이 위로가 될 때》, 케이티 쿠퍼 저, 신솔잎 역, 빌리버튼, 2021년.

《식물학 수업》, 이나가키 히데히로 저, 장은정 역, 키라북스, 2021년.

《식물학자의 노트》, 신혜우 글그림, 김영사, 2021년.

《아내가 식물인간이 된 날 기적이 내게로 왔다》, 이노우에 히로유키 저, 송소정
역, 유노북스, 2019년.

《안목》, 유홍준 저, 눌와, 2017년.

《앎의 나무》, 움베르또 마뚜라나, 프란시스코 바렐라 저, 최호영 역, 갈무리,
2007년.

《야생의 실천》, 게리 스나이더 저, 이상화 역, 문학동네, 2015년.

《언어와 인지》, 임혜원 저, 한국문화사, 2013년.

《예술 수업》, 오종우 저, 어크로스, 2015년.

《우리는 모두 불멸할 수 있는 존재입니다》, 슈테판 클라인 저, 전대호 역, 청어
람미디어, 2015년.

《원미동 시인》, 양귀자 저, 사피엔스21, 2012년.

《유도라 웰티의 소설작법》, 유도라 웰티 저, 신지현 역, xbooks, 2018년.

《은유와 마음》, 명법 저, 불광출판사, 2016년.

《이 사람을 보라》, 프리드리히 니체 저, 지식을만드는지식(지만지), 2016년.

《이야기의 탄생》, 윌 스토 저, 문희경 역, 흐름출판, 2020년.

《잃어버린 시간을 찾아서》, 마르셀 프루스트 저, 김희영 역, 민음사, 2012년.

《자연의 노래를 들어라》, 버니 크라우스 저, 장호연 역, 에이도스, 2013년.

《조경수 관리지식》, 이경준 저, 향문사, 2018년.

《좋은 균, 나쁜 균, 이상한 균》, 류충민 저, 플루토, 2019년.

《중론송》, 나가르주나, 황산덕 역, 서문당, 1996년.

《지구를 위한다는 착각》, 마이클 셸런버거 저, 노정태 역, 부키, 2021년.

《지금까지 알고 있던 내 모습이 모두 가짜라면?》, 브루스후드 저, 장호연 역,
중앙북스(books), 2012년.

《창조론: 과학시대 창조신앙》, 김정형 저, 새물결플러스, 2019년.

《최무영 교수의 물리학 강의》, 최무영 저, 책갈피, 2019년.

《코스모스》, 칼 에드워드 세이건 저, 홍승수 역, 사이언스북스, 2006년.

《토지》, 박경리 저, 마로니에북스, 2012년.

《파이드로스》, 플라톤 저, 문예출판사, 2016년.

《필경사 바틀비》, 허먼 멜빌 저, 공진호 역, 문학동네.

《한국의 나무》, 김태영 저, 김진석 공저, 돌베개, 2018년.

《행복의 기원》, 서은국 저, 21세기북스, 2021년.

《향수》, 파트리크 쥐스킨트 저, 강명순 역, 열린책들, 2020년.

《헤르만 헤세의 나무들》, 헤르만 헤세 저, 안인희 역, 창비, 2021년.

《혼불》, 최명희 저, 매안출판사, 2009년.

영화 및 드라마

〈모가디슈〉, 류승완 감독, 2021년.

〈무브 투 헤븐(Move to heaven)〉, 넷플릭스, 2021년.

숲속 인생 산책
— 생존형 숲해설가 나무공부 분투기

2022년 8월 31일 초판 1쇄 발행

지은이 | 김서정
펴낸이 | 김영호
펴낸곳 | 도서출판 동연
등 록 | 제1-1383호(1992년 6월 12일)
주 소 | 서울시 마포구 월드컵로 163-3
전 화 | (02) 335-2630
팩 스 | (02) 335-2640
이메일 | yh4321@gmail.com

ISBN 978-89-6447-809-7 03040

이 도서는 한국출판문화산업진흥원의
'2022년 우수출판콘텐츠 제작 지원' 사업 선정작입니다.